中等职业教育国家规划教材
全国中等职业教育教材审定委员会审定
中等职业教育改革创新示范教材
财经商贸类专业课程教材

会计电算化岗位实务

KUAIJI DIANSUANHUA GANGWEI SHIWU

（用友ERP-U872版）

王忠孝　主编

中国财经出版传媒集团
中国财政经济出版社

图书在版编目（CIP）数据

会计电算化岗位实务：用友 ERP - U872 版／王忠孝主编. —北京：中国财政经济出版社，2019.9（2022.7 重印）

中等职业教育国家规划教材　中等职业教育改革创新示范教材　财经商贸类专业课程教材

ISBN 978 - 7 - 5095 - 9182 - 6

Ⅰ.①会…　Ⅱ.①王…　Ⅲ.①会计电算化 - 中等专业学校 - 教材　Ⅳ.①F232

中国版本图书馆 CIP 数据核字（2019）第 188400 号

责任编辑：王　芳　　　　责任校对：张　凡

封面设计：华乐功

中国财政经济出版社 出版

URL：http：//www.cfeph.cn

E - mail：jiaoyu @ cfeph.cn

社址：北京市海淀区阜成路甲 28 号　邮政编码：100142

营销中心电话：010 - 88191537

北京密兴印刷有限公司印刷　各地新华书店经销

787×1092 毫米　16 开　12.25 印张　285 000 字

2019 年 10 月第 1 版　2022 年 7 月北京第 2 次印刷

定价：24.00 元

ISBN 978 - 7 - 5095 - 9182 - 6

（图书出现印装问题，本社负责调换）

本社质量投诉电话：010 - 88190744

打击盗版举报热线：010 - 88191661　QQ：2242791300

前言

国务院《国家职业教育改革实施方案》（国发〔2019〕4号）中明确指出，建设一大批校企“双元”合作开发的国家规划教材，倡导使用新型活页式、工作手册式教材并配套开发信息化资源；每3年修订1次教材，其中专业教材随信息技术发展和产业升级情况及时动态更新；适应“互联网+职业教育”发展需求，运用现代信息技术改进教学方式方法，推进虚拟工厂等网络学习空间建设和普遍应用。这为职业教育财务会计类专业课程教学改革指明了方向，也为《会计信息化》教材的编写明确了路径。

为了培养能够满足行业企业对会计信息化人才的需要，更好地支撑会计信息化课程教学需要，进一步强化学习者会计信息化基础能力与核心能力，使学生不仅掌握ERP管理软件的基本操作技能，同时了解会计工作岗位相关职责，以及会计职业道德规范等内容，我们以会计工作信息业务处理为导向、以工学结合为特征，根据教学规律和学生特点精心编写了这本立体化工作手册式教材。

本教材适宜中职院校财务会计类专业学生和社会学习者使用。全书共有7个项目，主要内容包括系统管理、基础信息设置、总账系统、薪资管理、固定资产管理、会计报表系统和会计综合实训项目。项目化设计有利于采用线上线下相结合的混合式教学方式，教材内容安排合理，文字简洁，突出操作技能训练，能够满足企业对会计人员信息化能力的要求，可以有效培养学生思考问题、分析问题和解决问题的能力，有助于促进教师不断推进课堂教学改革。

教材特色主要体现在：

1. 坚持工学结合途径，采取任务驱动教学模式，增加信息化处理内容。教材采取任务驱动教学模式，让学生利用给定的企业工作资料完成各任务处理，以任务驱动完成教学，提高学生动手能力的同时，进一步提高学生学习积极性。

2. 与流行软件匹配，体现现代特色。本教材以用友ERP－U872为蓝本

（该软件是管理型软件中市场占有率较高的产品，也是目前院校中较为普及的软件产品），系统预置了“新会计制度科目”，与会计制度改革同步，具有很强的实用性，也极具代表性。

3. 反映与会计相关的法律规范的变化，与实际紧密结合。本教材薪资管理中，涉及企业代扣代缴职员个人所得税时，费用扣除为5000元（根据最新修订的《中华人民共和国个人所得税法》规定），涉及增值税采用最新16%税率处理，与现行税法规定相同。

4. 增加综合训练，注重学生实践能力培养。教材前六部分为分项实训，所用的资料均来自同一个企业，各实训之间既各自独立，又紧密相联，便于学生在实训中循序渐进地掌握各管理模块的功能和应用技巧。第七部分为综合实训，素材同样为一个企业的完整任务，其目的旨在使学生进一步提高实践技能和综合能力。

5. 校企合作双元开发，依托企业真实业务选取教材内容。本教材为校企合作共同建设开发，编写的人员除了担任会计信息化课程教学的一线教师外，还有企业一线工作人员，使教材内容更贴近企业实际。

本教材由浙江金融职业学院王忠孝担任主编，浙江金融职业学院张亮、浙江工业职业技术学院赵威、黑龙江职业学院刘鹏、新道科技股份公司林斌参加了编写工作。具体编写分工如下：项目一、项目四、项目六由王忠孝编写；项目二由张亮编写；项目三由赵威编写；项目五由刘鹏编写；项目七由林斌编写。全书由王忠孝负责总体设计、定稿。

本教材是各相关院校和企业倾力合作与集体智慧的结晶。尽管我们在教材的特色建设方面做出了许多努力，但由于编者的经验和水平有限，书中难免存在疏漏之处。恳请相关教师、学生和读者在使用过程中给予关注并提出改进意见，以便我们进一步修订和完善。

编者

2019年8月

目 录

项目一
系统管理

学习目标

通过项目一的学习，了解用友 ERP－U872 软件的安装，熟练操作软件中系统管理和用户设置的主要内容，明确系统管理在整个系统中的作用。

一、项目资料

（一）有关账信息

账套号：006

账套名称：北京凯越股份有限公司

账套路径为默认

启用时间：2019 年 1 月

单位名称：北京凯越股份有限公司

单位信息的其他项为空

行业性质：2007 年新会计制度　按行业性质预置会计科目

客户、供应商、存货分类，无外币核算　　客户、供应商分类编码级次：222

部门编码级次：22

科目编码级次：422222

数据精度：2

其他为默认值

启用总账系统、薪资管理、固定资产、UFO 会计报表，启用日期为：2019 年 1 月 1 日

（二）财务人员及其权限（见表 1－1）

表 1－1

序号	姓名	所属部门	权限
101	学生姓名	财务部	账套主管
102	李若曦	财务部	总账
103	张馨月	财务部	出纳签字；出纳
104	王富刚	财务部	固定资产管理
105	吴乐毅	财务部	薪资管理

二、项目要求

1. 了解用友 ERP－U872 管理软件的安装
2. 以 admin 的身份完成用户的增加、修改和删除
3. 以 admin 的身份完成账套的建立过程
4. 以 admin 的身份完成账套输出

三、项目指导

（一）增加和减少用户

1. 以系统管理员身份登录系统管理启动系统管理

（1）执行“开始”→“所有程序”→“用友 ERP－U872”→“系统服务”→“系统管理”命令，进入系统管理窗口，如图 1－1 所示。

图 1－1　用友 ERP－U872 系统管理

（2）执行“系统”→“注册”命令，打开“注册【系统管理】”对话框。

（3）系统中预先设定了一个系统管理员“admin”，第一次运行时，系统管理员密码为空，单击“确定”按钮，以系统管理员身份进入系统管理，如图 1－2 所示。

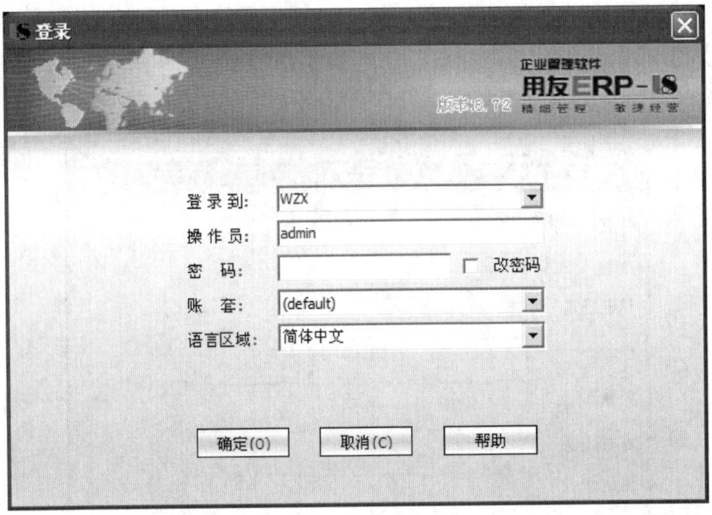

图 1－2　用友 ERP－U872 系统管理登录

应用提示

为了保证系统的安全性，在“注册【系统管理】”对话框中，可以设置或更改管理员的密码。如设置系统管理员密码为“123456”的操作步骤如下：

(1) 选中“改密码”复选框，单击“登录”按钮。

(2) 打开“设置操作员口令”对话框，在“新口令”和“确认新口令”后面的输入区中均输入“123456”。

(3) 单击“确定”按钮，返回系统管理。

应用提示

根据实际教学环境，教学过程中建议不要设置系统管理员密码。

2. 增加用户（操作员）

(1) 执行“权限”→“用户”命令，打开“用户管理”窗口，如图 1－3 所示。

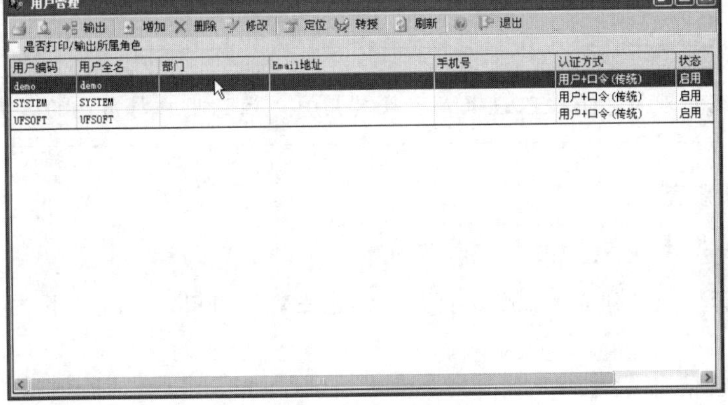

图 1－3　用户管理

（2）单击工具栏上的“增加”按钮，打开“操作员详细情况”对话框，按资料填写用户信息，如编号“102”、姓名“李若曦”“财务部”，如图 1－4 所示。继续单击“增加”按钮，分别输入操作学生的姓名、“张馨月”“王富刚”“吴乐毅”等用户的相关信息。

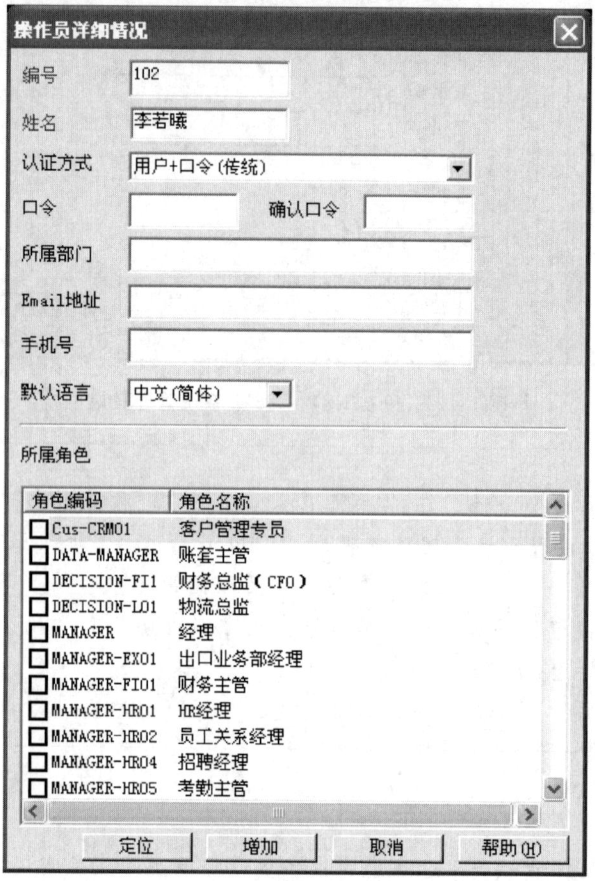

图 1－4　增加用户

（3）输入结束后，单击“取消”按钮，返回“用户管理”窗口，所有操作员以列表方式显示。最后单击工具栏上的“退出”按钮，返回“系统管理”窗口。

应用提示

只有系统管理员才有权限设置角色及其用户。注意用户与角色的差异。

（二）建立账套

1. 创建账套

执行“账套”→“建立”命令，打开“创建账套”窗口，单击“下一步”。如图 1－5 所示。

2. 输入账套信息

输入账套号 006，账套名称输入“北京凯越股份有限公司”。

启用会计期必须输入，系统默认为计算机的系统日期，本例为“2019 年 1 月”。输入完成后，单击“下一步”按钮，进行单位信息设置。如图 1－5 所示。

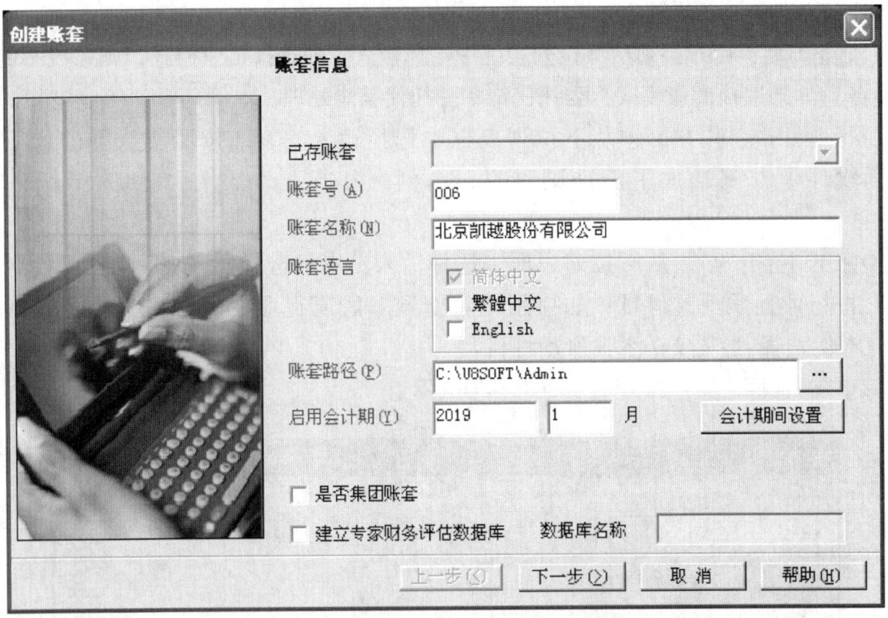

图 1－5　创建账套——账套信息

3. 输入单位信息

单位名称为用户单位的全称，必须输入。单位全称只在打印发票时使用，其余情况全部使用单位简称。单位简称建议输入。其他栏目都属于任选项，参照项目资料输入其他信息即可，如图 1－6 所示。输入完成后，单击“下一步”按钮。

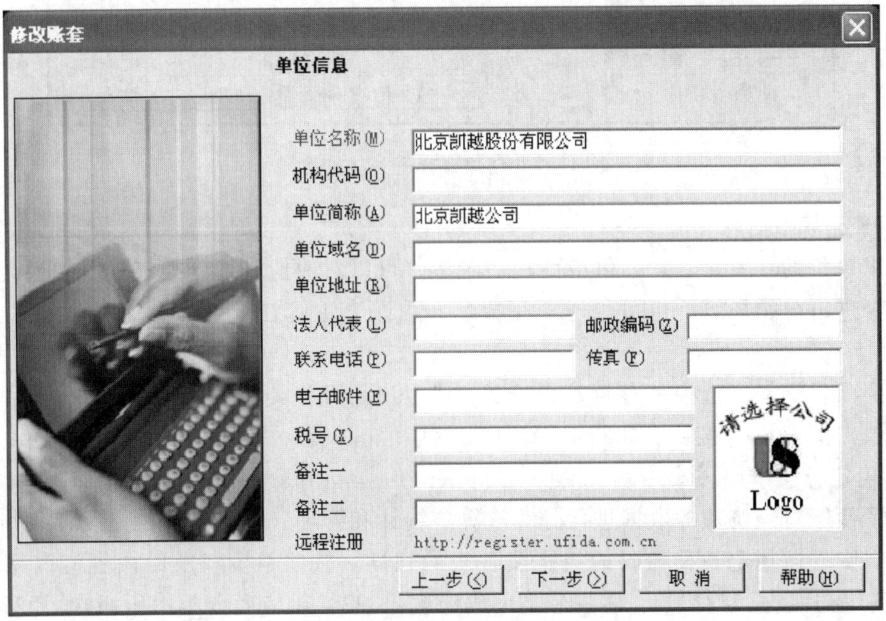

图 1－6　创建账套——单位信息

4. 输入核算类型

（1）本币代码：必须输入。本例采用系统默认值 RMB 。

（2）本币名称：必须输入。本例采用系统默认值“人民币”。

（3）企业类型：用户必须从下拉列表框中选择输入。如选择工业模式，则系统不能处理受托代销业务；如果选择商业模式，委托代销和受托代销能处理。本例选择“工业”模式。

（4）行业性质：用户必须从下拉列表框中选择输入，系统按照所选择的行业性质预置科目，软件中专门增加了新准则科目，本例选择行业性质为“2007 年新会计制度科目”。

（5）账套主管：必须从下拉列表框中选择输入。本例选择“［101］学生姓名”。

（6）按行业性质预置科目：如果用户希望预置所属行业的标准一级科目，则选中该复选框，本例选择“按行业性质预置科目”。

（7）单击“下一步”按钮，如图 1－7 所示。

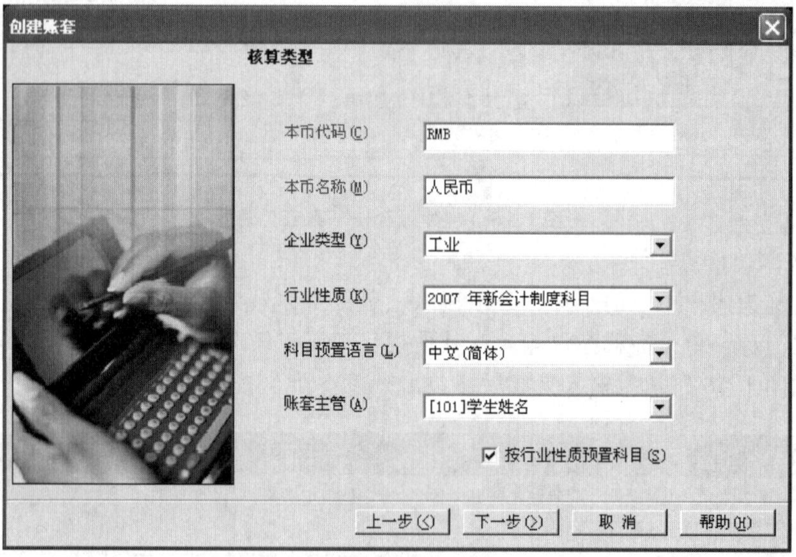

图 1－7　创建账套——核算类型

5. 确定基础信息

如果单位的存货、客户、供应商相对较多，可以对他们进行分类核算。如果此时不能确定是否进行分类核算，也可以建账完成后，由账套主管在“修改账套”功能中设置分类核算。

按照项目资料，选中“存货是否分类”“客户是否分类”“供应商是否分类”3 个复选框，单击“完成”按钮。如图 1－8 所示。再单击“是”按钮。如图 1－9 所示。

6. 确定分类编码方案

为了便于对经济业务数据进行分级核算、统计和管理，系统要求预先设置某些基础栏的编码规则，即规定各种编码的级次及各级的长度。按项目资料所给内容修改系统默认值，科目编码级次：422222，客户分类编码级次：222，供应商分类编码级次：222，部门编码级次：22，其他为默认值。如图 1－10 所示。单击“确定”按钮后，单击“取消”。

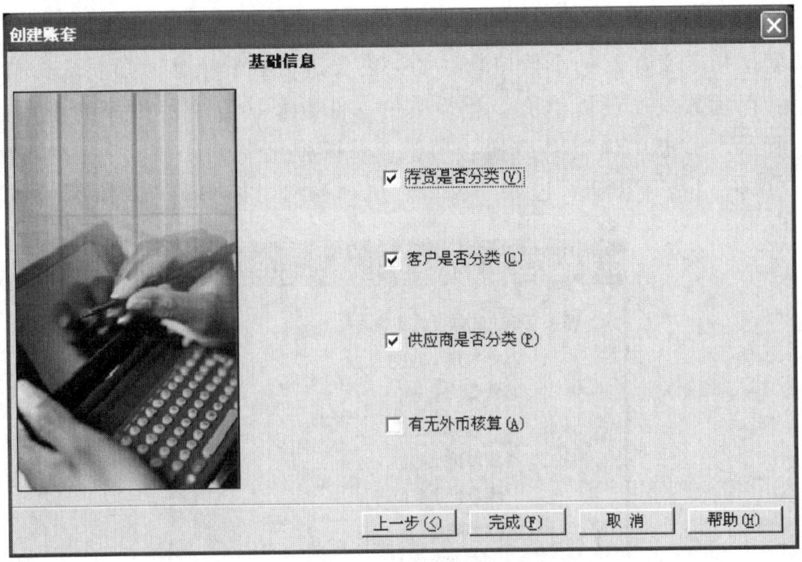

图 1－8　创建账套——基础信息

图 1－9　创建账套

项目	最大级数	最大长度	单级最大长度	第1级	第2级	第3级	第4级	第5级	第6级	第7级	第8级	第9级
科目编码级次	9	15	9	4	2	2	2	2				
客户分类编码级次	5	12	9	2	2	2						
供应商分类编码级次	5	12	9	2	2	2						
存货分类编码级次	8	12	9	2	2	2	2	3				
部门编码级次	5	12	9	2	2							
地区分类编码级次	5	12	9	2	3	4						
费用项目分类	5	12	9	1	2							
结算方式编码级次	2	3	3	1	2							
货位编码级次	8	20	9	2	3	4						
收发类别编码级次	3	5	5	1	1	1						
项目设备	8	30	9	2	2							
责任中心分类档案	5	30	9	2	2							
项目要素分类档案	6	30	9	2	2							
客户权限组级次	5	12	9	2	3	4						

图 1－10　编码方案

7. 数据精度定义

数据精度是指定义数据的小数位数，如果需要进行数量核算，必须认真填写该项。本项目资料中：存货数量、存货单价、开票单价、件数及换算率及税率的小数位数均为 2，如图 1－11 所示。单击“确定”按钮。稍候，系统弹出“创建账套”提示对话框，如图 1－12所示。单击“是”按钮，进入“系统启用”窗口。如图 1－13 所示。

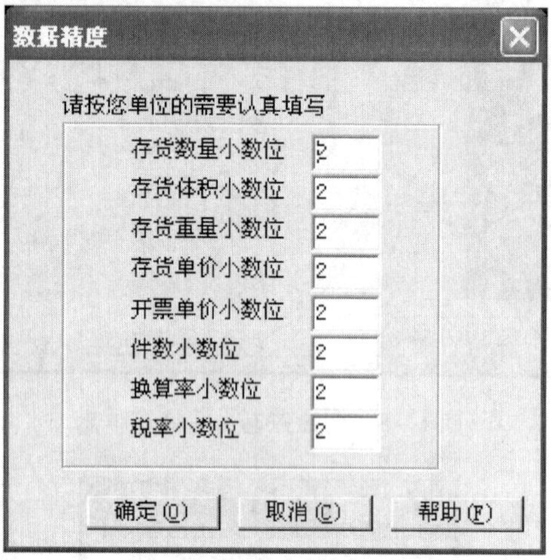

图 1－11　数据精度定义

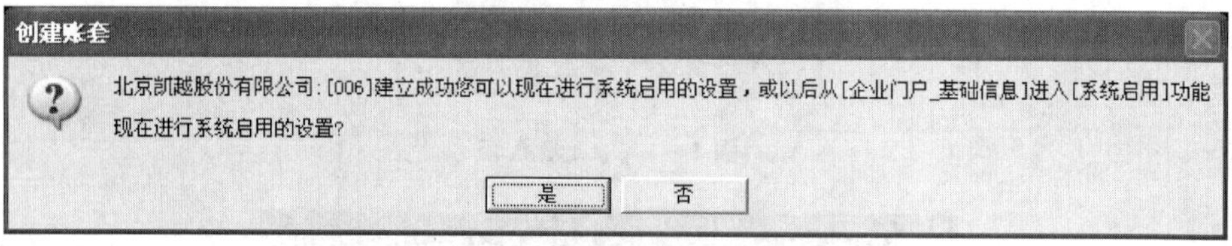

图 1－12　创建账套对话框

图 1－13　系统启用窗口 1

8. 启用系统

在“系统启用”窗口中，单击选中“GL 总账”系统，弹出“日历”对话框，选择系统启用日期为“2019－01－01”，单击“确定”按钮，系统提示“确实要启用当前系统吗？”单击“是”按钮返回，如图 1－14 所示。依次启用“薪资管理”“固定资产”系统，单击“退出”按钮，返回“系统管理”窗口。

图 1－14　系统启用窗口 2

应用提示

分类编码方案、数据精度、系统启用项目可以由账套主管在“企业应用平台”→“基础信息”→“基本信息”中进行修改。

（三）财务分工

（1）在“系统管理”窗口中执行“权限”→“权限”命令，进入“操作员权限”窗口。

（2）选择 006 北京凯越股份有限公司账套，2019 年度。从窗口左侧操作员列表中选择“102 李若曦”，单击工具栏上的“修改”按钮，选中“GL 总账”，单击“保存”按钮。如图 1－15 所示。

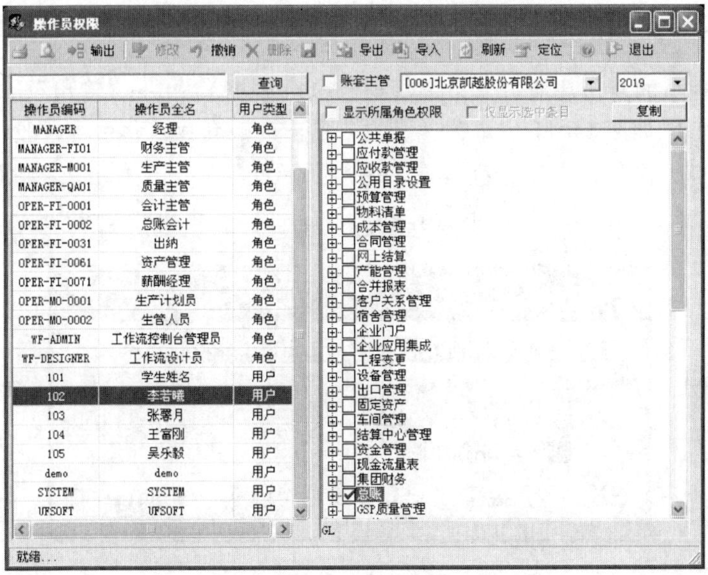

图 1－15　操作员权限 1

（3）选择“103 张馨月”，单击工具栏上的“修改”按钮，打开“财务会计”，单击“GL 总账”前的“+”图标，展开“总账”和“凭证”项目，选中“出纳签字”权限及“出纳”的全部权限，单击“保存”按钮，如图 1－16 所示。

（4）同理，设置其他操作员权限后，单击工具栏上的“退出”按钮，返回“系统管理”窗口。

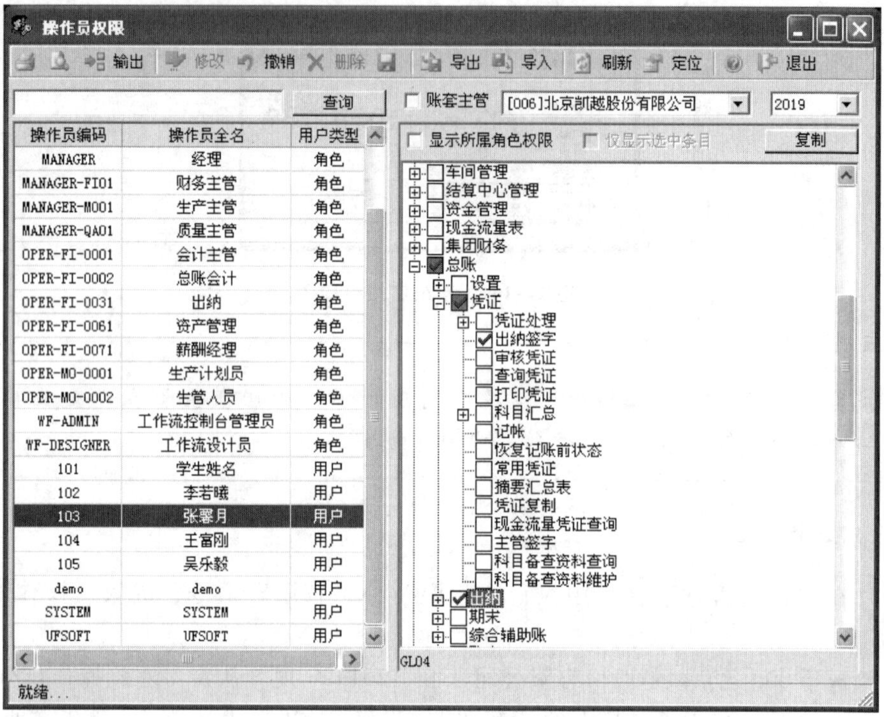

图 1－16　操作员权限 2

（四）备份账套数据

以系统管理员的身份注册进入系统管理。执行“账套”→“输出”命令，打开“账套输出”对话框，如图 1－17 所示，选择需要输出的账套 006 北京凯越股份有限公司，单击“确认”按钮，如图 1－18，新建文件夹“006”，单击“确定”按钮后，系统提示“输出成功”信息，如图 1－19，单击“确定”。

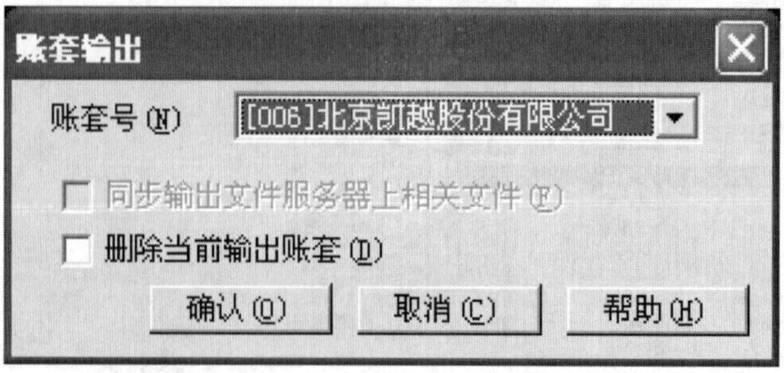

图 1－17　账套输出

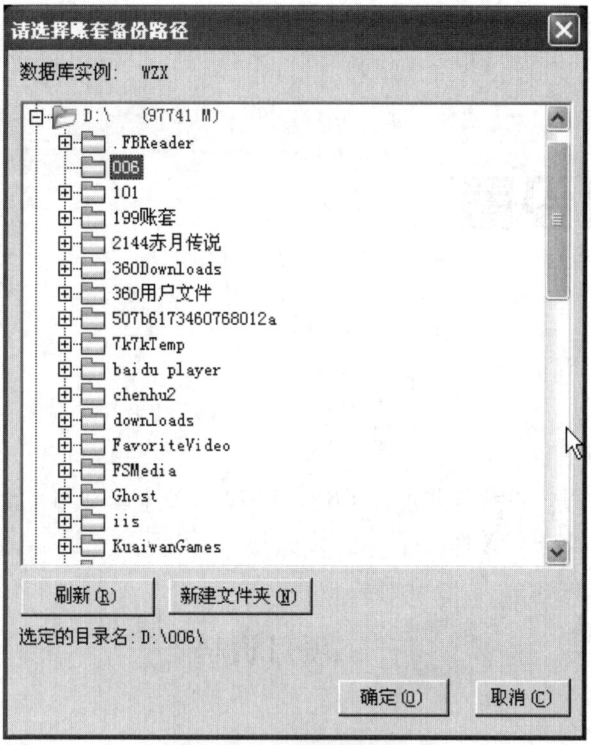

图 1-18　请选择账套备份路径

图 1-19　账套输出成功

项目二
基础信息设置

学习目标

通过项目二的学习，熟练操作用友 ERP－U872 软件中基础档案设置的主要内容，明确基础设置对后面知识的重要性。

一、项目资料

（一）部门档案（见表 2－1）

表 2－1

编号	名称	部门属性	负责人
01	综合部	管理	王旭
0101	总经理办公室	管理	王旭
0102	财务部	财务	（此处填写操作者姓名）
02	采购部	供应	赵子越
03	销售部	销售	李玉明
04	生产部	生产	白宏羽

（二）人员类别（见表 2－2）

表 2－2

人员类别	档案编码	档案名称
在职人员	1001	管理人员
	1002	采购人员
	1003	销售人员
	1004	生产人员

（三）人员档案（见表2-3）

表2-3

职员编号	职员名称	所属部门	性别	人员类别	是否操作员	是否业务员
010101	王旭	总经理办公室	男	管理人员	否	是
010201	（此处填写操作者姓名）	财务部	女	管理人员	否	是
010202	李若曦	财务部	女	管理人员	否	是
010203	张馨月	财务部	女	管理人员	否	是
010204	王富刚	财务部	男	管理人员	否	是
010205	吴乐毅	财务部	男	管理人员	否	是
020001	赵子越	采购部	男	采购人员	否	是
030001	李玉明	销售部	男	销售人员	否	是
040001	白宏羽	生产部	男	生产人员	否	是

（四）客商信息

1. 地区分类（见表2-4）

表2-4

地区分类编码	地区名称
01	东北地区
02	华北地区
03	华东地区

2. 行业分类（见表2-5）

表2-5

类别编码	类别名称
01	工业
02	商业
03	服务业

3. 供应商分类（见表2-6）

表2-6

供应商编码	供应商分类名称
01	材料供应商
02	劳务供应商

4. 客户分类（见表2-7）

表2-7

客户分类编码	客户分类名称
01	长期客户
02	中期客户
03	短期客户

5. 客户档案（见表 2－8）

表 2－8

编号	名称	简称	分类	税号	开户银行	账号
01001	长春同新公司	同新	01	1234567890	工行长春分行	123456
02001	北京宏宇公司	宏宇	02	2345678901	工行北京分行	234567
03001	上海申旺公司	申旺	03	3456789012	工行上海分行	498212

6. 供应商档案（见表 2－9）

表 2－9

编号	名称	简称	分类	税号	开户银行	账号
01001	沈阳风华公司	风华	01	45678901234	工行沈阳分行	987654
02001	邯郸朗辉公司	朗辉	02	56789012345	工行邯郸分行	876543

（五）存货

1. 存货分类（见表 2－10）

表 2－10

编号	类别
01	原材料
02	库存商品
03	其他

2. 计量单位分组（见表 2－11）

表 2－11

计量单位组编号	计量单位组名称	计量单位组类别
01	无换算组	无换算率

3. 计量单位（见表 2－12）

表 2－12

计量单位编号	计量单位名称
01	个
02	件
03	次
04	千克

4. 存货档案（见表 2－13）

表 2 – 13

存货编号	所属类别	存货名称	计量单位组类别	计量单位	属性
001	原材料	塑料	无换算率	千克	外购、生产耗用
002	原材料	开关	无换算率	个	外购、生产耗用
003	原材料	金属	无换算率	公斤	外购、生产耗用
101	库存商品	台式电风扇	无换算率	件	内销、外销
102	库存商品	立式电风扇	无换算率	件	内销、外销

（六）财务

1. 会计科目

会计科目表见项目三表 3 – 2。

2. 凭证类别：记账凭证

（七）结算方式（见表 2 – 14）

表 2 – 14

结算方式编号	结算方式名称	是否票据管理
1	现金	否
2	支票	否
201	现金支票	是
202	转账支票	是
3	电汇	否
4	银行汇票	否
5	银行本票	否
6	委托收款	否
7	托收承付	否

二、项目要求

（1）以账套主管“101 学生姓名”的身份完成部门档案的设置；

（2）以账套主管“101 学生姓名”的身份完成人员类别和职员档案的设置；

（3）以账套主管“101 学生姓名”的身份完成客户分类及客户档案的设置；

（4）以账套主管“101 学生姓名”的身份完成供应商分类及供应商档案的设置；

（5）以账套主管“101 学生姓名”的身份完成计量单位和存货的设置；
（6）以账套主管“101 学生姓名”的身份完成会计科目的设置；
（7）以账套主管“101 学生姓名”的身份完成凭证类别的设置；
（8）以账套主管“101 学生姓名”的身份完成结算方式的设置。

三、项目指导

（一）登录企业应用平台

执行“开始”→“程序”→“用友 ERP－U872”→“企业应用平台”命令，打开登录界面。输入操作员 101 或“学生姓名”；在“账套”下拉列表框中选择“006 北京凯越股份有限公司”；“操作日期”为“2019－01－01”；单击“登录”按钮，进入“企业应用平台”。如图 2－1 所示。

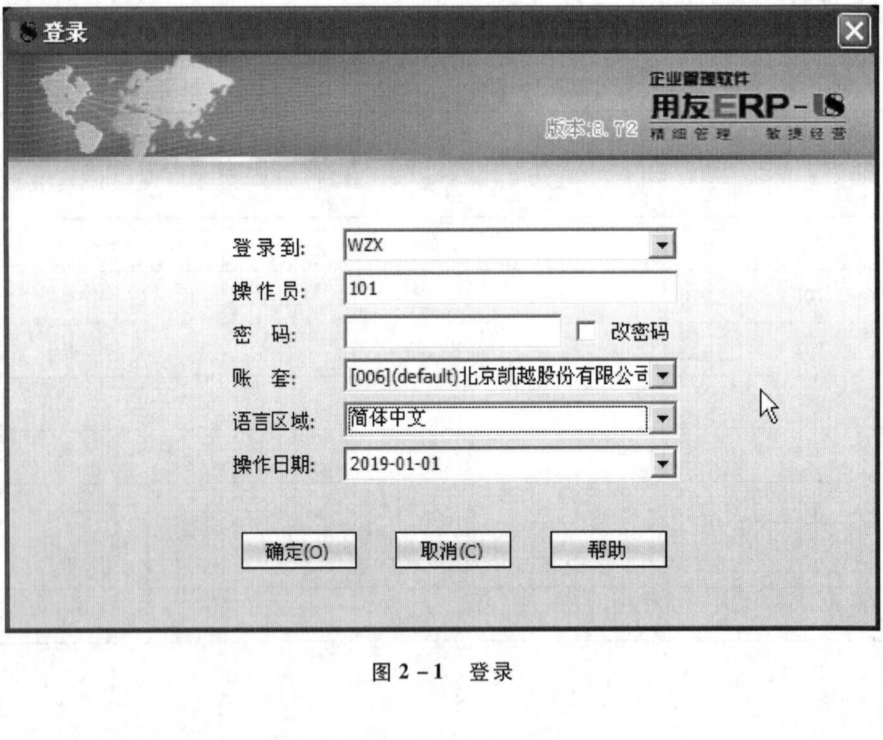

图 2－1 登录

（二）机构人员设置

1. 设置部门档案

在企业应用平台选择左下方“基础设置”，双击上方“基础档案”→“机构人员”→“部门档案”即进入“部门档案”窗口。单击“增加”，输入相关内容后，单击“保存”，按项目资料填写相关信息和数据，如图 2－2 所示。

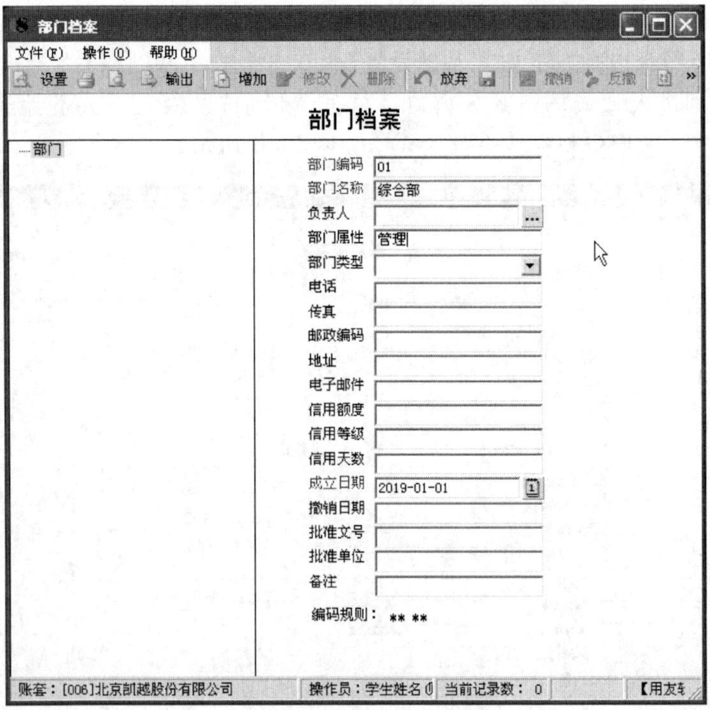

图 2－2　部门设置

2. 设置人员类别

在企业应用平台选择左下方“基础设置”，双击上方“基础档案”→“机构人员”→“人员类别”，即进入“人员类别”窗口。选择“在职人员”，单击“增加”，输入“档案编码”“档案名称”等相关信息，单击“确定”，按照资料完成全部输入。如图 2－3 所示。

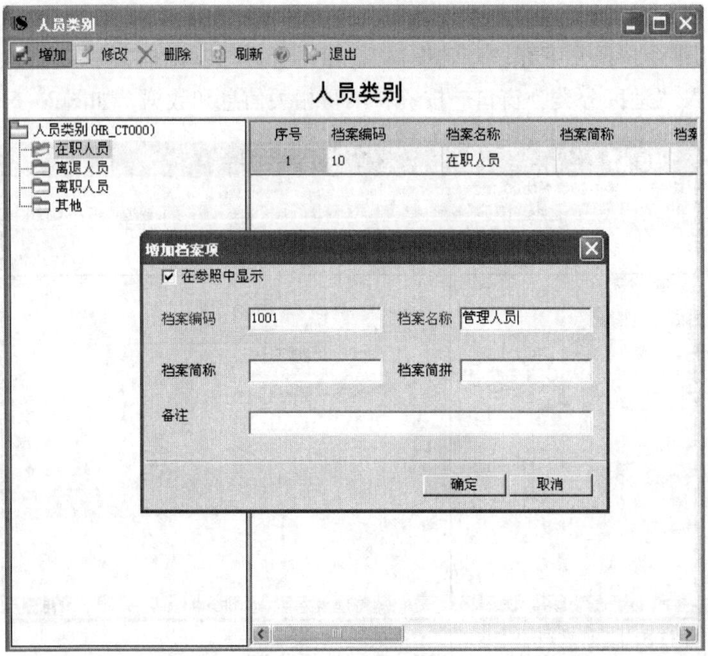

图 2－3　人员类别

3. 设置人员档案

在企业应用平台选择左下方“基础设置”，双击上方“基础档案”→“机构人员”→“人员档案”，即进入“人员档案”窗口。单击“增加”，输入“人员编编码”“人员姓名”等相关信息，按照资料完成全部输入。如图 2 – 4 所示。

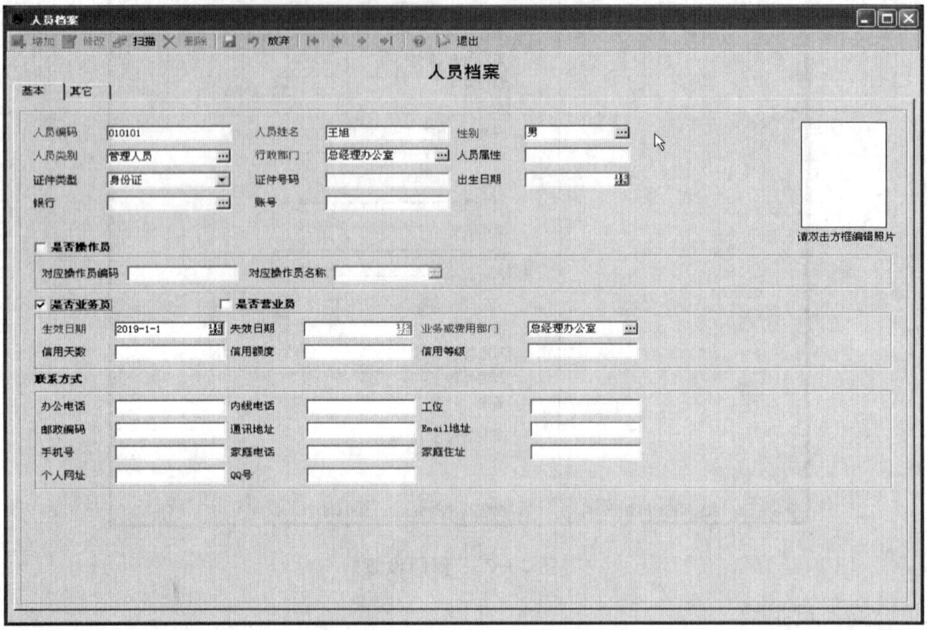

图 2 – 4　人员档案

（三）客商信息设置

1. 设置地区分类

在企业应用平台选择左下方“基础设置”，双击上方“基础档案”→“客商信息”→“地区分类”，即进入“地区分类”窗口。按资料填写相关信息和数据，如图 2 – 5 所示。

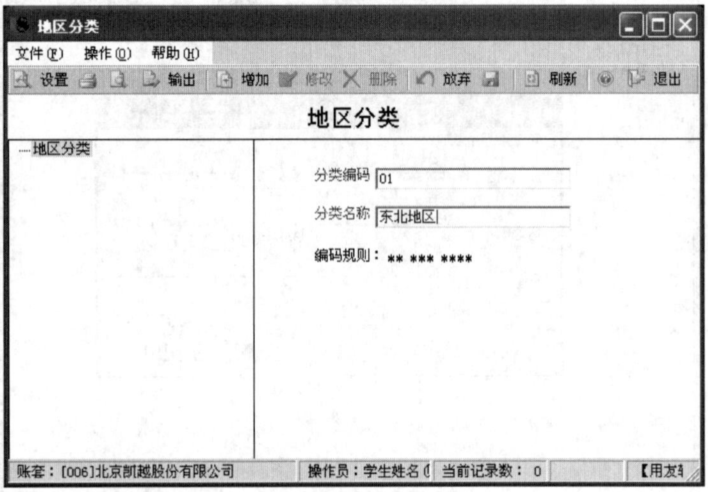

图 2 – 5　地区分类

2. 设置行业分类

在企业应用平台选择左下方“基础设置”，双击上方“基础档案”→“客商信息”→“行业分类”，即进入“行业分类”窗口。按资料填写相关信息和数据，如图2-6所示。

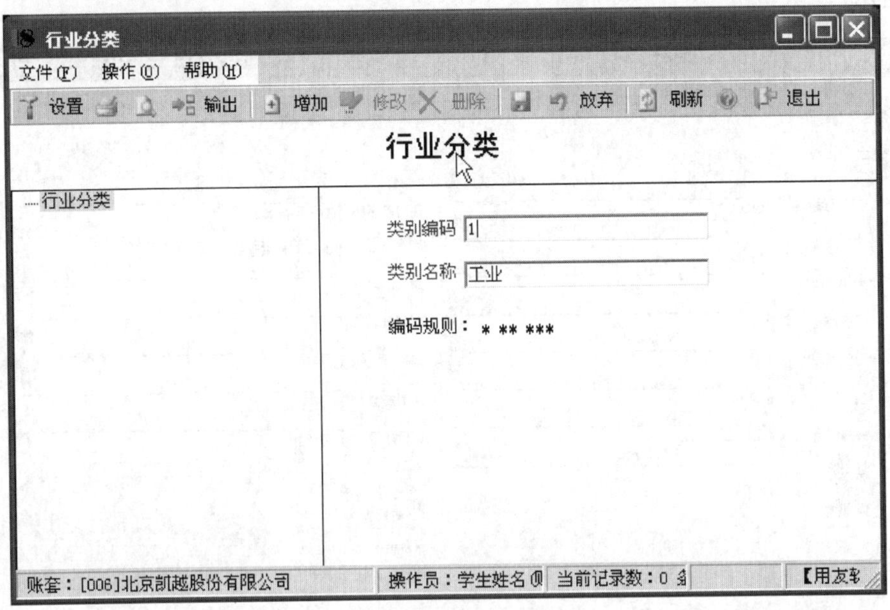

图2-6　行业分类

3. 设置供应商分类

在企业应用平台选择左下方“基础设置”，双击上方“基础档案”→“客商信息”→“供应商分类”，即进入“供应商分类”窗口。按资料填写相关信息和数据，如图2-7所示。

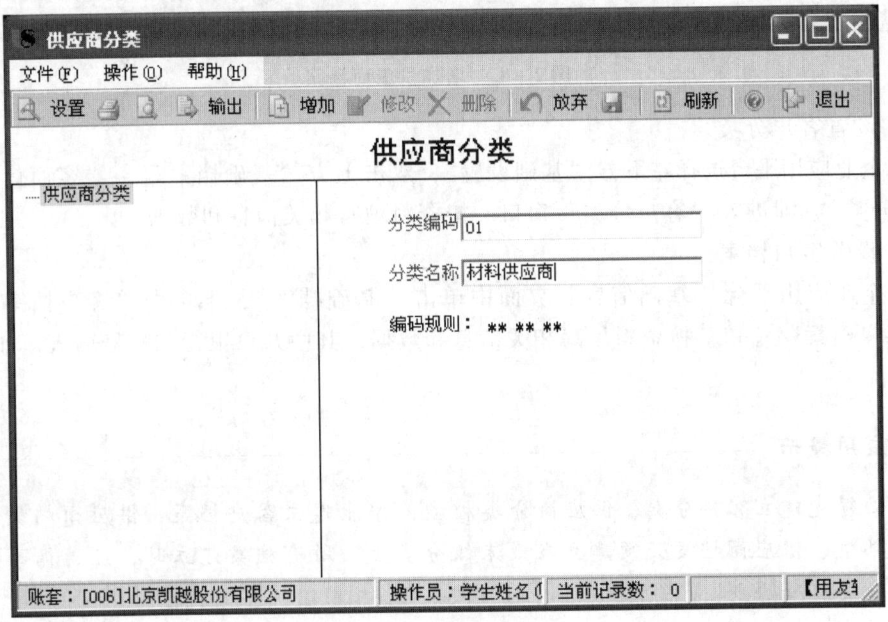

图2-7　供应商分类

4. 设置供应商档案

在企业应用平台选择左下方“基础设置”，双击上方“基础档案”→“客商信息”→“供应商档案”，即进入“增加供应商档案”窗口。按资料填写相关信息和数据，如图 2－8 所示。

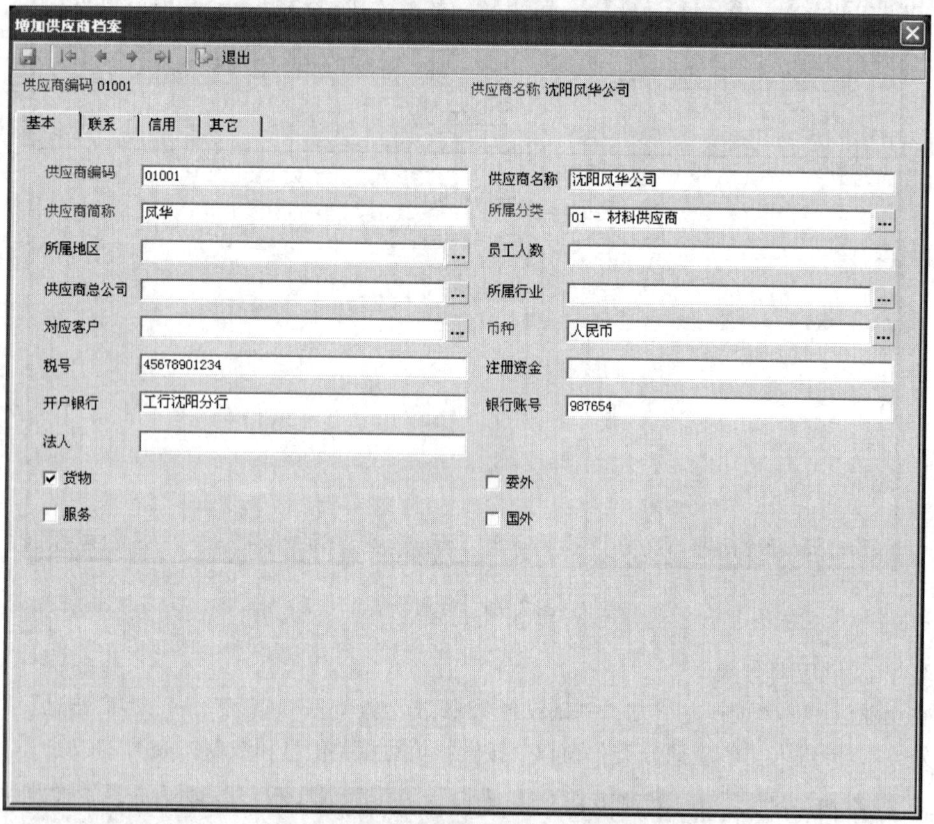

图 2－8　增加供应商档案

5. 设置客户分类

在企业应用平台选择左下方“基础设置”，双击上方“基础档案”→“客商信息”→“客户分类”，即进入“客户分类”窗口。按资料填写相关信息和数据。

6. 设置客户档案

在企业应用平台“基础信息”界面中单击“基础档案”，再单击“客户档案”即进入“客户档案”窗口。按资料填写相关信息和数据，其中开户银行和账号输入，如图 2－9 所示。

应用提示

必须先建立客户分类、供应商分类档案，才能建立客户档案、供应商档案；且客户档案、供应商档案必须建立在最末级分类上。所有档案建立时，应遵循事先设定的分类编码原则。

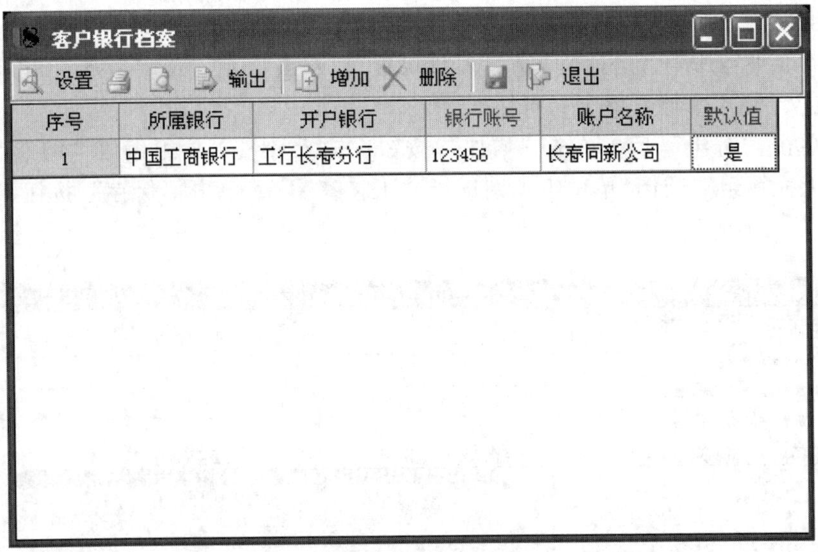

图 2-9　客户银行档案

（四）存货设置

1. 存货分类

（1）在企业应用平台选择左下方“基础设置”，双击上方“基础档案”→“存货”→“存货分类”，打开“存货分类”对话框。

（2）单击“增加”按钮，输入分类编码“01”、分类名称“原材料”，单击“保存”按钮。

（3）继续输入其他内容，单击“退出”按钮。如图 2-10 所示。

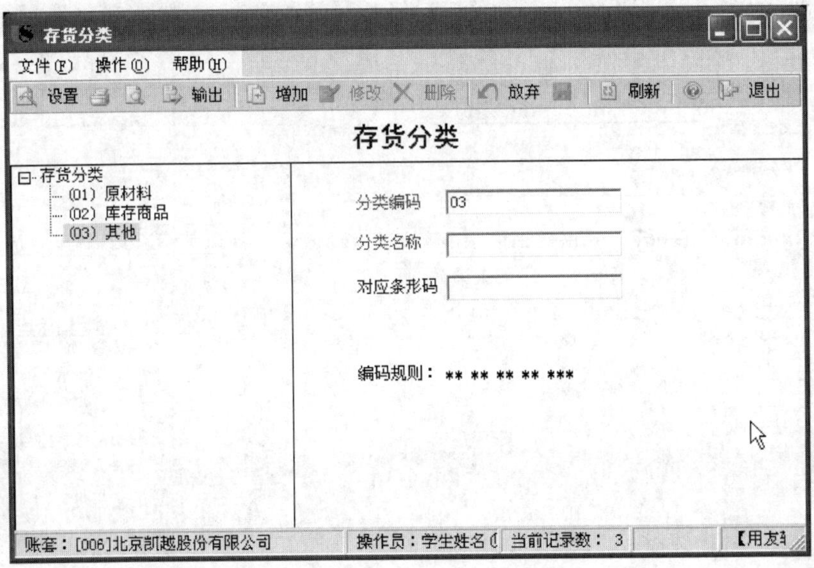

图 2-10　存货分类

2. 计量单位

（1）在企业应用平台选择左下方“基础设置”，双击上方“基础档案”→“存货”→“计量单位”，打开“计量单位”对话框。

（2）单击“分组”后，单击“增加”按钮，输入计量单位组编码“01”、计量单位组名称“无换算组”，计量单位组类别选择“无换算率”，单击“保存”按钮，单击“退出”。如图 2－11 所示。

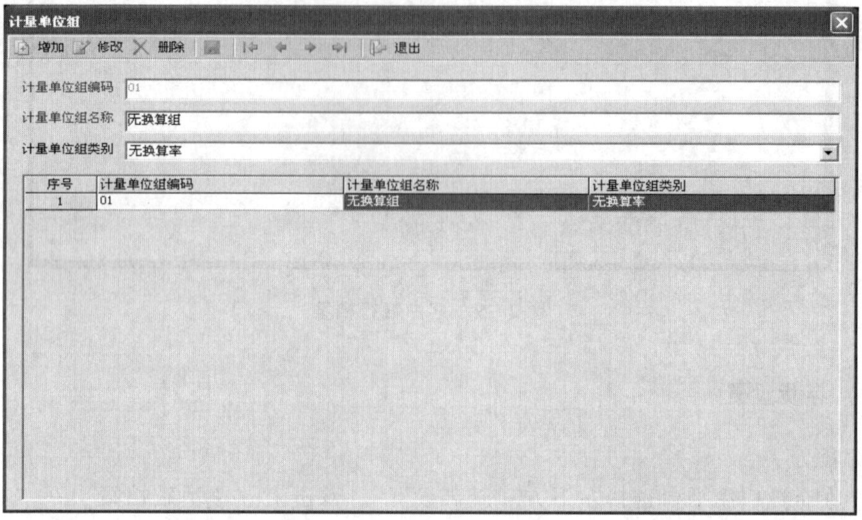

图 2－11 计量单位组

（3）选择“无换算组”后，单击“单位”后，单击“增加”按钮，输入计量单位等信息，单击“退出”。如图 2－12 所示。

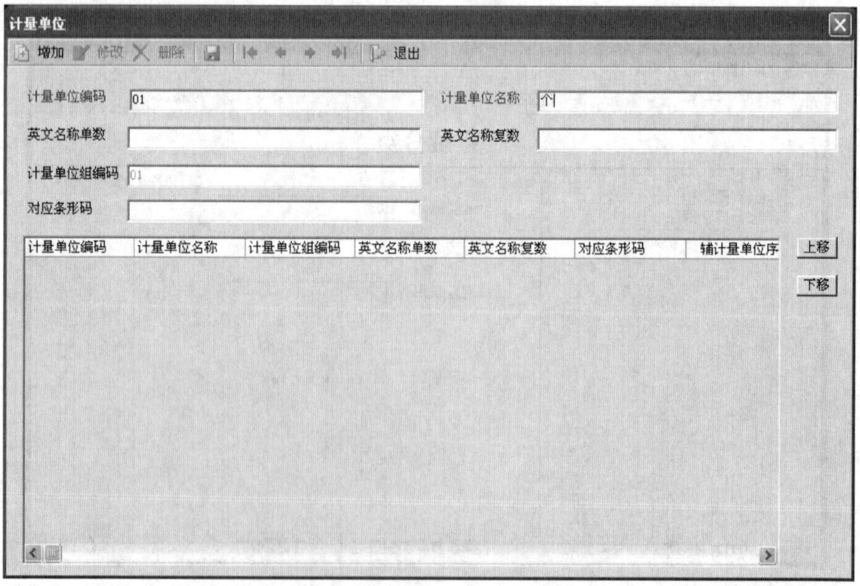

图 2－12 计量单位

3. 存货档案

（1）在企业应用平台选择左下方“基础设置”，双击上方“基础档案”→“存货”→“存货档案”，打开“存货档案”对话框。

（2）单击“增加”按钮，输入存货编码“001”、存货名称“塑料”，存货分类选择“原材料”，主计量单位选择“千克”，存货属性选择“外购”“生产耗用”，单击“保存”按钮，单击“退出”。如图 2－13 所示。

（3）按照操作步骤输入其他存货档案。

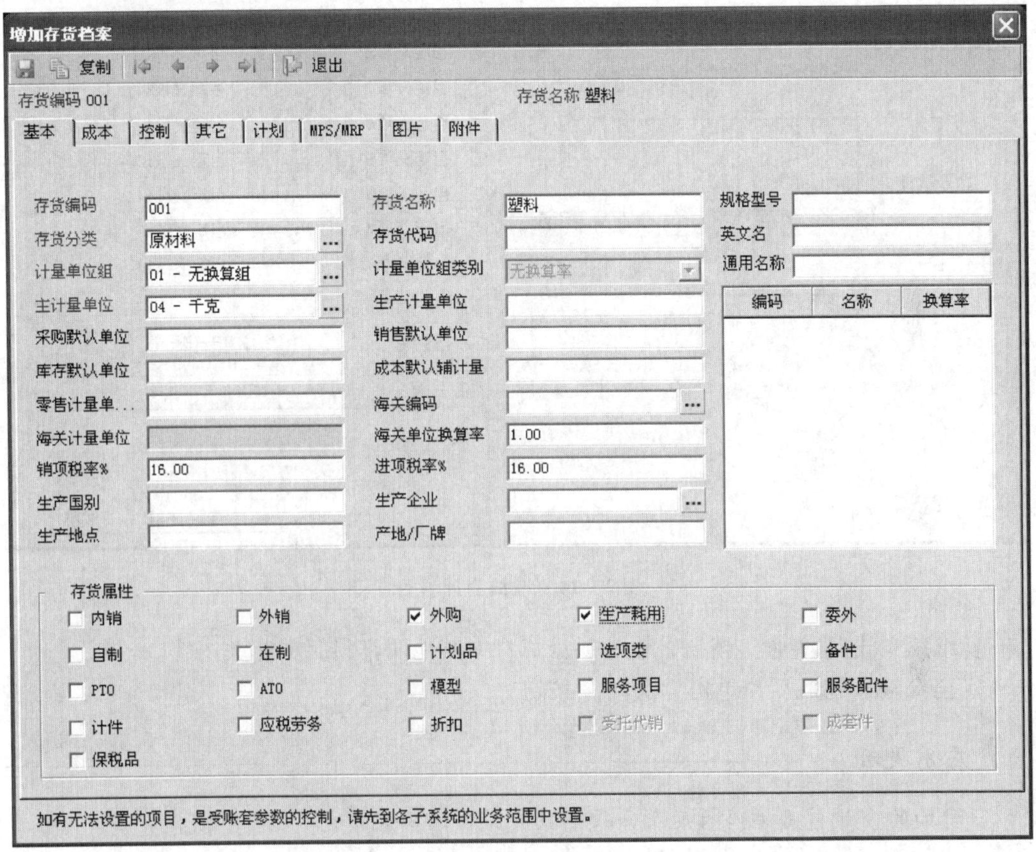

图 2－13 存货档案

（五）财务设置

1. 设置会计科目

（1）增加会计科目。

①在企业应用平台选择左下方“基础设置”，双击上方“基础档案”→“财务”→“会计科目”，进入“会计科目”窗口。

②单击“增加”按钮，进入“新增会计科目”窗口，输入资料中所给的明细科目。

③ 如输入编码 100201 、科目名称“工行存款”；选择“日记账”“银行账”，如图 2－14 所示。单击“确定”按钮。

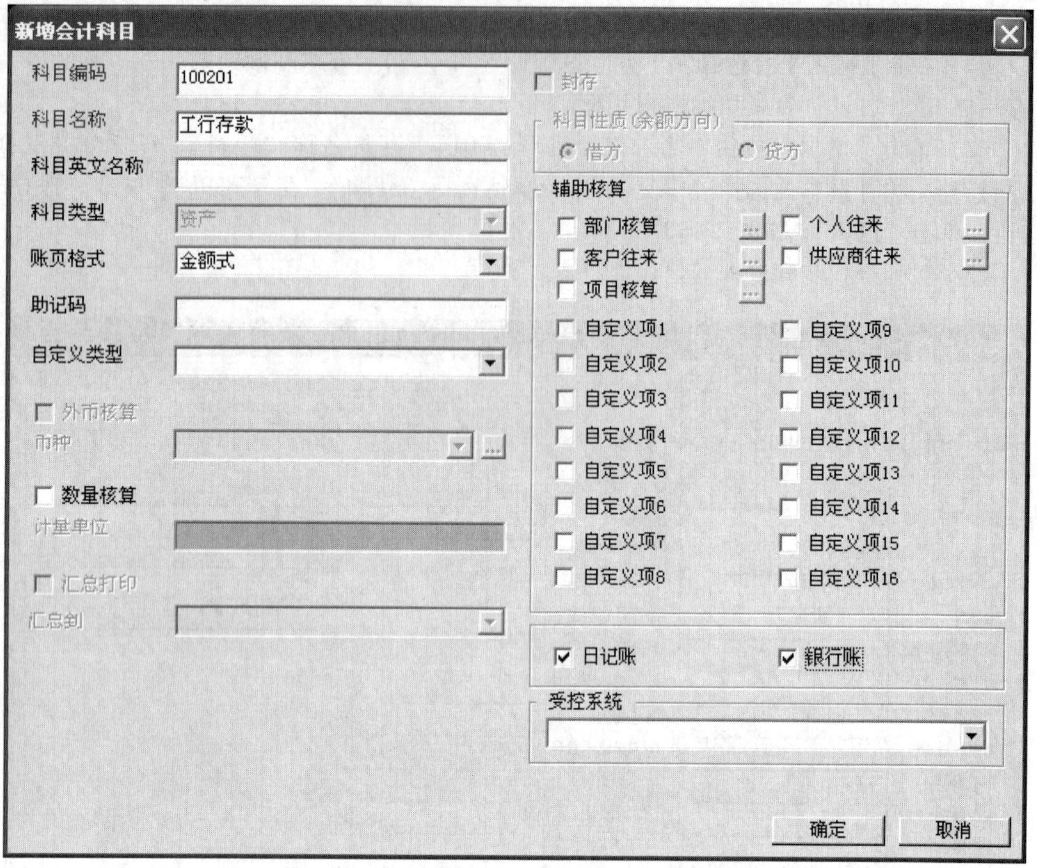

图 2－14　增加会计科目

④ 继续单击“增加”按钮，输入项目资料中其他明细科目的相关内容。

⑤ 全部输入完成后，单击“关闭”按钮。

应用提示

增加的会计科目编码长度及每段位数要符合编码规则。

（2）修改会计科目。

①在“会计科目”窗口中，单击要修改的会计科目“应收账款”。

②单击“修改”按钮或双击该科目，进入“会计科目_修改”窗口。

③单击“修改”按钮，选中“客户往来”复选框，受控系统为空，如图 2－15 所示。然后单击“确定”按钮。“应收票据”和后面“应付票据”“应付账款”科目受控系统也为空。

④按项目资料内容修改其他科目名称及辅助核算属性，修改完成后，单击“返回”按钮。

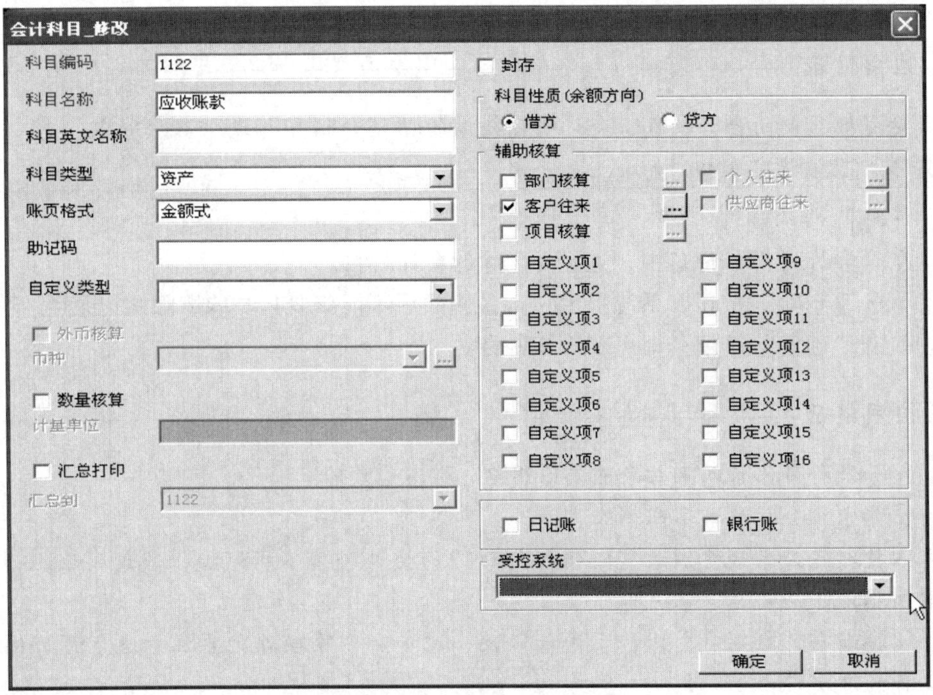

图 2－15　修改科目窗口

应用提示

（1）已有数据的科目不能修改科目性质。

（2）被封存的科目在制单时不可以使用。

（3）只有处于修改状态才能设置汇总打印和封存。

（3）成批复制会计科目。

①在“会计科目”窗口中，单击菜单中“编辑”。

②选择“成批复制”。

③在“将科目编码”中输入“1405”，在“科目编码”中输入“6001”，选择“数量核算”，单击“确认”。如图 2－16 所示。

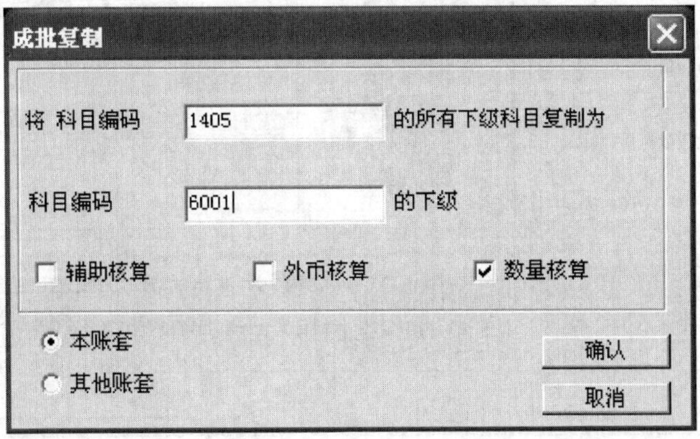

图 2－16　成批复制

应用提示

对成批复制的会计科目，会计科目之间的“辅助核算”或“数量核算”或“外币核算”应该是完全相同的。

（4）删除会计科目。

①在“会计科目”窗口中，选择要删除的会计科目。

②单击“删除”按钮，系统提示“记录删除后不能修复！真的删除此记录吗？”

③单击“确定”按钮，即可删除该科目。

应用提示

①如果科目已录入期初余额或已制单，则不能删除。

②非末级会计科目不能删除。

③被指定为“现金科目”“银行科目”的会计科目不能删除；若想删除，必须先取消指定。

④按新会计准则对会计科目进行修改、增加和删除操作时要注意避免科目编码和名称的冲突。

（5）指定会计科目。

① 在“会计科目”窗口中，执行“编辑”→“指定科目”命令，进入“指定科目”窗口。

② 选择“现金科目”单选按钮，将“库存现金（1001）”由“待选科目”选入“已选科目”列表框。如图 2－17 所示。

③ 选择“银行科目”单选按钮，将“银行存款（1002）”由“待选科目”选入“已选科目”列表框。

④单击“确定”按钮。

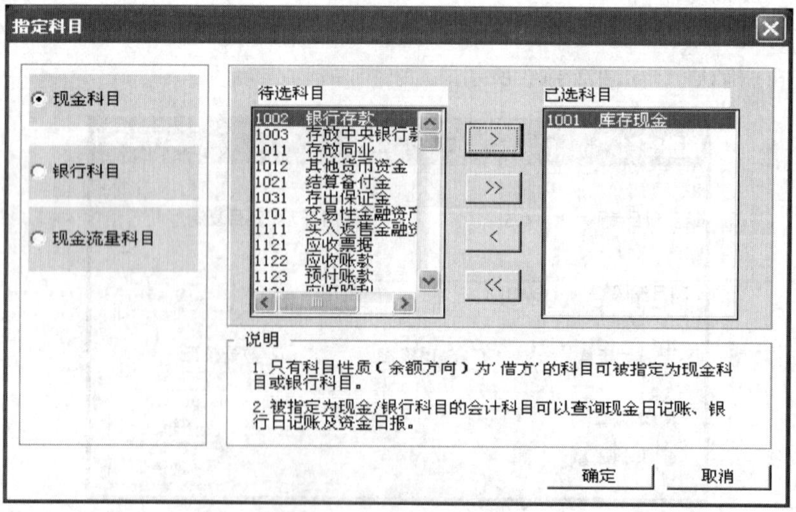

图 2－17 指定科目

应用提示

指定会计科目是指定出纳的专管科目。只有指定科目后，才能执行出纳签字，从而实现现金管理。

2. 设置凭证类别

（1）在“企业应用平台”中，执行“设置”→“基础档案”→“财务”→“凭证类别”命令，打开“凭证类别预置”对话框。

（2）选择“记账凭证”单选按钮。

（3）单击“确定”按钮，进入“凭证类别预置”窗口设置。

（4）设置完成后，单击“退出”按钮。如图2-18所示。

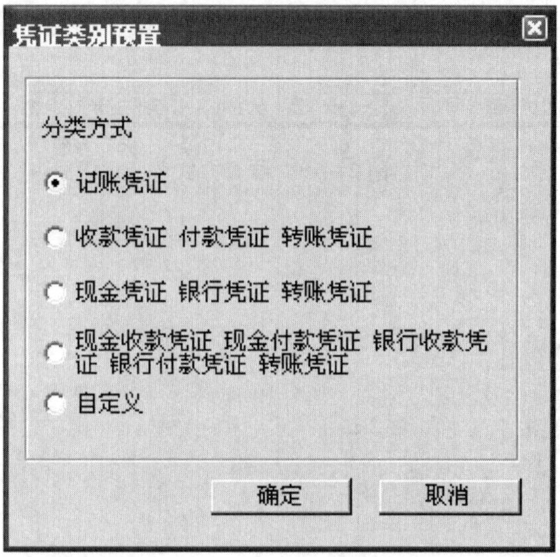

图2-18　凭证类别预置窗口

（六）设置结算方式

（1）在企业应用平台选择左下方“基础设置”，双击上方“基础档案”→“收付结算”→“结算方式”，进入“结算方式”窗口。

（2）单击“增加”按钮，输入结算方式编码、结算方式名称，单击“保存”按钮。

（3）依次输入其他结算方式。对于“现金支票”和“转账支票”要选中“是否票据管理”复选框。

（4）设置完成后，单击“退出”按钮。如图2-19所示。

应用提示

支票管理是系统为辅助银行出纳对银行结算票据的管理而设置的功能，类似于手工系统中的支票登记簿的管理方式。若需实施票据管理，则选中“是否票据管理”复选框。

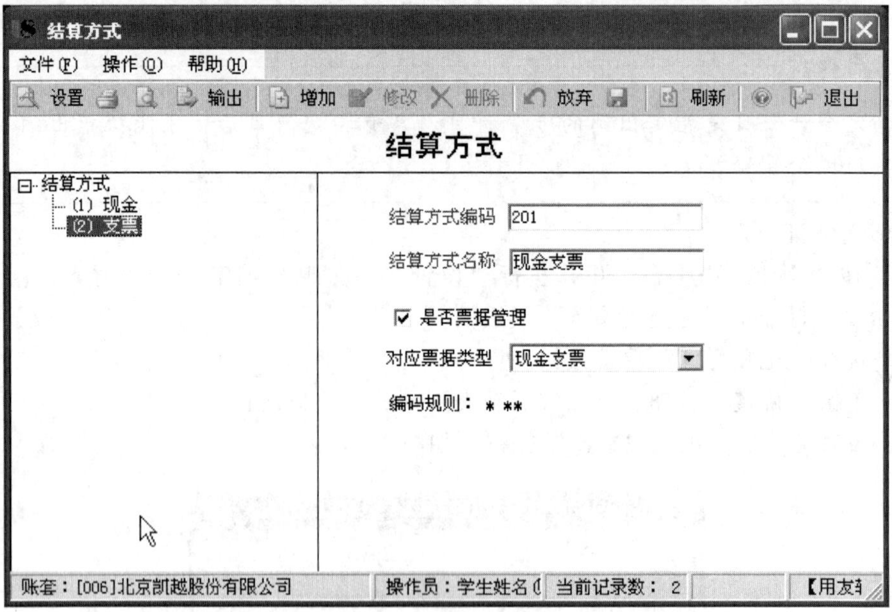
结算方式
文件(F) 操作(O) 帮助(H)
设置 输出 增加 修改 删除 放弃 刷新 退出
结算方式
结算方式
(1) 现金
(2) 支票
结算方式编码 201
结算方式名称 现金支票
是否票据管理
对应票据类型 现金支票
编码规则： * **
账套：[006]北京凯越股份有限公司
操作员：学生姓名
当前记录数： 2

图 2－19　结算方式

项目三
总账系统

学习目标

通过项目三的学习，掌握用友 ERP－U872 普及版 V3.0 软件中总账管理系统初始设置的相关内容，熟练掌握总账管理系统中凭证处理、出纳业务和期末业务的操作方法。

一、项目资料

（一）项目准备

引入“项目二”账套数据。其操作步骤如下：

以系统管理员的身份注册进入系统管理，执行“账套”→“引入”命令，打开“引入账套数据”话框。

（二）项目资料

1. 总账控制参数，选择下面选项，其他默认（具体见表 3－1）。

表 3－1

选项卡	参数设置
凭证	支票控制 自动填补凭证断号
权限	凭证审核控制到操作员 出纳凭证必须由出纳签字 凭证必须经由主管会计签字

2. 北京凯越股份有限公司年初财务资料

（1）会计科目及期初余额（见表 3－2）。

表 3－2

单位：元

科目编码	科目名称	方向	辅助核算	期初余额
1001	库存现金	借	日记账	6775.70
1002	银行存款	借	日记账、银行账	159488.89
100201	工行存款	借	日记账、银行账	159488.89
100202	中行存款	借	日记账、银行账	
1012	其他货币资金	借		
1121	应收票据	借	客户往来	
1122	应收账款	借	客户往来	157600
1123	预付账款	借		642
1131	应收股利	借		
1132	应收利息	借		
1221	其他应收款	借	个人往来	3800
1231	坏账准备	贷		788
1401	材料采购	借		
1403	原材料	借		186890
140301	塑料	借		186890
	公斤			7475.6
140302	开关	借		
140303	金属	借		
1405	库存商品	借		199976
140501	台式电风扇	借		87976
	件			3142
140502	立式电风扇	借		112000
	件			3200
1411	周转材料	借		
141101	包装物	借		
141102	低值易耗品	借		
1501	持有至到期投资	借		
1503	可供出售金融资产	借		
1511	长期股权投资	借		
1601	固定资产	借		1260680
1602	累计折旧	贷		197584.84
1604	在建工程	借		
1606	固定资产清理	借		
1701	无形资产	借		58500
1801	长期待摊费用	借		
1901	待处理财产损溢	借		

续表

科目编码	科目名称	方向	辅助核算	期初余额
190101	待处理流动资产损溢	借		
190102	待处理非流动资产损溢	借		
2001	短期借款	贷		200000
2201	应付票据	贷	供应商往来	
2202	应付账款	贷	供应商往来	276850
2203	预收账款	贷		
2211	应付职工薪酬	贷		10222.77
221101	应付工资	贷		
221102	应付福利费	贷		10222.77
2221	应交税费	贷		-13000
222101	应交增值税	贷		
22210101	进项税额	贷		
22210102	进项税额转出	贷		
22210103	销项税额	贷		
22210105	转出未交增值税	贷		
22210109	转出多交增值税	贷		
222102	未交增值税	贷		-13000
222103	应交城市维护建设税	贷		
222104	应交教育费附加	贷		
222106	应交企业所得税	贷		
2241	其他应付款	贷		
2231	应付利息	贷		
2232	应付股利	贷		
2501	长期借款	贷		
2502	应付债券	贷		
4001	股本	贷		1500000
4002	资本公积	贷		
4101	盈余公积	贷		
4103	本年利润	贷		
4104	利润分配	贷		-120922.31
410401	提取法定盈余公积	贷		
410402	提取任意盈余公积	贷		
410403	未分配利润	贷		-120922.31
5001	生产成本	借		17165.74
500101	基本生产成本	借		17165.74
50010101	直接材料	借		155.00

续表

科目编码	科目名称	方向	辅助核算	期初余额
50010102	直接人工	借		15000.00
50010103	制造费用	借		2015.71
5105	制造费用	借		
6001	主营业务收入	贷		
600101	台式电风扇			
600102	立式电风扇			
6051	其他业务收入	贷		
6111	投资收益	贷		
6301	营业外收入	贷		
6401	主营业务成本	借		
640101	台式电风扇			
640102	立式电风扇			
6402	其他业务成本	借		
6403	营业税金及附加	借		
6601	销售费用	借		
6602	管理费用	借		
660201	工资费用	借	部门核算	
660202	办公费用	借	部门核算	
660203	折旧费用	借	部门核算	
660204	其他费用	借	部门核算	
6603	财务费用	借		
6711	营业外支出	借		
6801	所得税费用	借		
6901	以前年度损益调整	借		

注：设置“1001”为“现金总账科目”，“1002”为“银行存款总账科目”指定“1001”“1002”为现金流量表科目。

（2）应收账款期初余额明细表（见表3－3）。

表3－3 单位：元

日期	凭证号	客户单位名称	业务员	摘要	方向	金额
2018－05－25	记－26	北京宏宇公司	李玉明	销售商品	借	99600.00
2018－06－10	记－15	上海申旺公司	李玉明	销售商品	借	58000.00

（3）其他应收款期初余额明细表（见表3－4）。

表3－4 单位：元

日期	凭证号	部门	职员	摘要	方向	金额
2018－4－26	记－21	总经理办公室	王旭	出差借款	借	3800.00

（4）应付账款期初余额明细表（见表3－5）。

表3－5　　　　　　　　　　　　　　　　　　　　　　　　　　　　　　　　　单位：元

日期	凭证号	供应商单位名称	业务员	摘要	方向	金额
2018－6－20	记－22	朗辉公司	赵子越	购买商品	贷	176850.00
2018－6－25	记－28	风华公司	赵子越	购买商品	贷	100000.00

3. 北京凯越股份有限公司1月业务资料

（1）1月1日，财务部提取现金10000元（结算方式：现金支票，票号xj0001）。

借：库存现金　　10000.00

　　贷：银行存款——工行存款　　10000.00

（2）1月3日王旭预支差旅费4000元（附单据数：1）。

借：其他应收款（王旭）　　4000

　　贷：库存现金　　4000

（3）1月5日总经理办公室王旭报销差旅费3600元，交还现金400元（附单据数：5）。

借：管理费用——其他费用（总经理办公室）　　3600.00

　　库存现金　　200.00

　　贷：其他应收款（王旭）　　3800.00

（4）1月9日总经理办公室支付业务招待费1000元（结算方式：转账支票，票号zz0001，附单据数：2）。

借：管理费用——其他费用（总经理办公室）　　1000.00

　　贷：银行存款——工行存款　　1000.00

（5）1月11日，销售部李玉明收到北京宏宇公司转来转账支票2张，面值分别为：40000元和59600元，用以归还货款（结算方式：转账支票，票号分别为zz000102和zz000103，附单据数：2）。

借：银行存款——工行存款　　99600.00

　　贷：应收账款（北京宏宇公司）　　99600.00

（6）1月14日，采购部赵子越归还欠朗辉公司部分货款100000元（结算方式：转账支票，票号分别为zz0002，附单据数：2）。

借：应付账款（朗辉公司）　　100000.00

　　贷：银行存款——工行存款　　100000.00

（7）1月16日，销售部李玉明向北京宏宇公司售出台式电风扇600件，单价62元，货税款尚未收到（适用税率13%）。

借：应收账款（北京宏宇公司）　　21696.00

　　贷：主营业务收入——台式电风扇　　19200.00

　　　　应交税费——应交增值税—销项税　　2496.00

（8）1月19日，采购部赵子越从沈阳风华公司购入塑料3000公斤，单价35元，货税款暂欠，材料已验收入库（适用税率16%，附单据数：3）。

借：原材料——塑料　　105000.00

　应交税费——应交增值税—进项税　　16800.00

　贷：应付账款（沈阳风华公司）　　121800.00

（9）1 月 25 日支付顺达广告公司广告费 10000 元（结算方式：转账支票，票号分别为 zz0003，附单据数：2）。

借：销售费用　　10000.00

　贷：银行存款——中行存款　　10000.00

（10）1 月 25 日，生产领用塑料 1000 公斤，单价 25 元（附单据数：1）。

借：生产成本——基本生产成本—直接材料　　25000

　贷：原材料——塑料　　25000

（11）1 月 26 日，销售部李玉明向上海申旺有限公司销售立式电风扇 3000 件，单价 80 元，款项全部收回（适用税率 16%，结算方式：电汇，票号 dh00012，附单据数：2）。

借：银行存款——工行存款　　264000

　贷：主营业务收入　　240000

　　应交税费——应交增值税—销项税　　24000

（12）1 月 28 日，生产车间丢失塑料 500 公斤，单价 25 元，确认为生产部白宏羽责任（附单据数：2）。

借：其他应收款（生产部：白宏羽）　　8700

　贷：生产成本——基本生产成本——原材料　　7500

　　应交税费——应交增值税——进项税额转出　　1200

（13）1 月 31 日，计提借款利息 300 元（附单据数：1）。

借：财务费用　　300

　贷：银行存款——工行存款　　300

（14）1 月 31 日，生产完工立式电扇 500 件，单位生产成本 35 元，已经验收入库（附单据数：4）。

借：库存商品　　17500

　贷：生产成本——基本生产成本——直接材料　　12000

　　生产成本——基本生产成本——直接人工　　5000

　　生产成本——基本生产成本——制造费用　　500

（15）发现输入的（13）号凭证是错误凭证，删除该凭证。

（16）利用期末转账定义和转账生成功能，计提当月短期借款利息，月利率 0.2%。

（17）利用期末转账定义和转账生成功能结转销售成本。

（18）如果城建税适用税率 7%，教育费附加适用 3%，用期末转账定义和转账生成功能，生成税金及附加凭证。

（19）利用期末转账定义和转账生成功能，进行期末未交增值税结转。

（20）利用期末转账定义和转账生成功能，进行期间损益结转定义和生成凭证。

二、项目要求

（1）以“学生姓名”的身份录入期初余额并进行试算平衡；

（2）以用户李若曦身份填制记账凭证；

（3）以用户张馨月身份对涉及“库存现金”及“银行存款”的凭证进行签字，进行银行对账，银行对账单如表3-6所示；

表3-6 银行对账单 单位：元

日期	结算方式	票号	借方金额	贷方金额
2019.01.01	201	xj0001		10000.00
2019.01.09	202	zz0001		1000.00
2019.01.11	202	zz000102	40000.00	
2019.01.11	202	zz000103	59600.00	
2019.01.12	3	dh00108		5000.00
2019.01.14	202	zz0002		100000.00

（4）以用户学生姓名身份进行凭证审核、主管签字和对账工作；

（5）以用户学生姓名身份利用期末转账定义和转账生成功能进行期末设置；

（6）以用户李若曦身份对期末自动转账凭证进行生成，并完成所有凭证记账。

三、项目指导

（一）设置

1. 启动与注册

（1）执行“开始”→“程序”→“用友 ERP-U872”→“企业应用平台”命令，打开“登录”对话框，如图3-1所示。

（2）输入操作员101，选择账套“006 北京凯越股份有限公司”；输入操作日期“2019-01-01”，单击“登录”按钮。

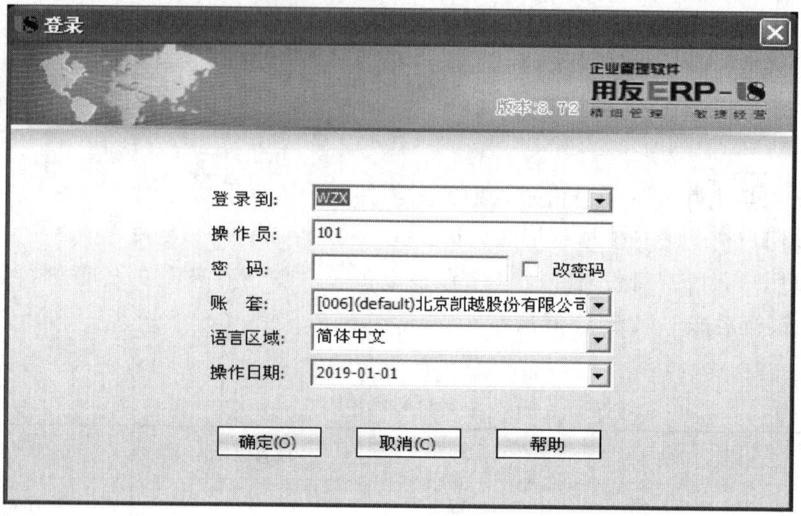

图 3－1 登录

2. 设置总账控制参数

（1）进入“企业应用平台”中，执行“业务工作”→“财务会计”→“总账”→“设置”→“选项”命令，打开“选项”对话框。

（2）单击“编辑”按钮，进入选项编辑状态。

（3）打开“凭证”选项卡，按照项目资料的要求进行相应的设置。

（4）设置完成后，单击“确定”按钮。如图 3－2 所示。

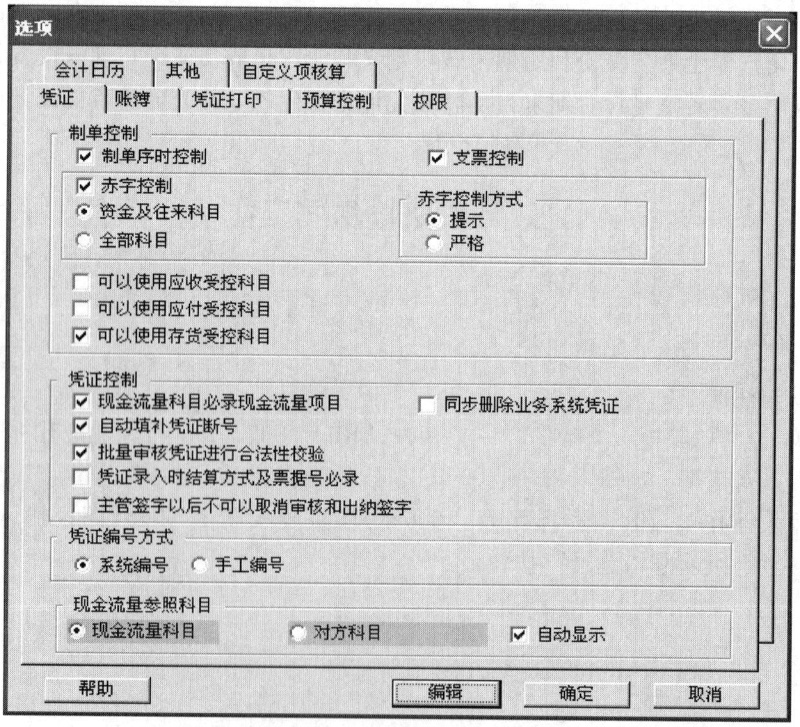

图 3－2 选项设置——凭证

3. 录入期初余额

（1）在“企业应用平台”中，执行“业务工作”→“财务会计”→“总账”→“设置”→“期初余额”命令，进入“期初余额录入”窗口，如图3－3所示。

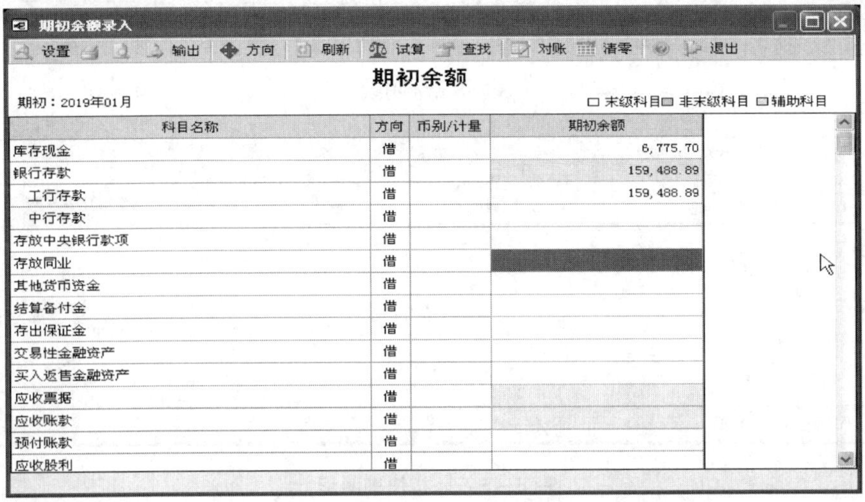

图3－3　期初余额录入

应用提示

末级科目底色为白色，可以直接输入的累计发生额和期初余额。设置辅助核算的科目底色为黄色，其累计发生额可直接输入，但期初余额的录入要到相应的辅助账中进行。双击设置了辅助核算属性的科目的期初余额栏，进入相应的窗口，按资料给出的明细录入每笔业务的金额，完成后，单击“退出”按钮。辅助账余额自动转入总账。

（2）以“应收账款”为例，双击“应收账款”行的“期初余额”栏处，打开“辅助期初余额”窗口，单击“往来明细”按钮，如图3－4所示。

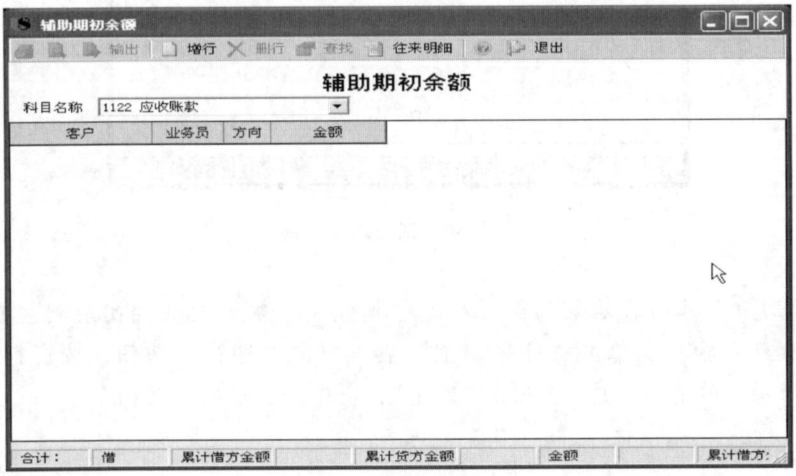

图3－4　客户往来期初

（3）单击“增行”，按照资料输入日期、凭证号等各项资料后，单击“汇总”，提示“完成了往来明细到辅助期初表的汇总”，单击“确定”，单击“退出”。如图 3－5 所示。

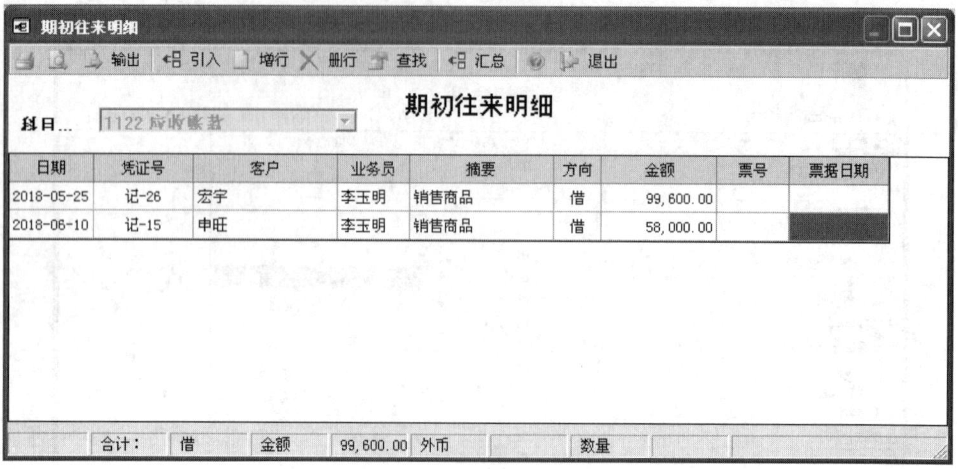

图 3－5 期初往来明细

（4）辅助期初余额如图 3－6 所示。单击“退出”即可。

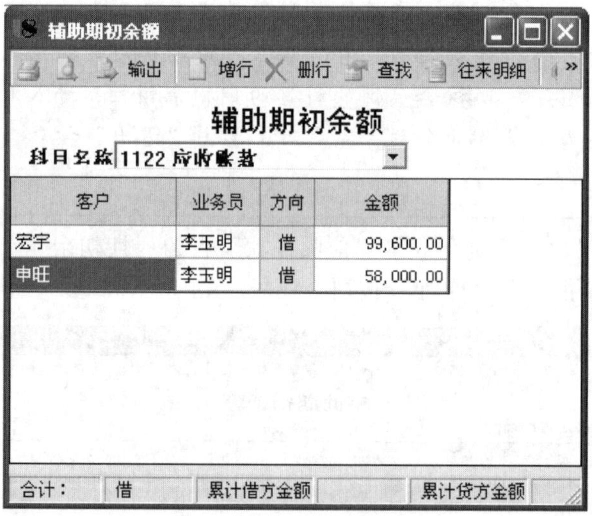

图 3－6 辅助期初余额

（5）再以“其他应收款”为例，双击“其他应收款”的“期初余额”栏处，打开“辅助期初余额”窗口，单击“往来明细”后，单击“增行”按钮，按资料填入数据，如图 3－7 所示。单击“汇总”，单击“确定”，再单击“退出”按钮。

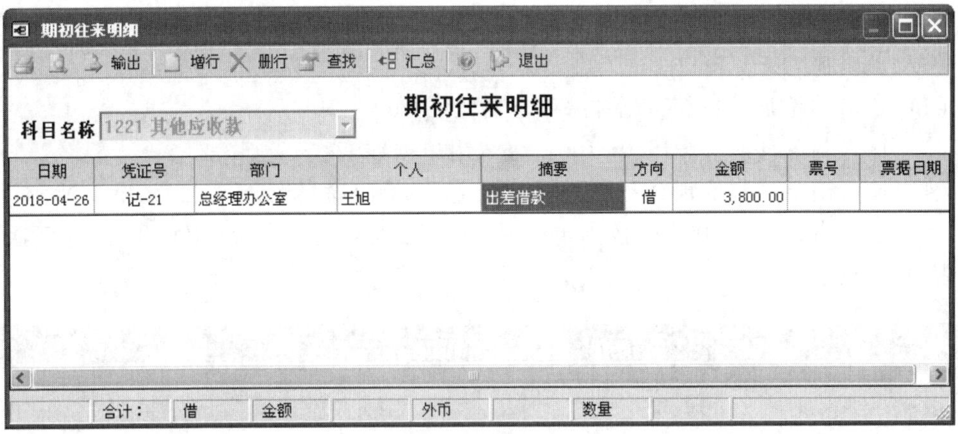

图 3－7　辅助期初余额

（6）全部输入完毕，单击“试算”按钮，打开“期初余额试算平衡表”窗口，如图 3－8 所示。

（7）若期初余额不平衡，则修改期初余额，期初余额到平衡后，单击“退出”按钮。期初余额录入完毕。

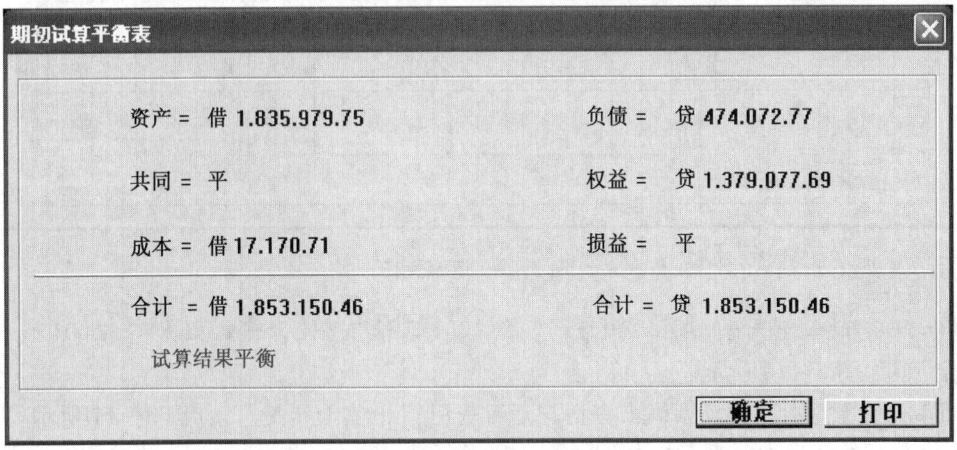

图 3－8　期初试算平衡表

（二）凭证管理

1. 填制凭证

在凭证填制过程中，若某科目为“银行科目”“数量科目”“辅助核算科目”“现金流量科目”，输入完科目名称后，则须继续输入该科目的辅助核算信息。

业务 1：1 月 1 日，从银行提取现金 10000 元（结算方式：现金支票，票号 xj0001，附单据数：1）。

借：库存现金　　　　10000. 00

　　贷：银行存款——工行存款　　　　10000. 00

技能点：辅助项——支票登记

（1）更换操作员“102 李若曦”，进入总账系统，执行“凭证”→“填制凭证”命令，进入“填制凭证”窗口。

（2）单击“增加”按钮，增加一张空白凭证。

（3）输入制单日期“2019. 01. 01”；输入附单据数 1 。

（4）输入摘要“提取现金”；选择科目名称“1001 库存现金”，如图 3－9 所示。

（5）输入借方金额 10000，按 Enter 键，摘要自动复制，输入“100201 工行存款”科目，按 Enter 键。

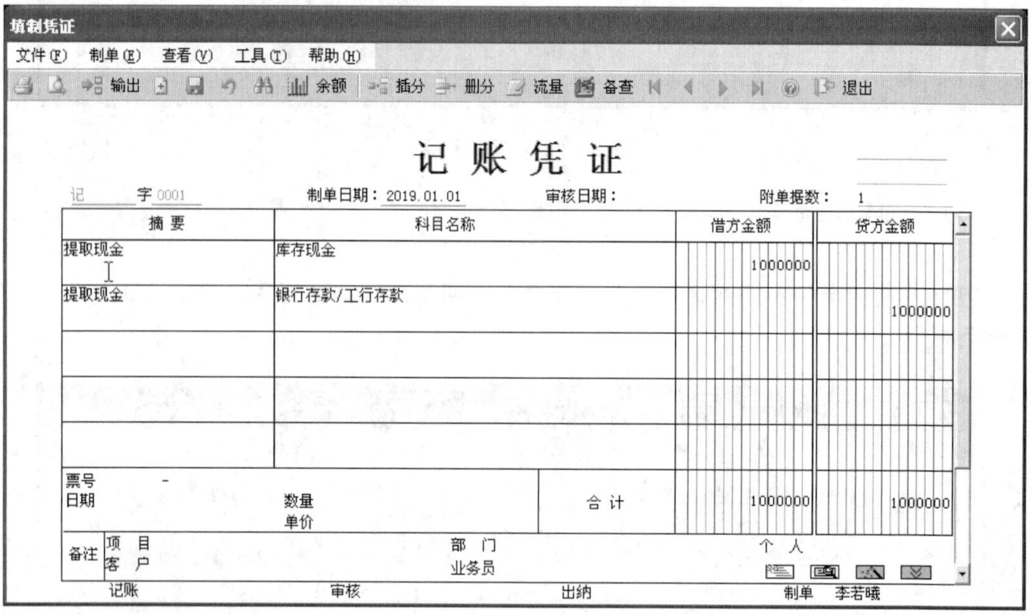

图 3－9 填制凭证

（6）系统弹出“辅助项”窗口，选择“201 现金支票”，输入票号“xj0001”，单击“确定”，如图 3－10 所示。

（7）系统提示“此支票尚未登记，是否登记?”，单击“是”，如图 3－11 所示。

（8）系统提示票号登记，如图 3－12 所示；填写各项内容后，单击“确定”。

（9）输入贷方金额，单击“保存”按钮，系统弹出“凭证已成功保存!”信息提示对话框，单击“确定”按钮。

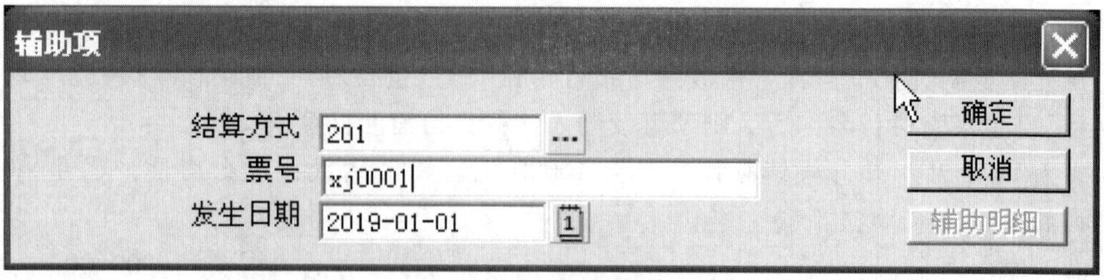

图 3－10 辅助项

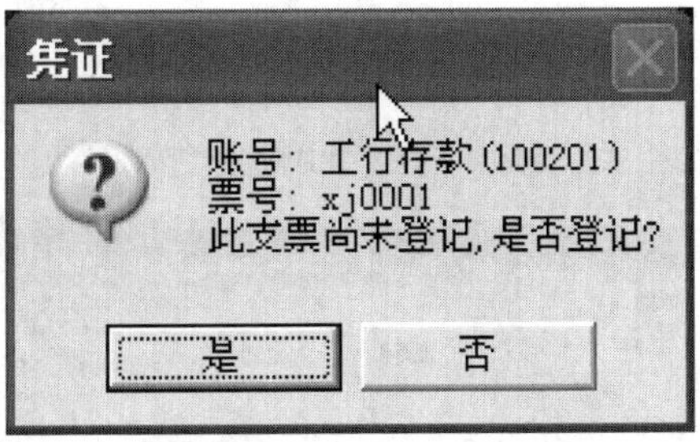

图 3-11　凭证提示

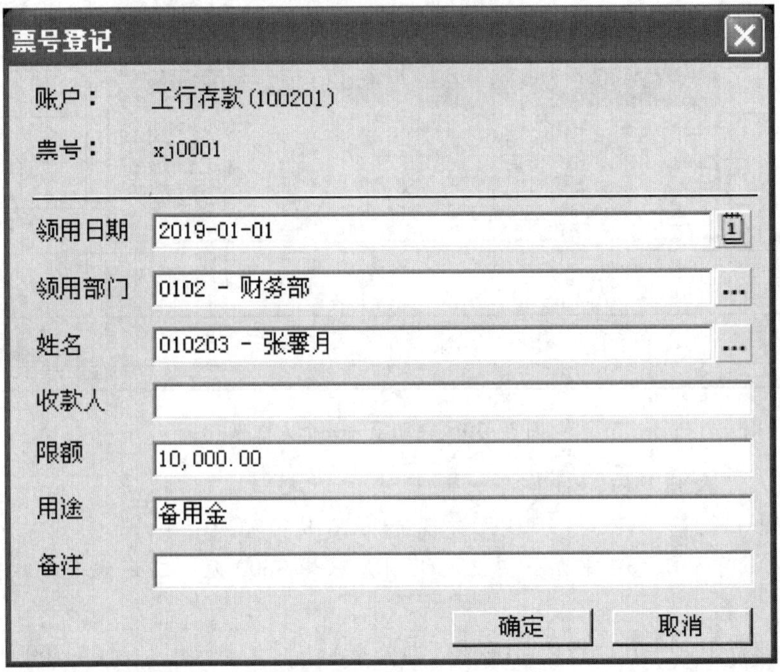

图 3-12　票号登记

应用提示

（1）采用序时控制时，凭证日期应大于等于启用日期，不能超过业务日期。凭证一旦保存，其凭证类别、凭证编号不能修改。正文中不同行的摘要可以相同也可以不同，但不能为空。每行摘要将随相应的会计科目在明细账、日记账中出现。

（2）科目编码必须是末级的科目编码。

（3）金额不能为“零”；红字以“-”号表示。

（4）可按“=”键，取当前凭证借贷方金额的差额到当前光标位置。

业务2：1月3日王旭预借差旅费4000元（附单据数：1）。

借：其他应收款（王旭）　　4000

　　贷：库存现金　　4000

技能点：辅助核算——个人往来

（1）进入总账系统，执行“凭证”→“填制凭证”命令，进入“填制凭证”窗口。

（2）单击“增加”按钮，增加一张空白凭证。

（3）在填制凭证过程中，输完“122101 应收个人”科目，系统弹出“辅助项”对话框，如图 3－13 所示。输入相关内容，单击“确定”按钮。

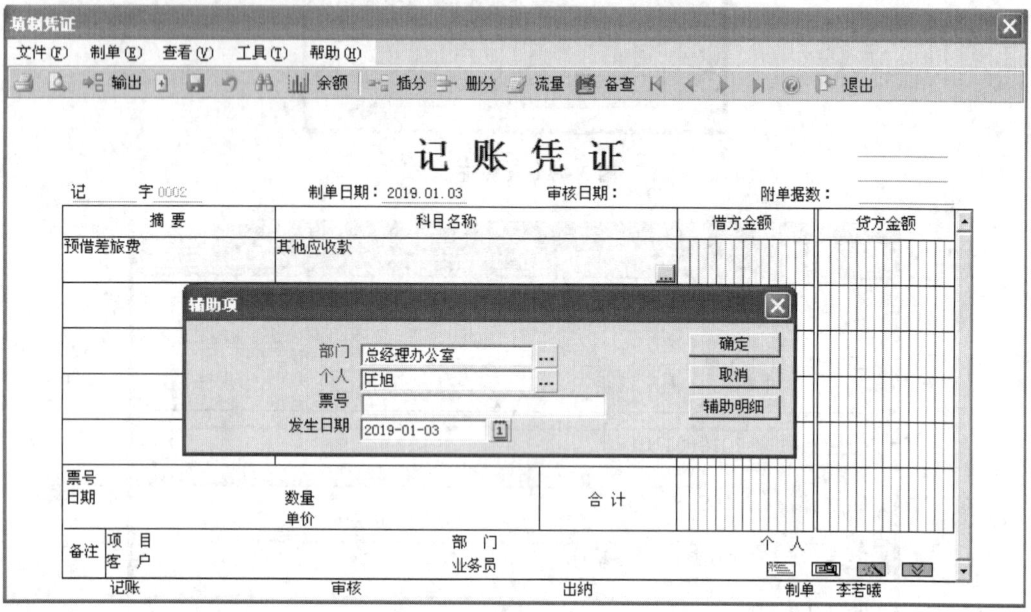

图 3－13 辅助项——个人往来

（4）输入“金额”后，回车。

（5）在下一行选择科目“1001 库存现金”，在贷方输入金额，单击“保存”按钮。

业务 3：1 月 5 日总经理办公室王旭报销差旅费 3600 元，交还现金 200 元（附单据数：5）。

借：管理费用——其他费用（总经理办公室） 3600.00

库存现金 200.00

贷：其他应收款（王旭） 3800.00

技能点：辅助核算——部门核算、个人往来

（1）进入总账系统，执行“凭证”→“填制凭证”命令，进入“填制凭证”窗口。

（2）单击“增加”按钮，增加一张空白凭证。

（3）在填制凭证过程中，输入“660204 管理费用——其他费用”后，弹出部门核算“辅助项”对话框，输入部门和个人，单击“确定”按钮。如图 3－14 所示。

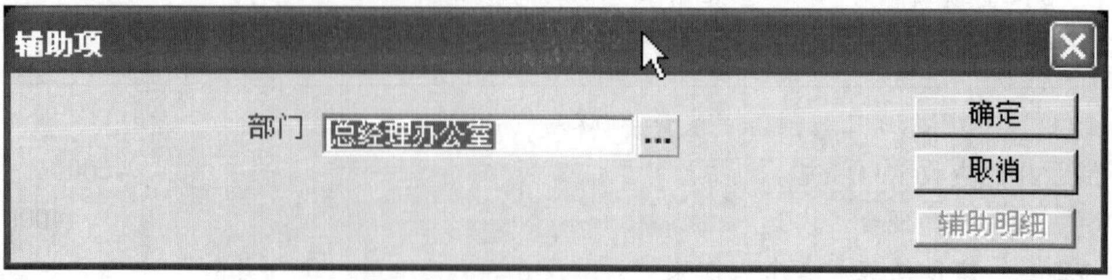

图 3－14 辅助项——部门核算

（4）在下一行选择科目“1001 库存现金”，在借方输入金额，回车。

（5）在下一行选择个人往来科目“122101 应收个人”后，弹出“辅助项”对话框。

（6）输入部门“总经理办公室”，个人“王旭”，发生日期“2019－01－05”，单击“确定”按钮，输入金额后保存。如图 3－15 所示。

图 3－15 辅助项——个人往来

业务 4：1 月 9 日总经理办公室支付业务招待费 1000 元（结算方式：转账支票，票号 zz0001，附单据数：2）。

借：管理费用——其他费用（总经理办公室） 1000.00

　　贷：银行存款——工行存款 1000.00

技能点：辅助核算——部门核算、支票登记

（1）进入总账系统，执行“凭证”→“填制凭证”命令，进入“填制凭证”窗口。

（2）单击“增加”按钮，增加一张空白凭证。

（3）在填制凭证过程中，输入“660204 管理费用——其他费用”后，弹出部门核算“辅助项”对话框，输入部门“财务部”，单击“确定”按钮，如图 3－16 所示。

图 3－16 辅助项——部门核算

（4）在下一行选择科目“100201 工行存款”，回车，输入“结算方式 202”“票号 zz0001”“发生日期 2019－01－09”后，单击“确定”按钮，如图 3－17 所示。

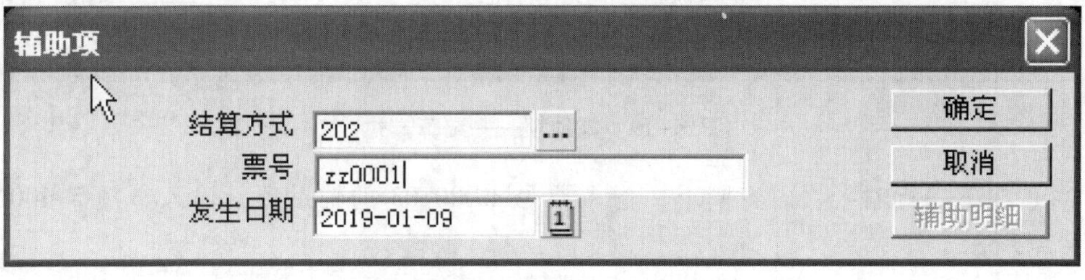

图 3－17 辅助项——结算方式

（5）凭证输入完成后，若此张支票未登记，则系统弹出“此支票尚未登记，是否登记？”信息提示对话框，如图 3－18 所示。

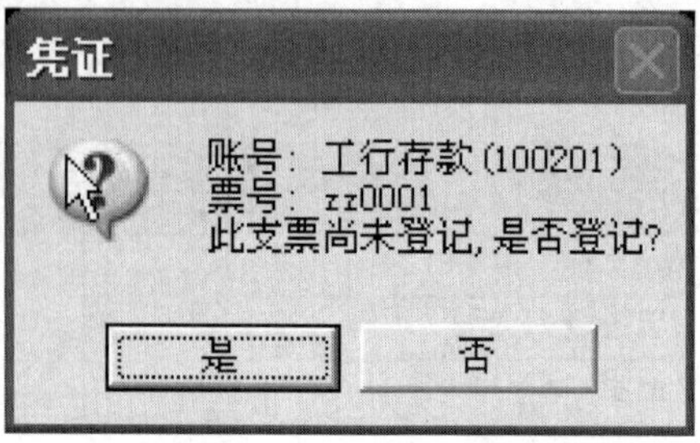

图 3－18　票据管理提示

（6）单击“是”按钮，弹出“票号登记”对话框。输入领用日期“2019－01－09”，领用部门“总经理办公室”姓名“王旭”，收款人“明道海鲜餐饮有限公司”，限额“1000.00”，用途为“业务招待费”，单击“确定”按钮。

应用提示

选择支票控制，即该结算方式设为票据管理，银行账辅助信息不能为空。

业务 5：1 月 11 日，销售部李玉明收到北京宏宇公司转来转账支票 2 张，面值分别为 40000 元和 59600 元，用以归还货款（结算方式：转账支票，票号分别为 zz000102 和 zz000103，附单据数：2）。

借：银行存款——工行存款　　99600.00

　　贷：应收账款（北京宏宇公司）　　99600.00

技能点：辅助核算——结算方式、客户往来

（1）进入总账系统，执行“凭证”→“填制凭证”命令，进入“填制凭证”窗口。

（2）单击“增加”按钮，增加一张空白凭证。

（3）选择科目“100201 工行存款”，回车，输入“结算方式 202”“票号 zz000102”“发生日期 2019－01－11”后，单击“确定”按钮，如图 3－19 所示。

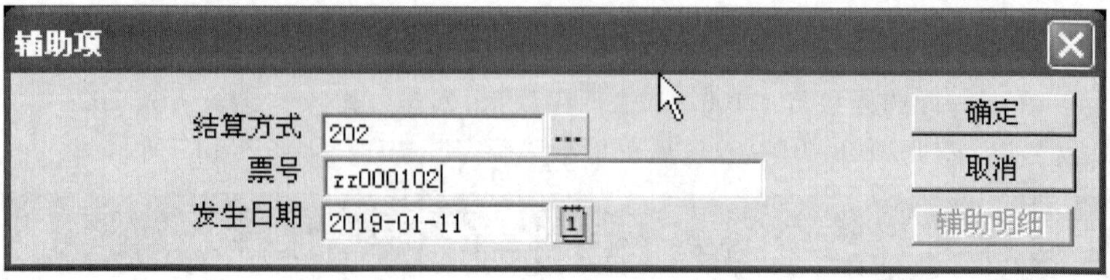

图 3－19　辅助项——结算方式

（4）在下一行输入，内容同上，输入票号 zz000103 的辅助项，输入金额 59600，如图 3－20 所示。

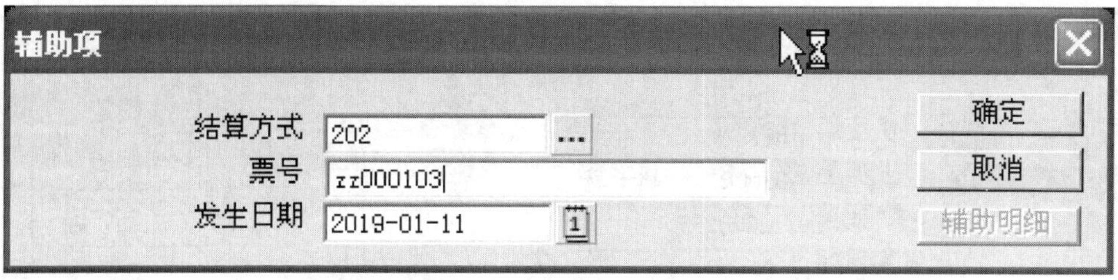

图 3－20　辅助项——结算方式

（5）在下一行输入客户往来科目“1122 应收账款”，弹出“辅助项“对话框。

（6）输入客户“宏宇”业务员“李玉明”，发生日期“2019－01－11”。单击“确定”按钮。如图 3－21 所示。输入完毕，单击“保存”。

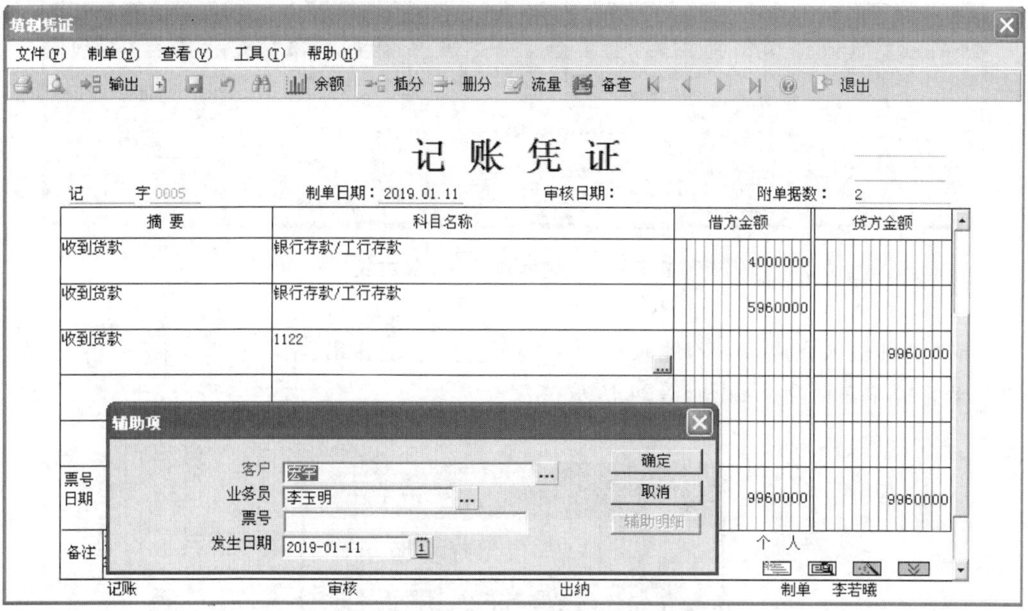

图 3－21　辅助项——客户

业务 6：1 月 14 日，市场部赵子越归还欠朗辉公司部分货款 100000 元（结算方式：转账支票，票号分别为 zz0002，附单据数：2）。

借：应付账款（朗辉公司）　　　　　　　　　　100000.00

　　贷：银行存款——工行存款　　　　　　　　　　100000.00

技能点：辅助核算——供应商往来、结算方式

（1）进入总账系统，执行“凭证”→“填制凭证”命令，进入“填制凭证”窗口。

（2）单击“增加”按钮，增加一张空白凭证。

（3）在填制凭证过程中，输入供应商往来科目“应付账款 2202”，弹出“辅助项”对话框。

（4）输入供应商“朗辉”，业务员“赵子越”，票号“zz0002”发生日期“2019－01－14”。如图 3－22 所示。

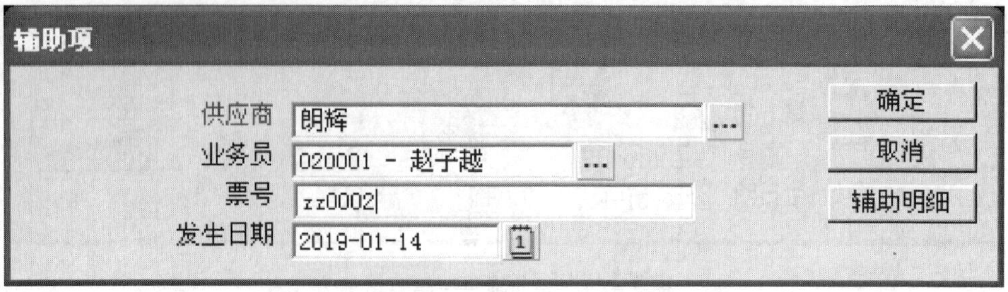

图 3－22　辅助项——供应商

（5）输入金额后，回车。下一行输入结算方式，如图 3－23 所示。

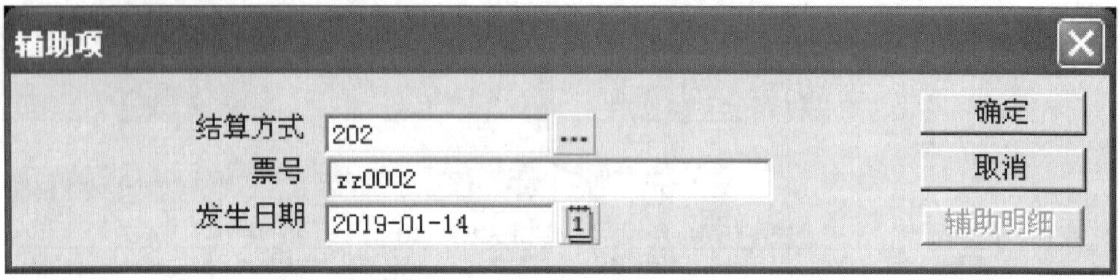

图 3－23　辅助项——结算方式

（6）凭证输入完成后，若此张支票未登记，则系统弹出“此支票尚未登记，是否登记？”信息提示对话框，如图 3－24 所示。

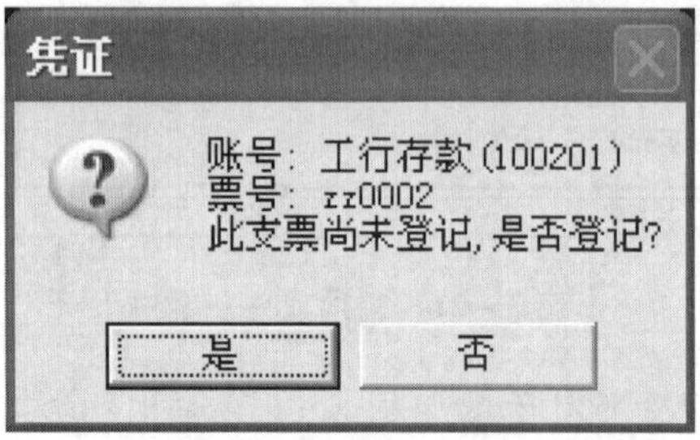

图 3－24　票据管理提示

（7）单击“是”按钮，弹出“票号登记”对话框。

（8）输入领用日期“2019－01－14”，领用部门“采购部”，姓名“赵子越”，限额 100000.00，用途为“归还货款”，单击“确定”按钮，单击“保存”。如图 3－25 所示。

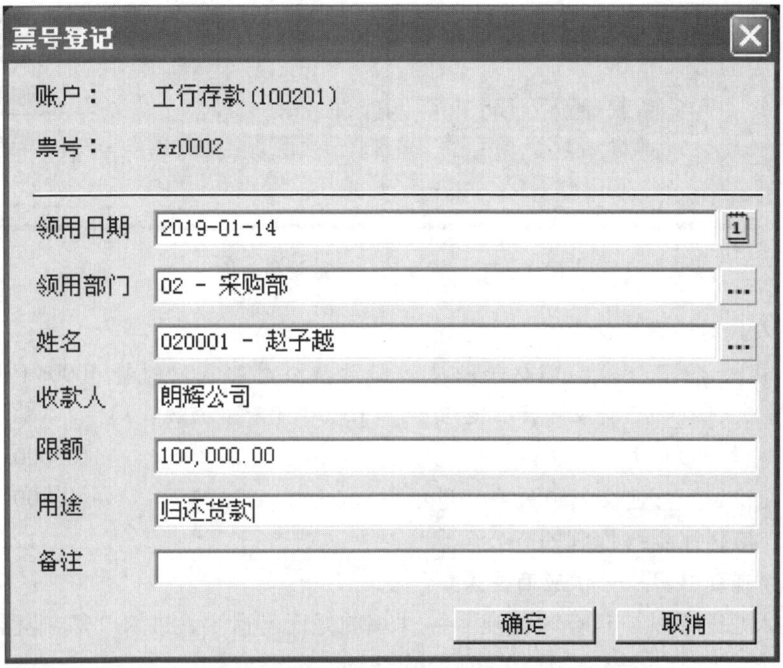

图 3-25　票据管理票号登记

业务7：1月16日，销售部李玉明向北京宏宇公司售出台式电风扇600件，单价62元，货税款尚未收到（适用税率16%）（附单据数：3）。

借：应收账款（北京宏宇公司）　　43152.00

　　贷：主营业务收入——台式电风扇　　37200.00

　　　　应交税费——应交增值税——销项税　　5952.00

技能点：辅助核算——客户往来、数量核算

（1）在填制凭证过程中，输入客户往来科目“应收账款1122”，弹出“辅助项“对话框。

（2）输入客户“宏宇”，业务员“李玉明”，发生日期“2019-01-16”，如图3-26所示，单击“确定”按钮，

图 3-26　辅助项——结算方式

（3）在下一行输入科目“600101 主营业务收入—台式电风扇”，系统提示输入数量和单价，如图3-27所示。输入后，金额自动计算37200元，单击“确定”。

图 3－27　辅助项——数量和单价

（4）输入其他内容后保存。

业务 8：1 月 19 日，采购部赵子越从沈阳风华公司购入原材料 3000 千克，单价 35 元，货税款暂欠，材料已验收入库（适用税率 16%）（附单据数：3）。

借：原材料—塑料　　105000.00

　　应交税费——应交增值税——进项税　　16800.00

　　贷：应付账款（邯郸朗辉公司）　　121800.00

技能点：辅助核算——供应商往来

（1）进入总账系统，执行“凭证”→“填制凭证”命令，进入“填制凭证”窗口。

（2）单击“增加”按钮，增加一张空白凭证。

（3）在填制凭证过程中，输入采购数量和单价。如图 3－28 所示。

图 3－28　辅助项——数量和单价

（4）输入供应商往来科目“应付账款 2202”，弹出“辅助项”对话框。输入供应商“风华”，业务员“赵子越”，发生日期“2019－01－19”。如图 3－29 所示。

图 3－29　辅助项——供应商

（5）单击“确定”按钮。输入其他数据保存凭证。

业务 9：1 月 25 日支付顺达广告公司广告费 10000 元（结算方式：转账支票，票号分别为 zz0003，附单据数：2）。

借：销售费用　　　　　　　　　　　　　　　　　　10000.00

　　贷：银行存款——中行存款　　　　　　　　　　　　　　10000.00

技能点：辅助核算——结算方式

（1）进入总账系统，执行“凭证”→“填制凭证”命令，进入“填制凭证”窗口。

（2）单击“增加”按钮，增加一张空白凭证。

（3）在填制凭证过程中，输入银行科目“银行存款——中行存款 100201”，弹出辅助项窗口，如图 3－30 所示，输入具体内容，单击“确定”。

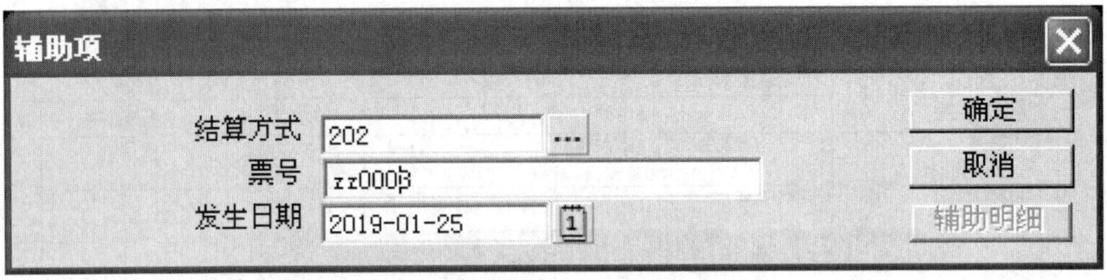

图 3－30　辅助项——结算方式

（4）输入支票登记簿后，单击“确定”，如图 3－31 所示。

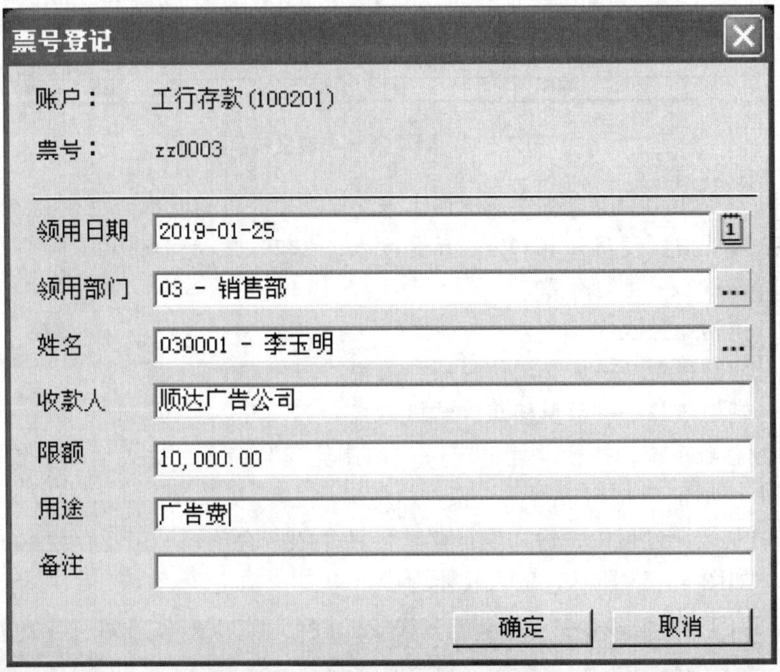

图 3－31　票号登记

业务 10：1 月 25 日，生产领用塑料 1000 千克，单价 25 元（附单据数：1）。

借：生产成本—基本生产成本（立式电扇）　　　　　　　　25000

　　贷：原材料——塑料　　　　　　　　　　　　　　　　　25000

技能点：辅助核算——数量核算

（1）进入总账系统，执行“凭证”→“填制凭证”命令，进入“填制凭证”窗口。

（2）单击“增加”按钮，增加一张空白凭证。

（3）在填制凭证过程中，输入原材料科目“原材料——塑料 140301”，弹出辅助项窗口，如图 3－32 所示，输入具体内容，单击“确定”，输入完成单击“保存”。

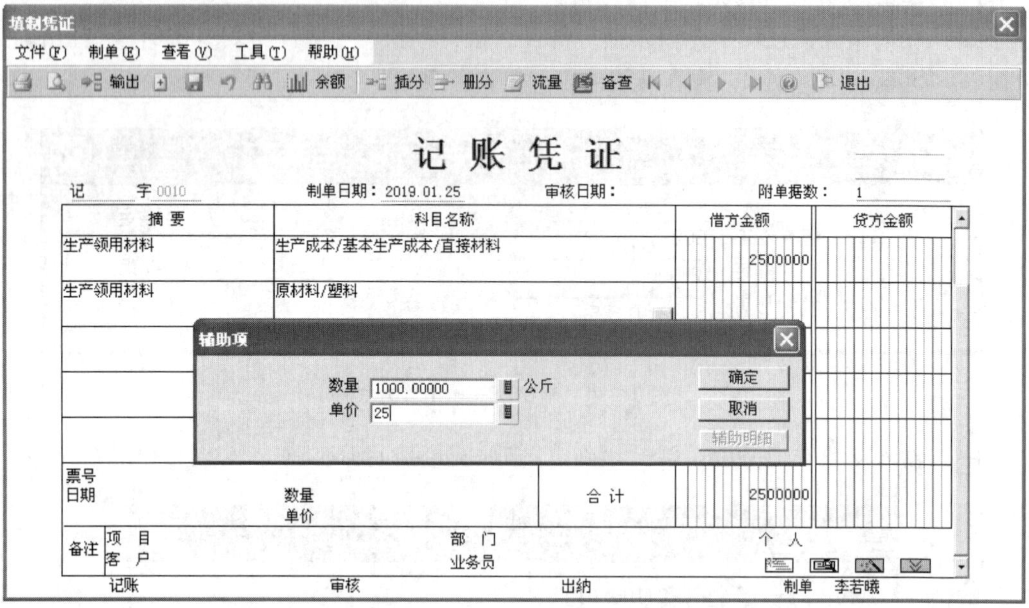

图 3－32 辅助项——数量核算

业务 11：1 月 26 日，销售部李玉明向上海申旺有限公司销售立式电风扇 3000 件，单价 80 元，款项全部收回（适用税率 16%，结算方式：电汇，票号 dh00012，附单据数：2）。

借：银行存款——工行存款 174000

　　贷：主营业务收入 150000

　　　　应交税费——应交增值税—销项税 24000

技能点：辅助核算——数量核算、结算方式

（1）进入总账系统，执行“凭证”→“填制凭证”命令，进入“填制凭证”窗口。

（2）单击“增加”按钮，增加一张空白凭证。

（3）在填制凭证过程中，输入银行存款科目“银行存款——工行存款 100201”，弹出辅助项窗口，如图 3－33 所示，输入具体内容，单击“确定”。

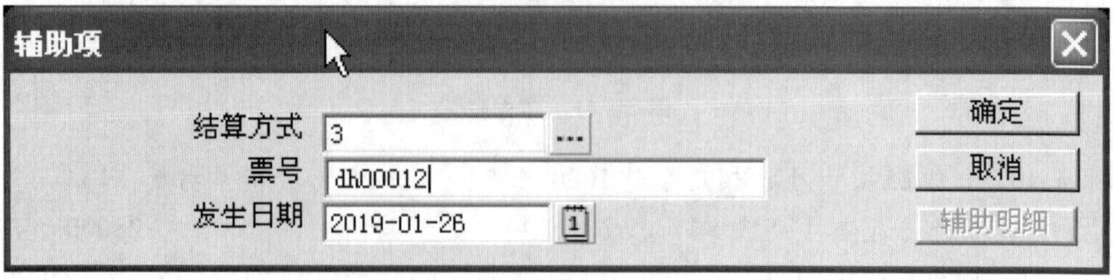

图 3－33 辅助项——结算方式

（4）输入主营业务收入科目“主营业务收入——立式电扇 600102”，弹出辅助项窗口，如图 3－34 所示，输入具体内容，单击“确定”，输入完成单击“保存”

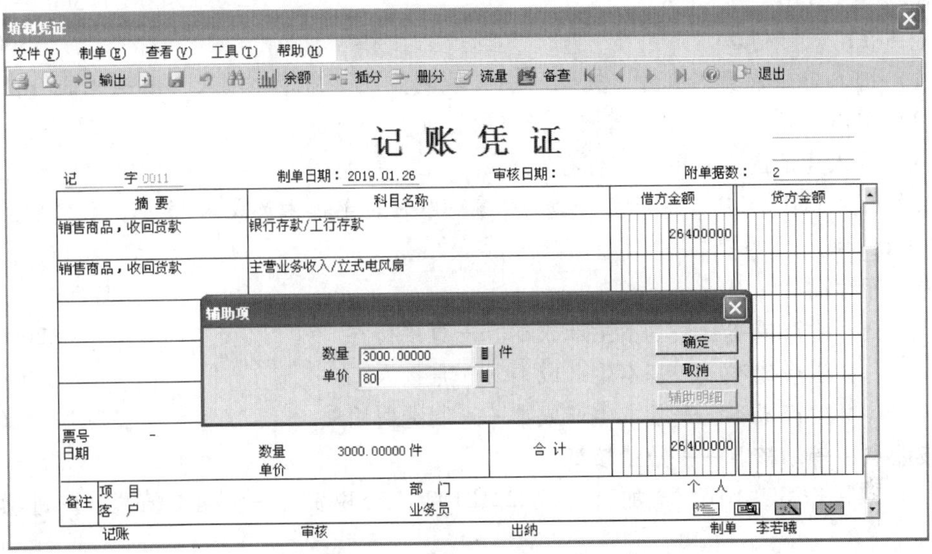

图 3－34 辅助项——数量核算

业务 12：1 月 28 日，生产车间丢失塑料 500 公斤，单价 25 元，确认为生产部白宏羽责任（附单据数：2）。

借：其他应收款 8700

贷：生产成本——基本生产成本——原材料 7500

应交税费——应交增值税——进项税额转出 1200

技能点：辅助核算——数量核算、结算方式

（1）以操作员“101”增加科目“22210102 应交税费——应交增值税——进项税额转出”。

（2）以操作员“102”进入总账系统，执行“凭证”→“填制凭证”命令，进入“填制凭证”窗口。

（3）单击“增加”按钮，增加一张空白凭证。

（4）在填制凭证过程中，输入其他应收款科目“其他应收款 1221”，弹出辅助项窗口，如图 3－35 所示，输入具体内容，单击“确定”。

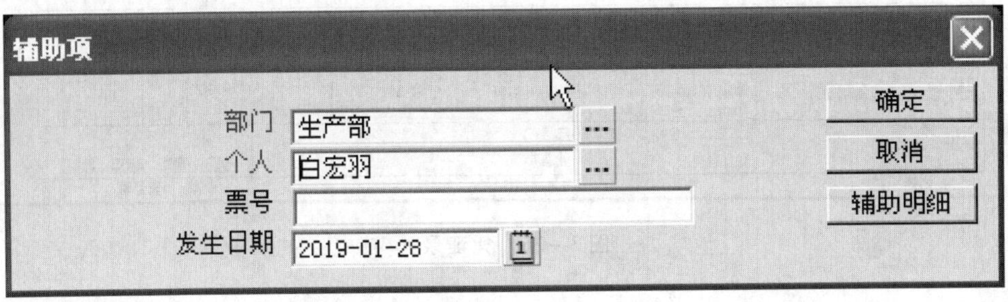

图 3－35 辅助项——部门核算

（5）输入其他内容，输入完成单击“保存”。

业务 13：1 月 31 日，计提借款利息 300 元（附单据数：1）。

借：财务费用　　300

　　贷：应付利息　　300

（1）进入总账系统，执行“凭证”→“填制凭证”命令，进入“填制凭证”窗口。

（2）单击“增加”按钮，增加一张空白凭证。

（3）输入凭证内容，单击“保存”。

业务 14：1 月 31 日，生产完工立式电扇 500 件，单位生产成本 35 元，已经验收入库（附单据数：4）。

借：库存商品　　17500

　　贷：生产成本——基本生产成本——直接材料　　12000

　　　　生产成本——基本生产成本——直接人工　　5000

　　　　生产成本——基本生产成本——制造费用　　500

技能点：辅助核算——数量核算

（1）以操作员“101”增加科目“22210102 应交税费——应交增值税——进项税额转出”。

（2）以操作员“102”进入总账系统，执行“凭证”→“填制凭证”命令，进入“填制凭证”窗口。

（3）单击“增加”按钮，增加一张空白凭证。

（4）输入凭证内容，单击“保存”，如图 3－36 所示。

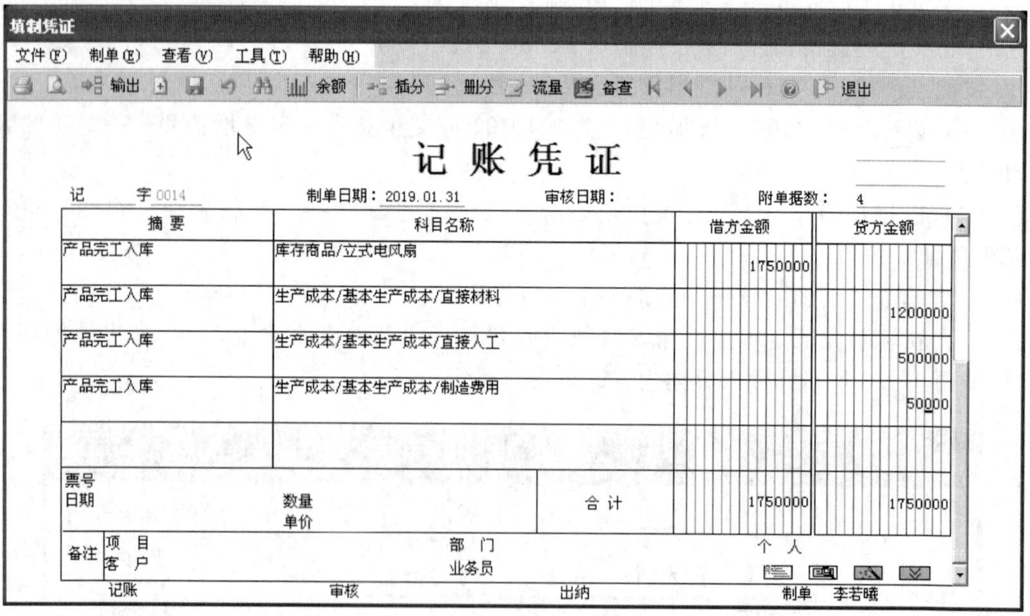

图 3－36　凭证录入

2. 查询凭证和修改凭证

（1）查询凭证。

①在“企业应用平台”中，执行“业务工作”→“财务会计”→“总账”→“凭证”→“查询凭证”命令，进入“凭证查询”窗口，如图3－37所示。

②选择“全部凭证”单选框，单击“确定”按钮。系统会查找出符合条件的凭证。

③双击某一凭证行，屏幕就可显示出此张凭证，可以对其进行相关操作。

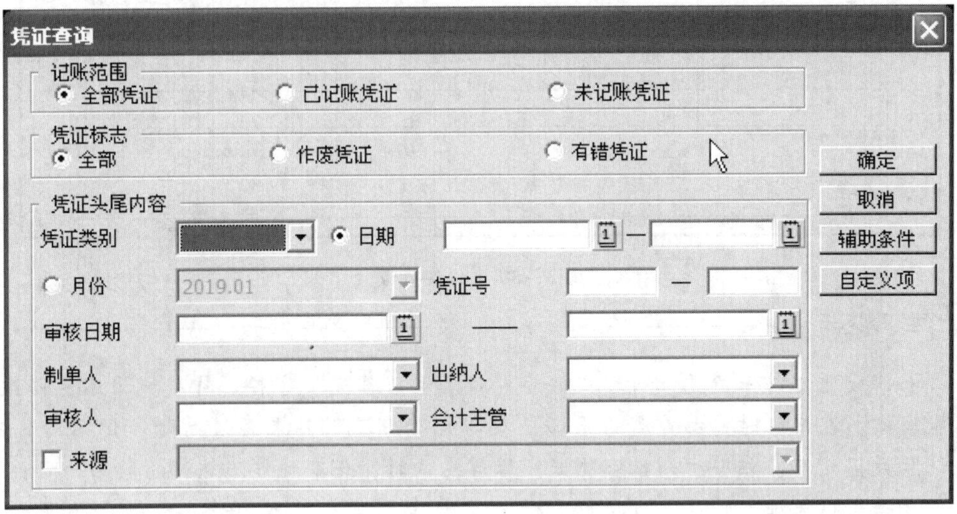

图3－37　凭证查询

（2）修改凭证。

①在“企业应用平台”中，执行“业务工作”→“财务会计”→“总账”→“凭证”→“凭证填制”命令，进入“凭证填制”窗口。

②找到要修改的凭证。对于凭证的一般信息，将光标放在要修改的地方，直接修改。

③如果要修改凭证辅助项信息，首先选中辅助核算科目行，然后将光标置于备注栏辅助项，待鼠标变形时双击，弹出“辅助项”对话框，在对话框中修改相关信息。

④单击“保存”按钮，保存相关信息。

3. 作废与整理凭证

（1）作废凭证。

凭证查询中，发现0013号凭证错误，需要删除。

①先查询到0013号凭证。

②在“填制凭证”窗口上面菜单中，单击“作废／恢复”命令，凭证的左上角显示“作废”字样，表示该凭证已作废，如图3－38所示。

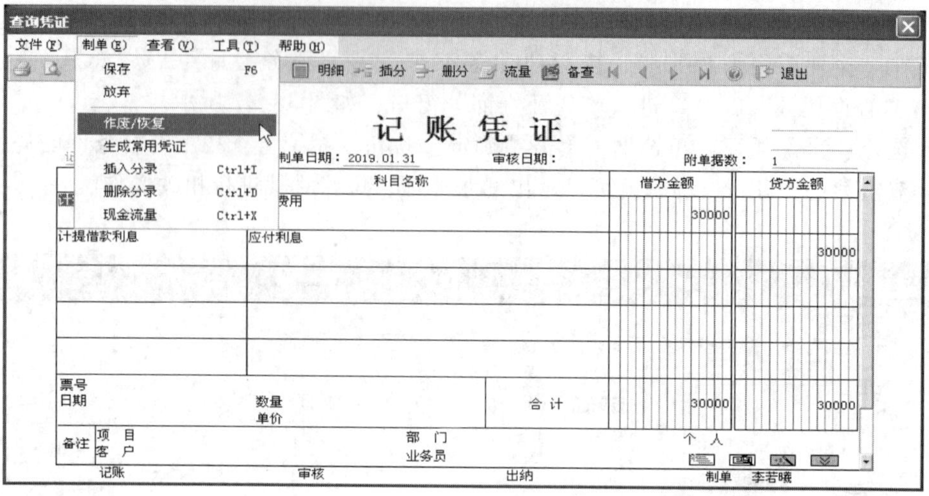

图 3－38　作废凭证

应用提示

①作废凭证仍保留凭证内容及编号，只显示“作废”字样。作废凭证不能修改，不能审核。在记账时，已作废的凭证应参与记账，否则月末无法结账，但不对作废凭证做数据处理，相当于一张空凭证。账簿查询时，查不到作废凭证的数据。

②若当前凭证已作废，可执行“作废／恢复”命令，取消作废标志，并将当前凭证恢复为有效凭证。

（2）整理凭证。

①在“填制凭证”窗口中，单击“整理凭证”命令，打开“凭证期间选择”对话框，如图 3－39 所示。

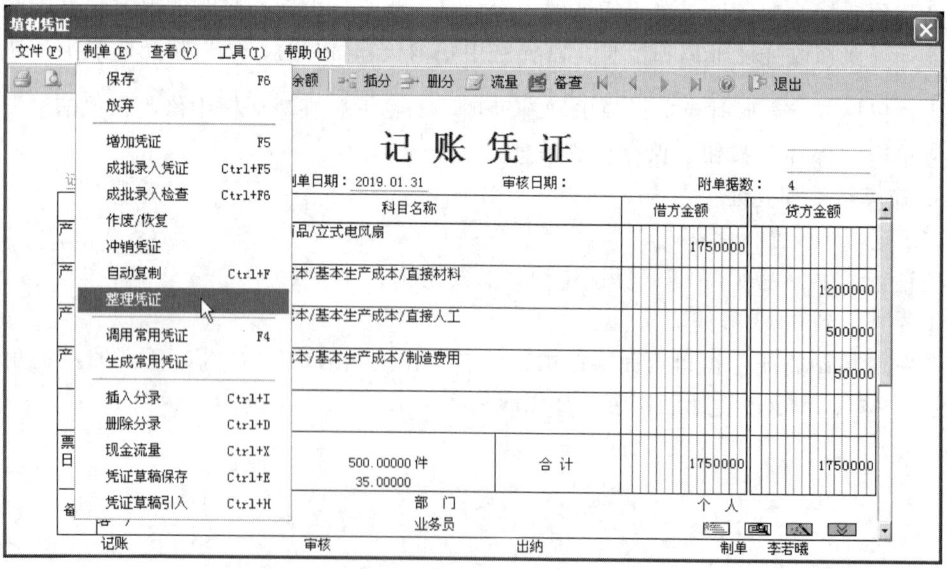

图 3－39　整理凭证

②选择要整理的“月份”，如图3－40所示。

图3－40　凭证期间选择

③单击“确定”按钮，打开“作废凭证表”对话框。

④选择真正要删除的作废凭证，如图3－41所示。

⑤单击“确定”按钮，系统提示“是否还需整理凭证断号”，单击“是”，如图3－42所示，对剩下凭证重新排号。

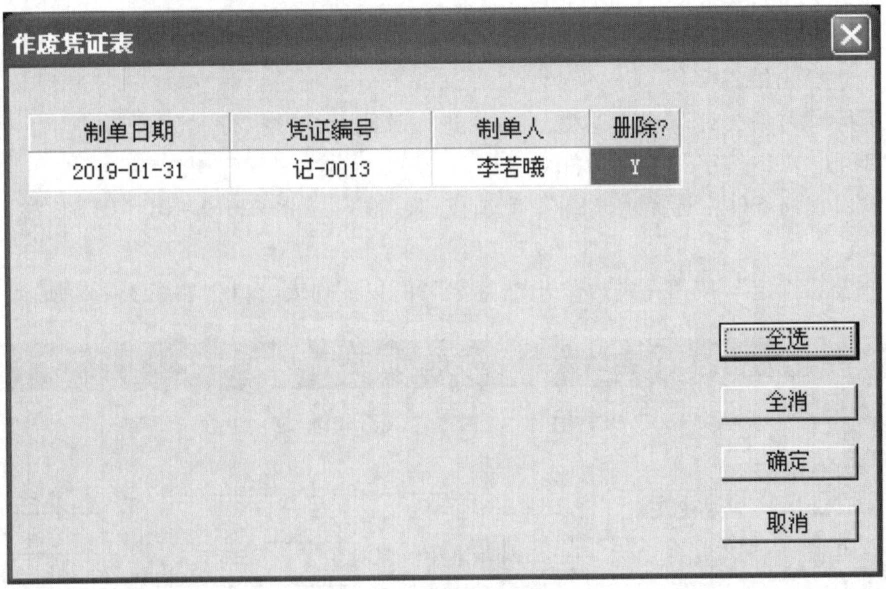

图3－41　作废凭证列表

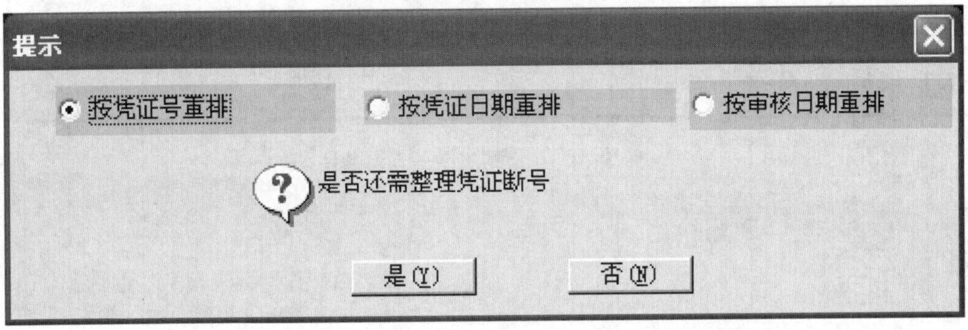

图3－42　作废凭证列表

应用提示

如果作废凭证不想保留时，则可以通过“整理凭证”功能，将其彻底删除，并对未记账凭证重新编号，而且只能对未记账凭证做凭证整理。对于已记账凭证做凭证整理，应先恢复本月月初的记账前状态，再做凭证整理。

4. 出纳签字

（1）更换操作员。

①在“企业应用平台”中，执行左上角“系统”→“重注册”命令，打开“登录”对话框。

②以“103 张馨月”的身份登录企业应用平台，再进入总账系统。

应用提示

按照会计制度规定，凭证的填制与审核不能是同一个人。

（2）进行出纳签字。

①执行“财务会计”→“总账”命令进入总账系统，执行“凭证”→“出纳签字”命令，打开“出纳签字”查询条件对话框。

②输入查询条件：选择“全部”单选按钮，输入月份“2019－01－01”。如图 3－43 所示。

③单击“确定”按钮，进入“出纳签字”的凭证列表窗口，如图 3－44 所示。

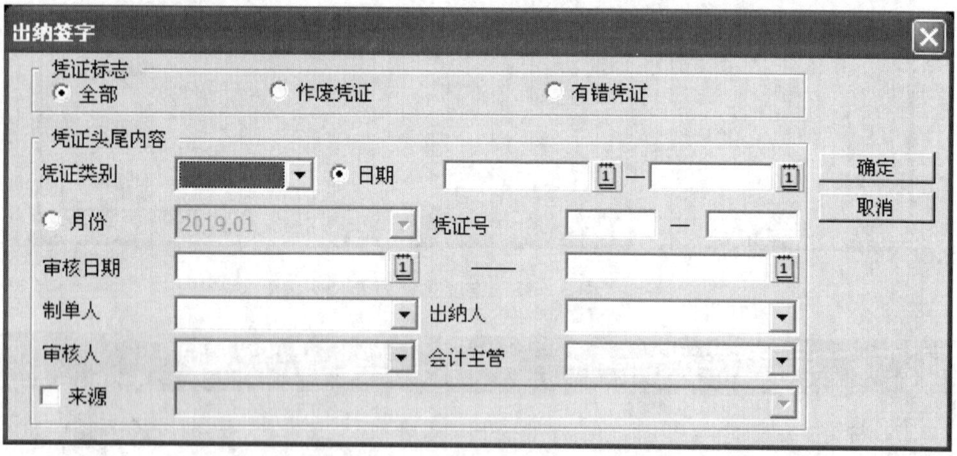

图 3－43　出纳签字—查询条件

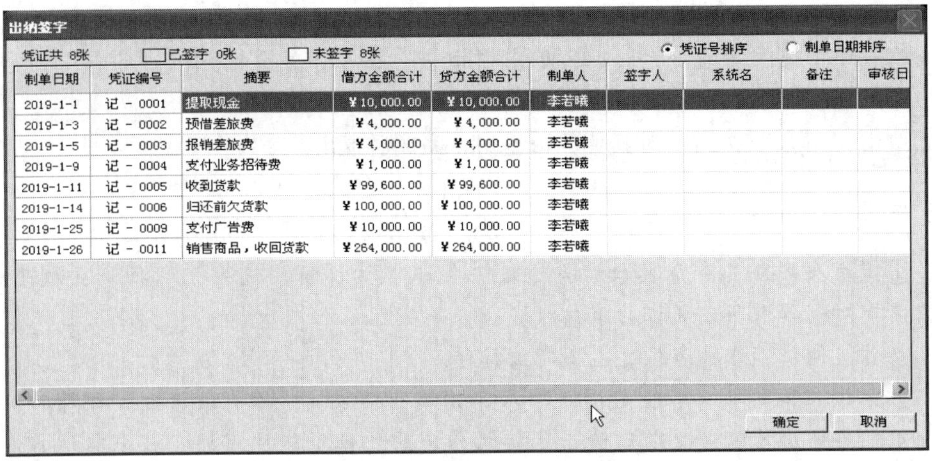

出纳签字

凭证共 8张　已签字 0张　未签字 8张　凭证号排序　制单日期排序

制单日期	凭证编号	摘要	借方金额合计	贷方金额合计	制单人	签字人	系统名	备注	审核日
2019-1-1	记 - 0001	提取现金	¥10,000.00	¥10,000.00	李若曦				
2019-1-3	记 - 0002	预借差旅费	¥4,000.00	¥4,000.00	李若曦				
2019-1-5	记 - 0003	报销差旅费	¥4,000.00	¥4,000.00	李若曦				
2019-1-9	记 - 0004	支付业务招待费	¥1,000.00	¥1,000.00	李若曦				
2019-1-11	记 - 0005	收到货款	¥99,600.00	¥99,600.00	李若曦				
2019-1-14	记 - 0006	归还前欠货款	¥100,000.00	¥100,000.00	李若曦				
2019-1-25	记 - 0009	支付广告费	¥10,000.00	¥10,000.00	李若曦				
2019-1-26	记 - 0011	销售商品，收回货款	¥264,000.00	¥264,000.00	李若曦				

确定　取消

图 3－44　出纳签字

④双击某一要签字的凭证或者单击“确定”按钮，进入“出纳签字”的签字窗口。

⑤单击“签字”按钮，凭证底部的“出纳”处自动签上出纳人姓名。

⑥单击“下张”按钮，对其他凭证签字，完成后退出即可。

应用提示

只有涉及指定为现金科目和银行科目的凭证才需出纳签字。凭证一经签字，就不能被修改、删除，只有取消签字后才可以修改或删除，取消签字只能由出纳自己进行。凭证签字并非审核凭证的必要步骤。若在设置总账参数时，不选择“出纳凭证必经由出纳签字”，则可以不执行“出纳签字”功能。可以执行“批处理”→“成批出纳签字”功能对所有凭证进行出纳签字。

5. 审核凭证

①以“101 学生姓名”的身份重新登录总账管理系统。

②执行“凭证”→“审核凭证”命令，打开“凭证审核”查询条件对话框。

③单击“确定”按钮，进入“凭证审核”的凭证列表窗口。如图 3－45 所示。

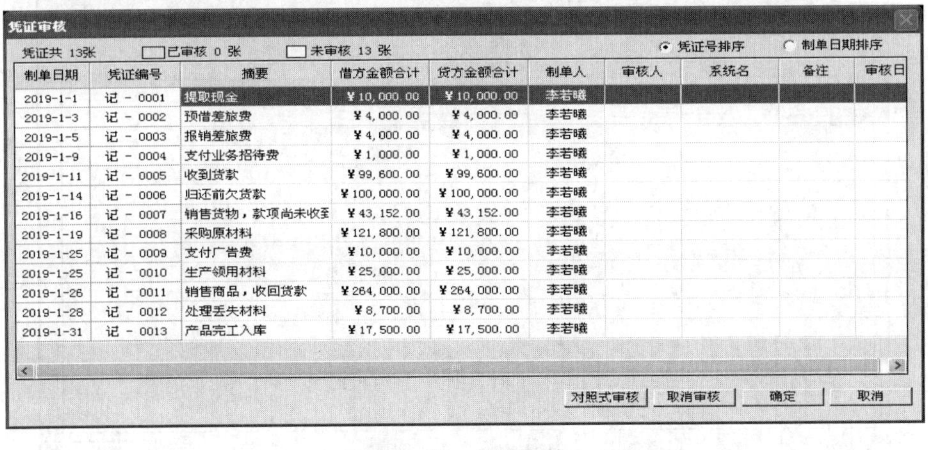

凭证审核

凭证共 13张　已审核 0 张　未审核 13 张　凭证号排序　制单日期排序

制单日期	凭证编号	摘要	借方金额合计	贷方金额合计	制单人	审核人	系统名	备注	审核日
2019-1-1	记 - 0001	提取现金	¥10,000.00	¥10,000.00	李若曦				
2019-1-3	记 - 0002	预借差旅费	¥4,000.00	¥4,000.00	李若曦				
2019-1-5	记 - 0003	报销差旅费	¥4,000.00	¥4,000.00	李若曦				
2019-1-9	记 - 0004	支付业务招待费	¥1,000.00	¥1,000.00	李若曦				
2019-1-11	记 - 0005	收到货款	¥99,600.00	¥99,600.00	李若曦				
2019-1-14	记 - 0006	归还前欠货款	¥100,000.00	¥100,000.00	李若曦				
2019-1-16	记 - 0007	销售货物，款项尚未收	¥43,152.00	¥43,152.00	李若曦				
2019-1-19	记 - 0008	采购原材料	¥121,800.00	¥121,800.00	李若曦				
2019-1-25	记 - 0009	支付广告费	¥10,000.00	¥10,000.00	李若曦				
2019-1-25	记 - 0010	生产领用材料	¥25,000.00	¥25,000.00	李若曦				
2019-1-26	记 - 0011	销售商品，收回货款	¥264,000.00	¥264,000.00	李若曦				
2019-1-28	记 - 0012	处理丢失材料	¥8,700.00	¥8,700.00	李若曦				
2019-1-31	记 - 0013	产品完工入库	¥17,500.00	¥17,500.00	李若曦				

对照式审核　取消审核　确定　取消

图 3－45　凭证审核

④双击要审核的凭证或单击“确定”按钮，进入“凭证审核”的审核凭证窗口。

⑤检查要审核的凭证，无误后，单击“审核”按钮，凭证底部的“审核”处自动签上审核人姓名。

⑥单击“下张”按钮，对其他凭证签字，完成后退出。

应用提示

①审核人必须具有审核权。当通过“凭证审核权限”设置了明细审核权限时，还需要有对制单人所制凭证的审核权。

②作废凭证不能被审核，也不能被标错。

③审核人和制单人不能是同一个人，凭证一经审核，不能被修改、删除，只有取消审核签字后才可修改或删除，已标记作废的凭证不能被审核，需先取消作废标志后才能审核。

6. 主管签字

①执行“财务会计”→“总账”命令进入总账系统，执行“凭证”→“主管签字”命令，打开“主管签字”查询条件对话框。

②输入查询条件，单击“确定”按钮，进入“主管签字”的凭证列表窗口。

③双击某一要签字的凭证或者单击“确定”按钮，进入“主管签字”的签字窗口。

④单击“签字”按钮，凭证右上方自动签上主管人姓名。

⑤单击“下张”按钮，对其他凭证签字，完成后退出即可。

7. 凭证记账

①执行“凭证”→“记账”命令，进入“记账”窗口。如图 3－46 所示。

②输入要记账的凭证范围。单击“全选”按钮，选择所有凭证，再单击“记账”按钮。

③显示期初试算平衡表，单击“确定”按钮。记账后，提示“记账完毕”。单击“确定”，如图 3－47 所示。

④如果不打印记账报告，单击“退出”按钮。

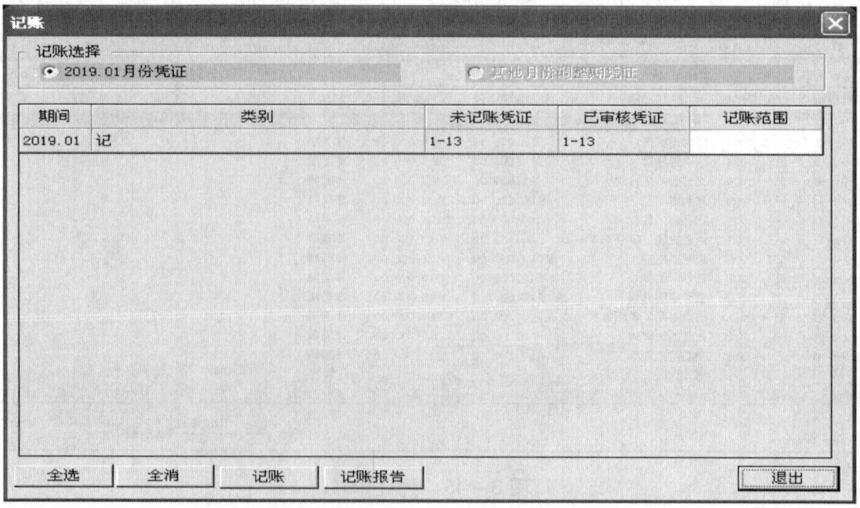

图 3－46　记账 1

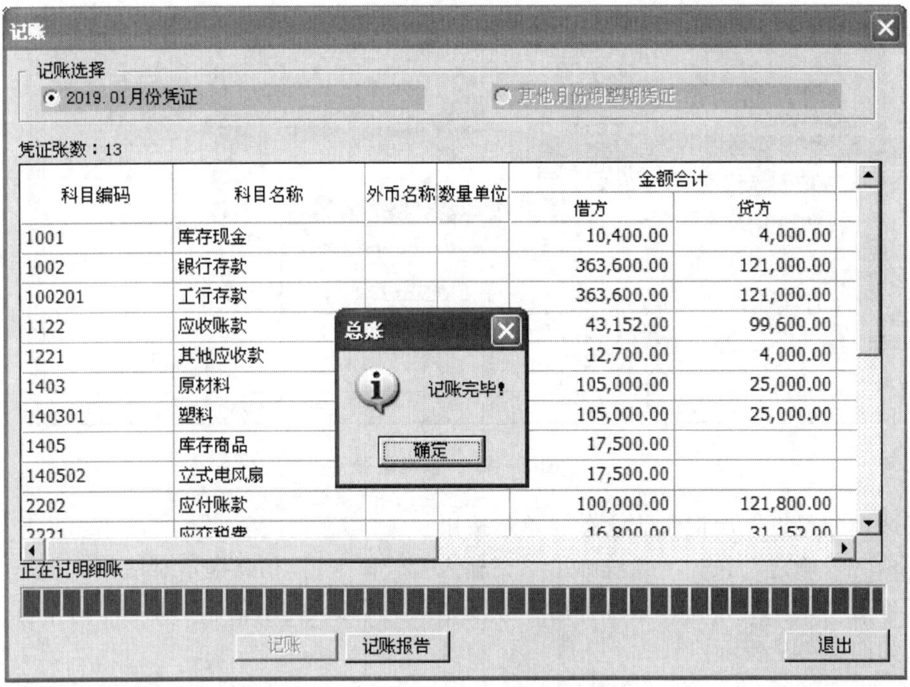

图 3－47　记账 2

应用提示

①第一次记账时，若期初余额试算不平衡，不能记账。

②上月未记账，本月不能记账。

③未审核凭证不能记账，记账范围应小于等于已审核范围。

④作废凭证不需审核可直接记账。

⑤记账过程一旦断电或其他原因造成中断后，系统将自动调用“恢复记账前状态”功能恢复数据，然后再重新记账。

8. 取消和恢复记账

（1）激活“恢复记账前状态”菜单。

①执行“总账”→“期末”→“对账”命令，进入“对账”窗口。

②按“Ctrl＋H”键，系统弹出“恢复记账前状态功能已被激活”提示信息对话框，单击“确定”按钮，再单击工具栏上的“退出”按钮。

应用提示

如果退出系统后又重新进入系统，或在“对账”中按 Ctrl＋H 键，将重新隐藏“恢复记账前状态”功能。

（2）恢复记账。

①执行“凭证”→“恢复记账前状态”命令，打开“恢复记账前状态”对话框。如图 3－48 所示。

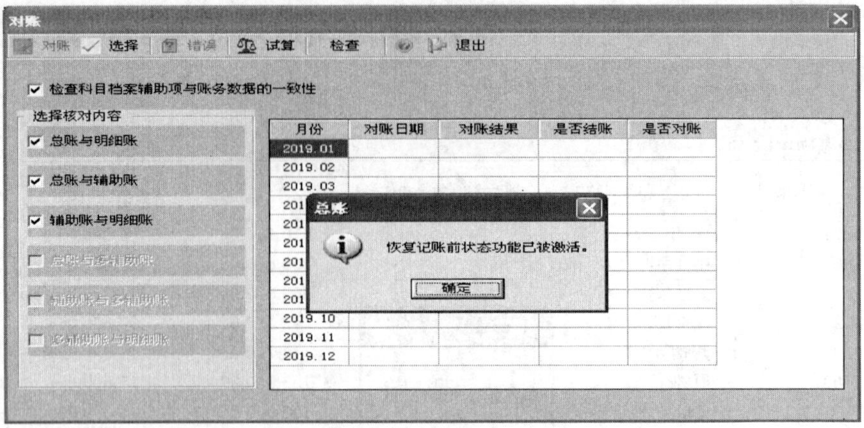

图 3－48　恢复记账

②选择“最近一次记账前状态”单选按钮。

③单击“确定”按钮，系统弹出“请输入主管口令。”信息提示对话框。

④单击“确定”按钮，系统弹出“恢复记账完毕！”提示信息对话框，单击“确定”按钮。如图 3－49 所示。

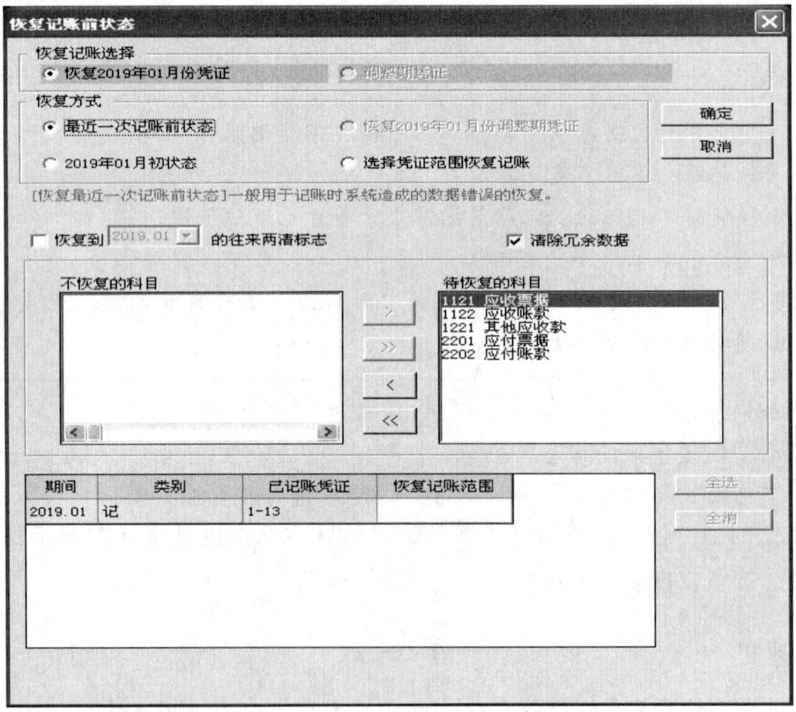

图 3－49　恢复记账前状态

9. 冲销凭证

①进入总账系统，执行“凭证”→“填制凭证”命令，进入“填制凭证”窗口。

②选择上方菜单“冲销凭证”。

③输入凭证号，单击“确定”。

④系统自动生成一张红字凭证，审核记账后就可以把错误凭证冲销。

应用提示

冲销凭证应该在凭证记账后发现错误时，在“填制凭证”窗口生成冲销凭证。

（三）出纳管理

以“103 张馨月”的身份重新注册总账管理系统。

1. 现金日记账和银行存款日记账

（1）执行“出纳”→“现金日记账”命令，打开“现金日记账查询条件”对话框。

（2）默认月份“2019－01”，单击“确定”按钮，进入“现金日记账”窗口。如图3－50所示。

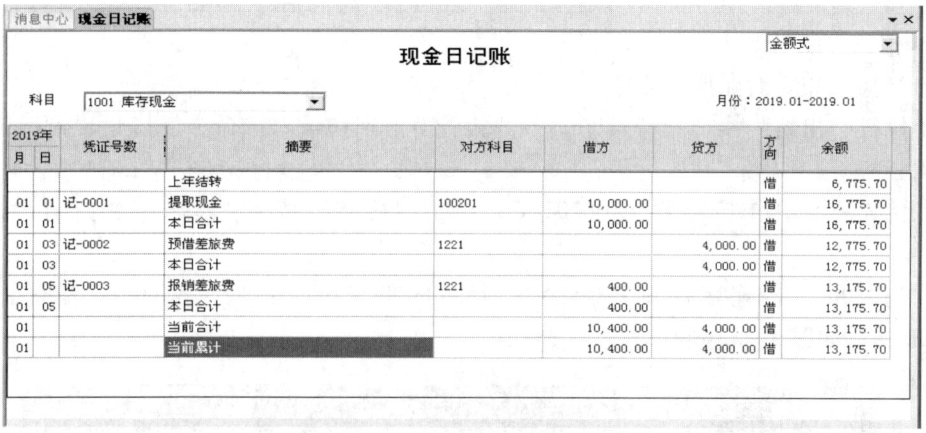

消息中心　现金日记账

现金日记账　　金额式

科目 1001 库存现金　　月份：2019.01-2019.01

2019年 月	日	凭证号数	摘要	对方科目	借方	贷方	方向	余额
			上年结转				借	6,775.70
01	01	记-0001	提取现金	100201	10,000.00		借	16,775.70
01	01		本日合计		10,000.00		借	16,775.70
01	03	记-0002	预借差旅费	1221		4,000.00	借	12,775.70
01	03		本日合计			4,000.00	借	12,775.70
01	05	记-0003	报销差旅费	1221	400.00		借	13,175.70
01	05		本日合计		400.00		借	13,175.70
01			当前合计		10,400.00	4,000.00	借	13,175.70
01			当前累计		10,400.00	4,000.00	借	13,175.70

图3－50　现金日记账

（3）双击某行或将光标定在某行再单击“凭证”按钮，可查看相应的凭证。

（4）单击“总账”按钮，可查看此科目的三栏式总账，单击“退出”按钮。

银行存款日记账查询与现金日记账查询操作基本相同，所不同的只是银行存款日记账设置了结算号栏，主要是对账时用。如图3－51所示。

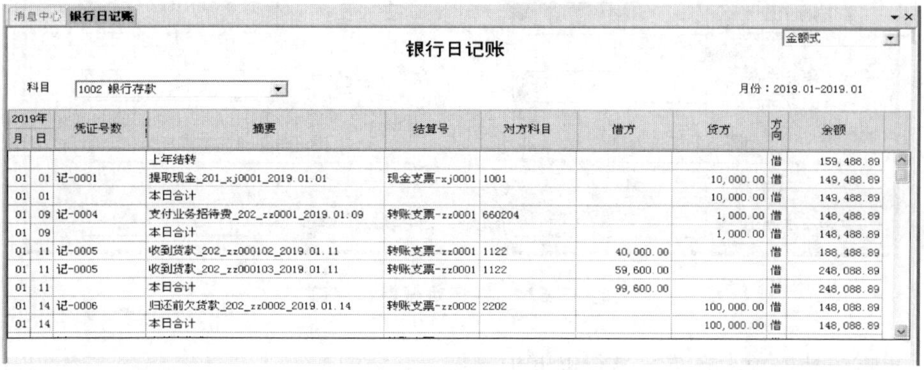

消息中心　银行日记账

银行日记账　　金额式

科目 1002 银行存款　　月份：2019.01-2019.01

2019年 月	日	凭证号数	摘要	结算号	对方科目	借方	贷方	方向	余额
			上年结转					借	159,488.89
01	01	记-0001	提取现金_201_xj0001_2019.01.01	现金支票-xj0001	1001		10,000.00	借	149,488.89
01	01		本日合计				10,000.00	借	149,488.89
01	09	记-0004	支付业务招待费_202_zz0001_2019.01.09	转账支票-zz0001	660204		1,000.00	借	148,488.89
01	09		本日合计				1,000.00	借	148,488.89
01	11	记-0005	收到货款_202_zz000102_2019.01.11	转账支票-zz0001	1122	40,000.00		借	188,488.89
01	11	记-0005	收到货款_202_zz000103_2019.01.11	转账支票-zz0001	1122	59,600.00		借	248,088.89
01	11		本日合计			99,600.00		借	248,088.89
01	14	记-0006	归还前欠货款_202_zz0002_2019.01.14	转账支票-zz0002	2202		100,000.00	借	148,088.89
01	14		本日合计				100,000.00	借	148,088.89

图3－51　银行存款日记账

2. 资金日报表

（1）执行“出纳”→“资金日报”命令，打开“资金日报表查询条件”对话框。

（2）输入查询日期“2019－01－31”。选择“有余额无发生也显示”复选框。

（3）单击“确定”按钮，进入“资金日报表”窗口，单击“退出”按钮。

3. 支票登记簿

（1）执行“出纳”→“支票登记簿”命令，打开“银行科目选择”对话框。

（2）选择科目“工行存款（100201）”，单击“确定”按钮，进入支票登记窗口。

应用提示

只有在结算方式设置中选择“票据管理标志”功能才能在此选择登记；领用日期和支票号必须输入，其他内容可以不输入；报销日期不能在领用日期之前；已报销的支票可成批删除。

4. 银行对账

（1）输入银行对账期初数据。

①执行“出纳”→“银行对账”→“银行对账期初录入”命令，打开“银行科目选择”对话框。

②选择科目“工行存款（100201）”，单击“确定”按钮，进入“银行对账期初”窗口。

③输入单位日记账的调整前余额 159488.89，输入银行对账单的调整前余额 159488.89。如图 3－52 所示。

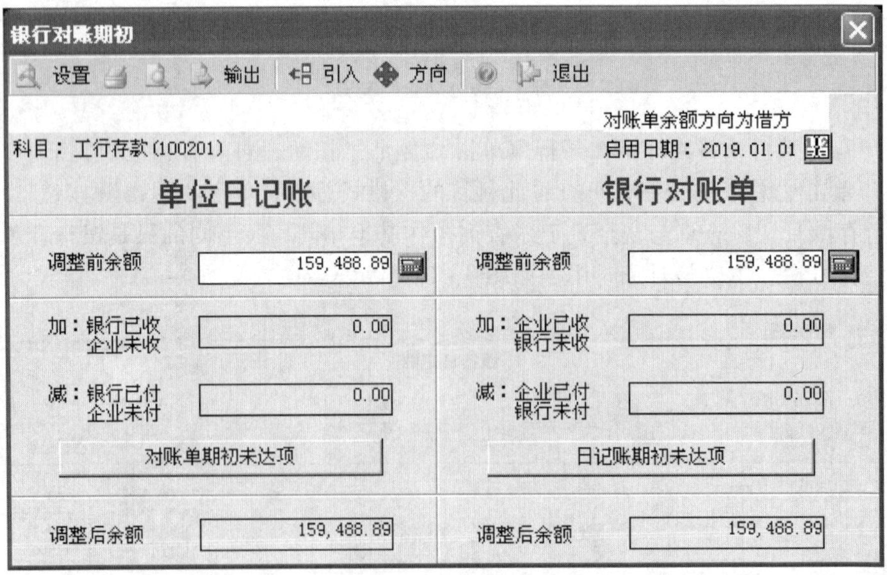

图 3－52　银行对账期初窗口

如果有未达账项，还需要进行以下步骤：

①单击“对账单期初未达项”按钮，进入“银行方期初”窗口。

②单击“增加”按钮，输入未达账项日期、结算方式、借（或）方金额等内容。

③单击“保存”按钮，再在工具栏上单击“退出”按钮。

应用提示

①第一次使用银行对账功能前，系统要求录入日记账及对账单未达账项，在开始使用银行对账之后不再使用。

②在录入单位日记账、银行对账单期初未达账项后，请不要随意调整启用日期，避免造成启用日期后的期初数不能再参与对账。

（2）录入银行对账单。

①执行“出纳”→“银行对账”→“银行对账单”命令，打开“银行科目选择”对话框。

②选择科目“工行存款（100201）”，月份“2019.01－2019.01”，单击“确定”按钮，进入“银行对账单”窗口。

③单击“增加”按钮，输入银行对账单数据。结果如图3－53所示。

④单击“保存”按钮后退出。

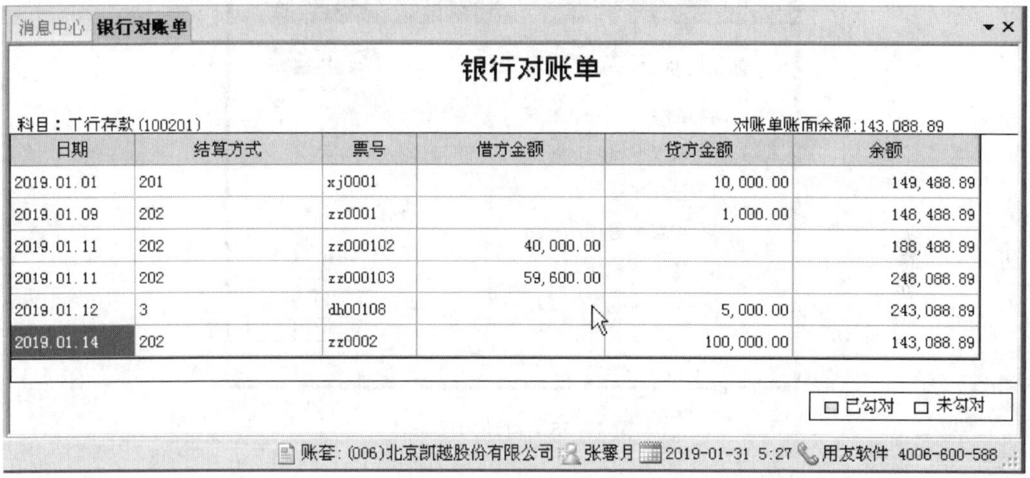

日期	结算方式	票号	借方金额	贷方金额	余额
2019.01.01	201	xj0001		10,000.00	149,488.89
2019.01.09	202	zz0001		1,000.00	148,488.89
2019.01.11	202	zz000102	40,000.00		188,488.89
2019.01.11	202	zz000103	59,600.00		248,088.89
2019.01.12	3	dh00108		5,000.00	243,088.89
2019.01.14	202	zz0002		100,000.00	143,088.89

图3－53　银行对账单

（3）银行对账。

第一种方式：自动对账。

①执行“出纳”→“银行对账”→“银行对账”命令，打开“银行科目选择”对话框。

②选择科目“工行存款（100201）”，月份“2019.01－2019.01”，如图3－54所示。

图 3－54 银行科目选择

③单击“确定”按钮，进入“银行对账”窗口。

④单击“对账”按钮，打开“自动对账”条件对话框。

⑤输入截止日期“2019－01－31”，默认系统提供的其他对账条件。如图 3－55 所示。

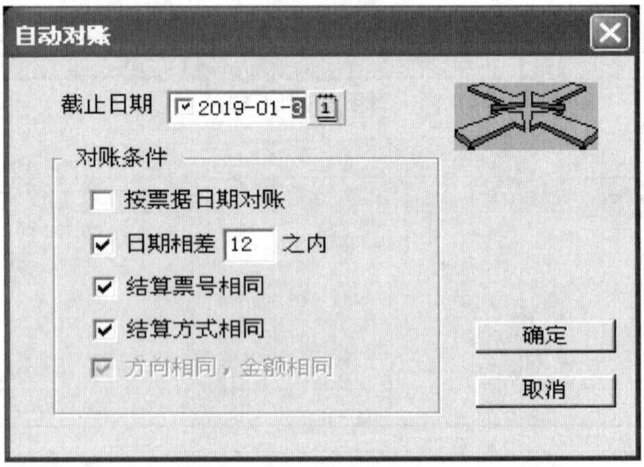

图 3－55 自动对账条件

⑥单击“确定”按钮，显示自动对账结果。如图 3－56 所示。

图 3－56 自动对账

应用提示

①对账条件中的方向、金额相同是必选条件，对账截止日期可以不输入。

②对于已达账项，系统自动在银行存款日记账和银行对账单双方的“两清”栏打上圆图标志。

第二种方式：手工对账（自动对账的补充）。

①在银行对账窗口，对于一些应勾对而未勾对上的账项，可分别双击“两清”栏，直接进行手工调整。手工对账的标志为“√”，以区别于自动对账标志。

②对账完毕，单击“检查”按钮，检查结果平衡，单击“确认”按钮。

应用提示

在自动对账不能完全对上的情况下，可采用手工对账。

（4）输出余额调节表。

①执行“出纳”→“银行对账”→“余额调节表查询”命令，进入“银行存款余额调节表”窗口。

②双击“工行存款（100201）”行，即显示该银行账户的银行存款余额调节表。如图3－57所示。

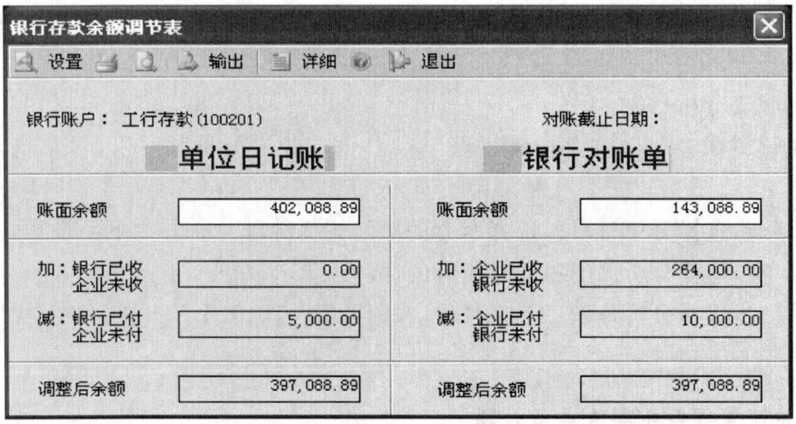

图3－57　银行存款余额调节表

③单击“打印”按钮，打印银行存款余额调节表。

（5）查询对账勾对情况。

①执行“出纳”→“银行对账”→“查询对账勾对情况”命令。

②选择“工行存款（100201）”，单击“确定”。

（6）核销银行账。

①执行“出纳”→“银行对账”→“核销银行账”命令。

②选择“工行存款（100201）”，单击“确定”。

③提示“你是否确实要进行银行账核销”，单击“是”。

（四）账簿管理

以“101 学生姓名”的身份重新注册总账管理系统。辅助账的查询只介绍部门账，其他账簿查询同此。

1. 查询基本会计核算账簿

（1）执行“账表”→“科目账”→“总账”命令，可以查询总账。

（2）执行“账表”→“科目账”→“余额表”命令，可以查询发生额及余额表。

（3）执行“账表”→“科目账”→“明细账”命令，可以查询月份综合明细账。

2. 查询部门总账

（1）执行“账表”→“部门辅助账”→“部门总账”→“部门三栏总账”命令，进入“部门三栏总账条件”窗口。

（2）输入查询条件：科目“办公费用（660202）”，部门“总经理办公室”。

（3）单击“确定”按钮，显示查询结果。

（4）将光标置于总账的某笔业务上，单击“明细”按钮，可以联查部门明细账。

3. 查询部门明细账

（1）执行“账表”→“部门辅助账”→“部门明细账”→“部门多栏式明细账”命令，进入“部门多栏明细账条件”窗口。

（2）选择科目 6602，部门“财务部”，月份范围“2019. 01－2019. 01”，分析方式“金额分析”，单击“确认”按钮，显示查询结果。

（3）将光标置于多栏账的某笔业务上，单击“凭证”按钮，可以联查该笔业务的凭证。

4. 查询收支分析

（1）执行“账表”→“部门辅助账”→“部门收支分析”，进入“部门收支分析条件”窗口。

（2）第一步选择分析科目：选择所有的部门核算科目，单击“下一步”按钮。

（3）第二步选择分析部门：选择所有的部门，单击“下一步”按钮。

（4）第三步选择分析月份：起止月份“2019. 01－2019. 01”，单击“完成”按钮，显示查询结果。

（五）总账管理系统期末业务处理

以“101 学生姓名”的身份重新注册总账管理系统。

1. 转账定义

（1）自定义转账设置——计提短期借款利息

①执行“财务会计”→“总账”→“期末”→“转账定义”→“自定义转账”命令，进入“自定义转账设置”窗口。

②单击“增加”，输入转账序号、转账说明、凭证类别等内容，单击“确定”，如图 3－58 所示。

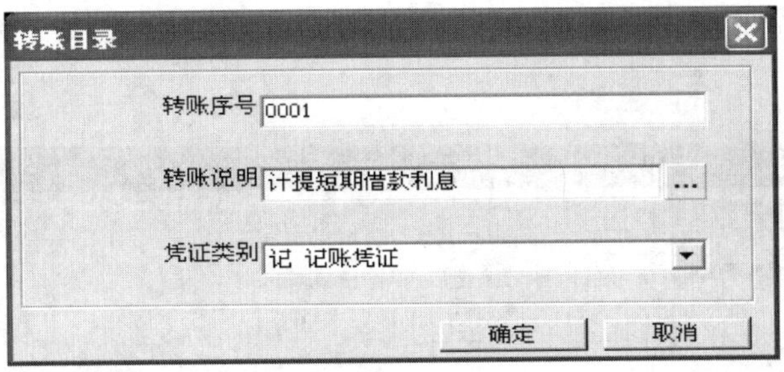

图 3－58　转账目录

③单击“增行”，输入“科目编码 6603”，在“金额公式”栏单击参照按钮，在“公式向导”中选择“期初余额”单击“下一步”。如图 3－59 所示。

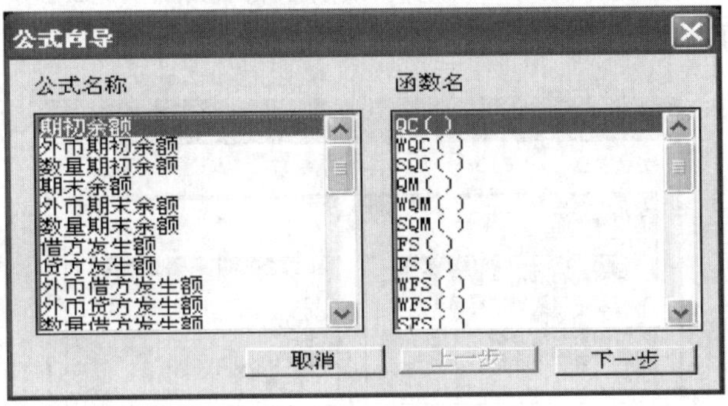

图 3－59　公式向导 1

④在公式向导中选择科目“2001”，期间为“月”，方向为“贷”，选择“继续输入公式”，选择“＊（乘）”，单击“下一步”，如图 3－60 所示。

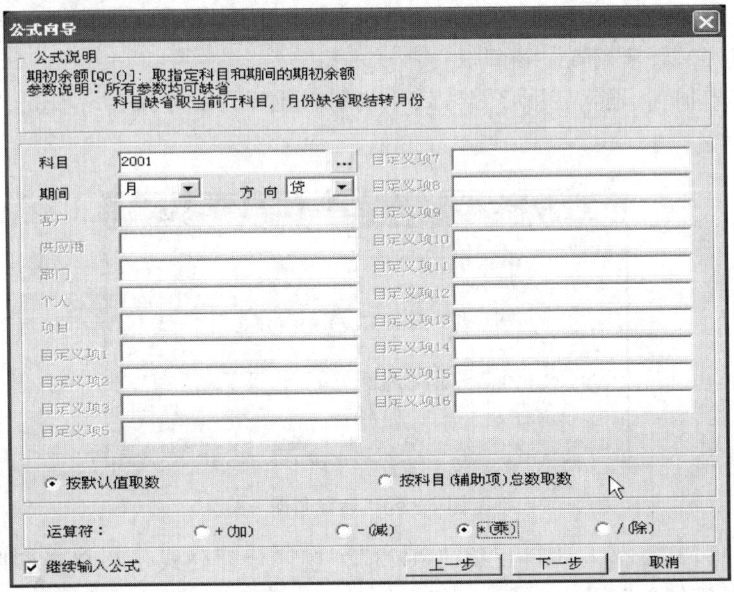

图 3－60　公式向导 2

⑤在公式向导中选择“常数”，单击“下一步”，输入“0.002”，单击“完成”。如图 3－61 所示。

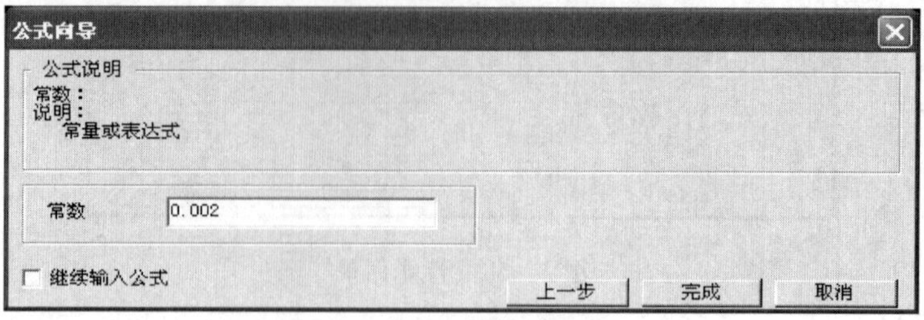

图 3－61　公式向导 3

⑥增加一行，输入科目编码“2231”，方向选择“贷”，金额公式中单击参照，选择“JG（）”，单击“下一步”，单击“完成”，如图 3－62 所示。

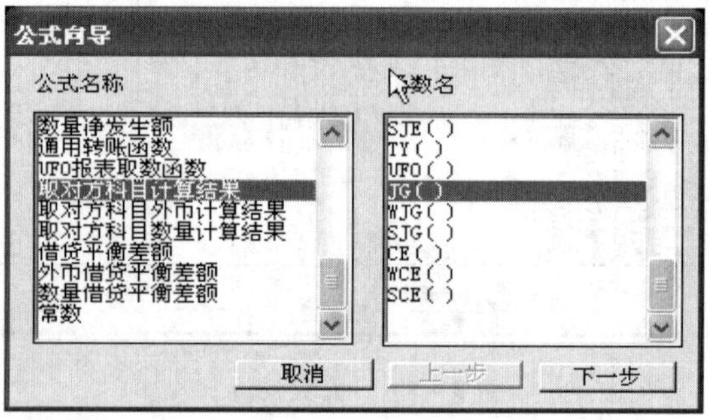

图 3－62　自定义转账设置

（2）自定义转账设置——计提城建税及教育费附加。

①执行“财务会计”→“总账”→“期末”→“转账定义”→“自定义转账”命令，进入“自定义转账设置”窗口。

②单击“增加”，输入转账序号、转账说明、凭证类别等内容，单击“确定”，如图 3－63 所示。

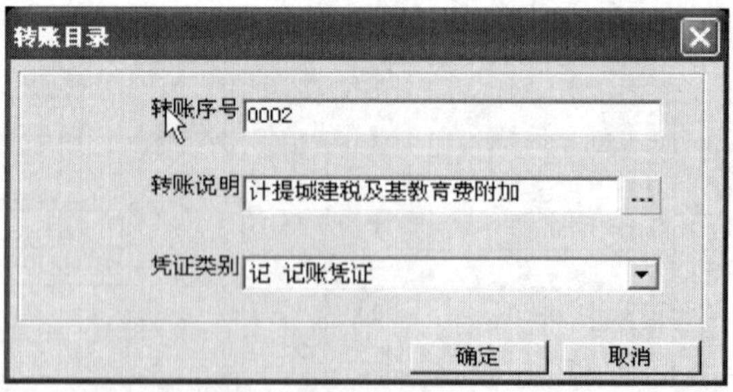

图 3－63　转账目录

③单击“增行”，输入“科目编码 6403”，在“金额公式”栏单击参照按钮，选择“取对方科目计算结果”单击“下一步”，如图 3－64 所示，单击“完成”。

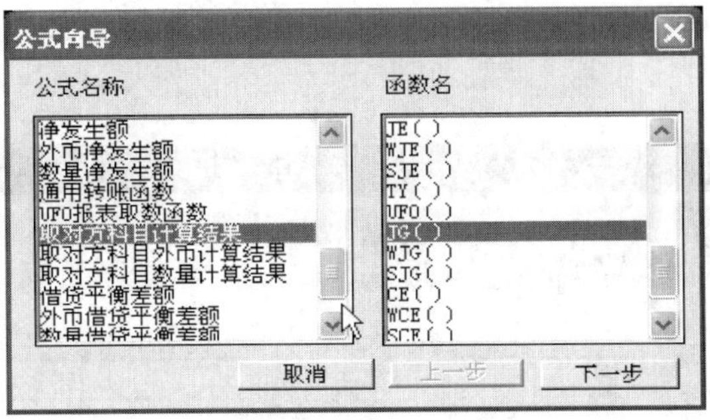

图 3－64　公式向导 4

④单击“增行”，输入“科目编码 222103”，在“金额公式”栏单击参照按钮，在“公式向导”中选择“期末余额”单击“下一步”。如图 3－65 所示。

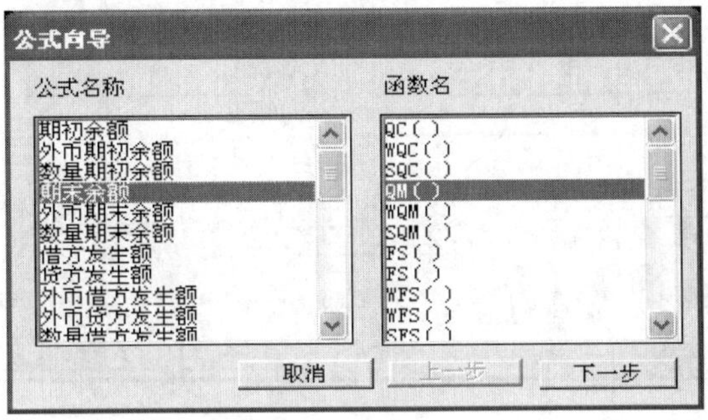

图 3－65　公式向导 5

⑤在公式向导中选择科目“222103”，期间“月”，方向为“贷”，选择“继续输入公式”，选择“－（减）”，单击“下一步”，如图 3－66 所示。

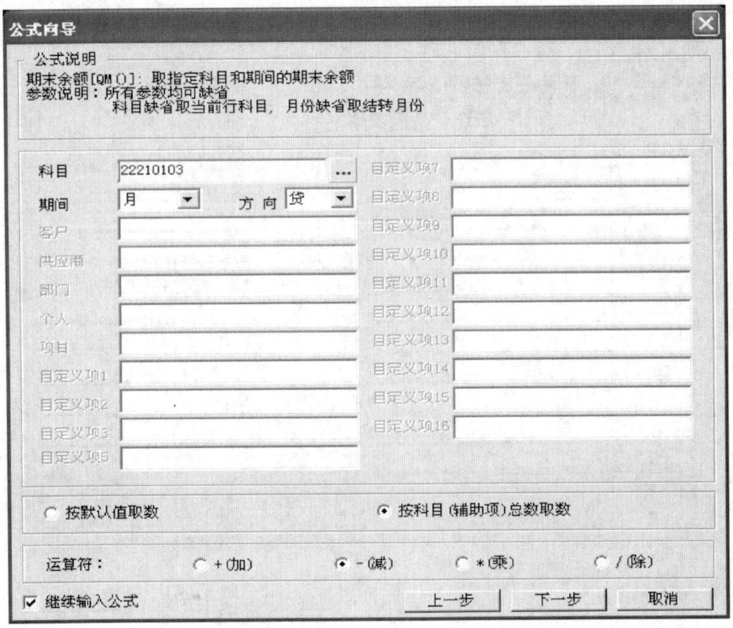

图 3－66　公式向导 6

⑥按照前面步骤输入“应交税费－应交增值税－进项税额”期末余额公式，如图 3－67 所示。

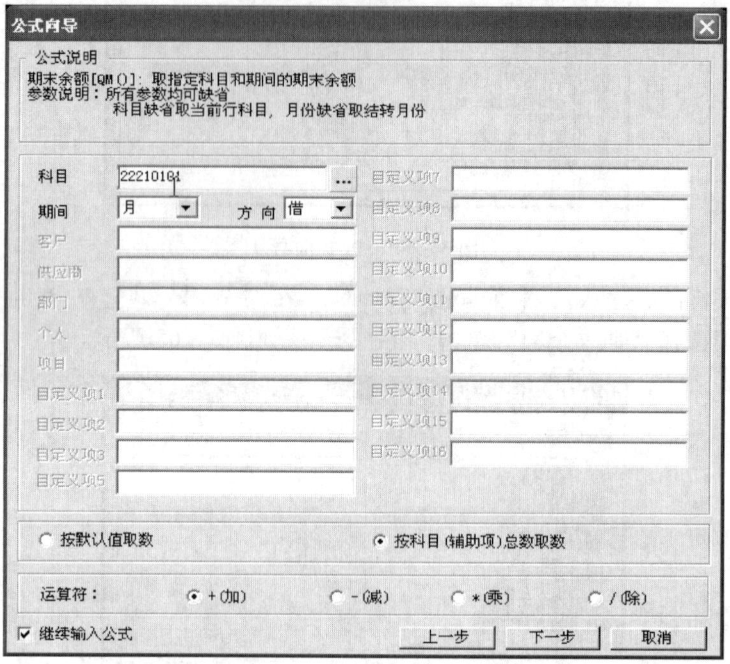

图 3－67 公式向导 7

⑦按照前面步骤输入“应交税费－应交增值税－进项税额转出”期末余额公式，单击“完成”，如图 3－68 所示。

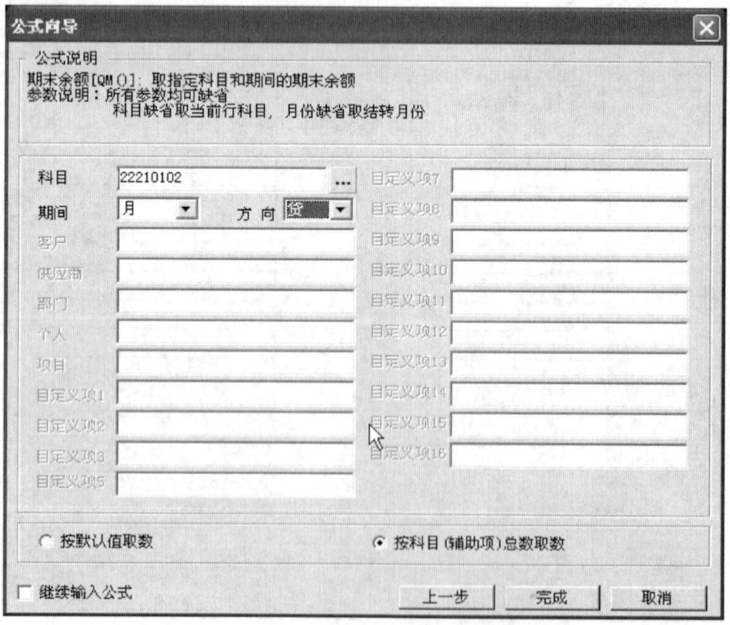

图 3－68 公式向导 8

⑧最后在英文状态下编辑公式为：[QM(22210103,月,贷) - QM(22210101,月,借) + QM(22210102,月,贷)] * 0.07。

⑨单击“增行”，输入“科目编码 22210104”，公式编辑方法同上，编辑完成公式为：[QM(22210103,月,贷) - QM(22210101,月,借) + QM(22210102,月,贷)] * 0.03。

⑩输入完成后，如图 3-69 所示。

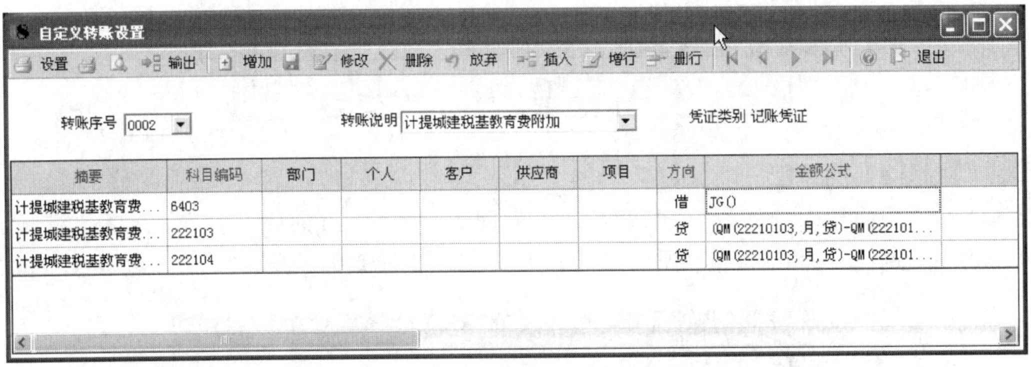

图 3-69　自定义转账设置

(3) 自定义转账设置——转出未交增值税

①执行“财务会计”→“总账”→“期末”→“转账定义”→“自定义转账”命令，进入“自定义转账设置”窗口。

②单击“增加”，输入转账序号、转账说明、凭证类别等内容，单击“确定”，如图 3-70 所示。

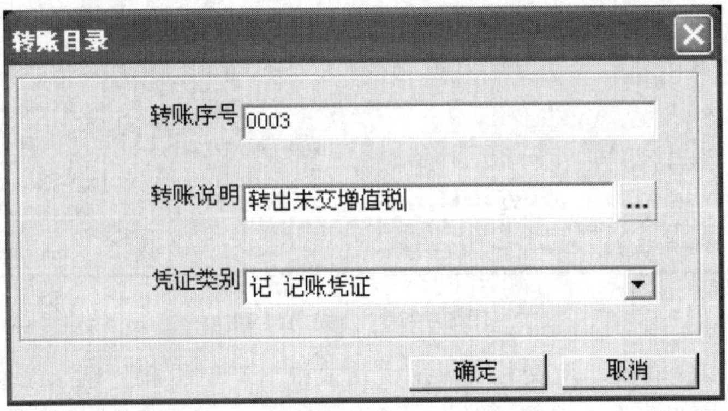

图 3-70　转账目录

③单击“增行”，输入“科目编码 22210105”，在“金额公式”栏单击参照按钮，在“公式向导”中选择“期末余额”单击“下一步”。如图 3-71 所示。

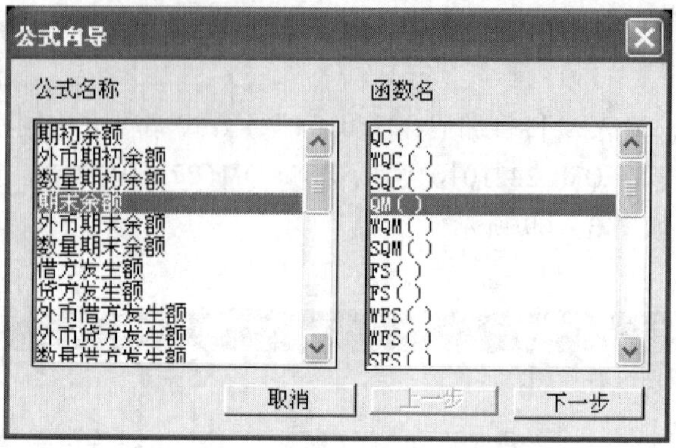

图 3－71　公式向导 9

④在公式向导中选择科目“222103”，期间为“月”，方向为“贷”，选择“继续输入公式”，选择“－（减）”，单击“下一步”，如图 3－72 所示。

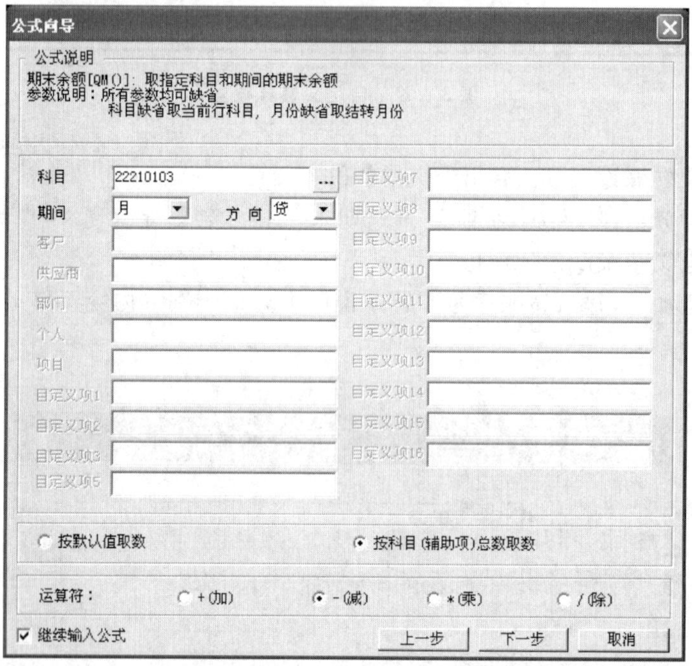

图 3－72　公式向导 10

⑤按照前面步骤输入“应交税费－应交增值税－进项税额”期末余额公式。

⑥按照前面步骤输入“应交税费－应交增值税－进项税额转出”期末余额公式，单击“完成”。完成公式为：QM（22210103，月，贷）－QM（22210101，月，借）＋QM（22210102，月，贷）。

⑦单击“增行”，输入“科目编码 222102”，方向为“贷”，在“金额公式”栏单击参照按钮，在“公式向导”中选择“取对方科目计算结果”单击“下一步”，如图 3－73 所示，单击“完成”，保存后退出。

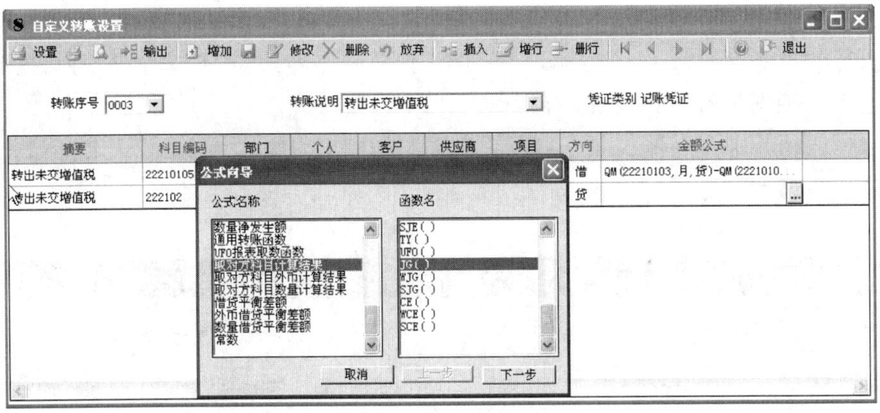

图 3-73　公式向导 11

(4) 销售成本结转设置。

①执行"财务会计"→"总账"→"期末"→"转账定义"→"销售成本结转"命令，进入"销售成本结转设置"窗口。

②输入"库存商品科目"为"1405"，"商品销售收入科目"为"6001"，"商品销售成本科目"为"6401"后，单击"确定"。如图 3-74 所示。

应用提示

要求"1405 库存商品科目""6001 商品销售收入科目""6401 商品销售成本科目"明细科目一致，辅助核算一致。

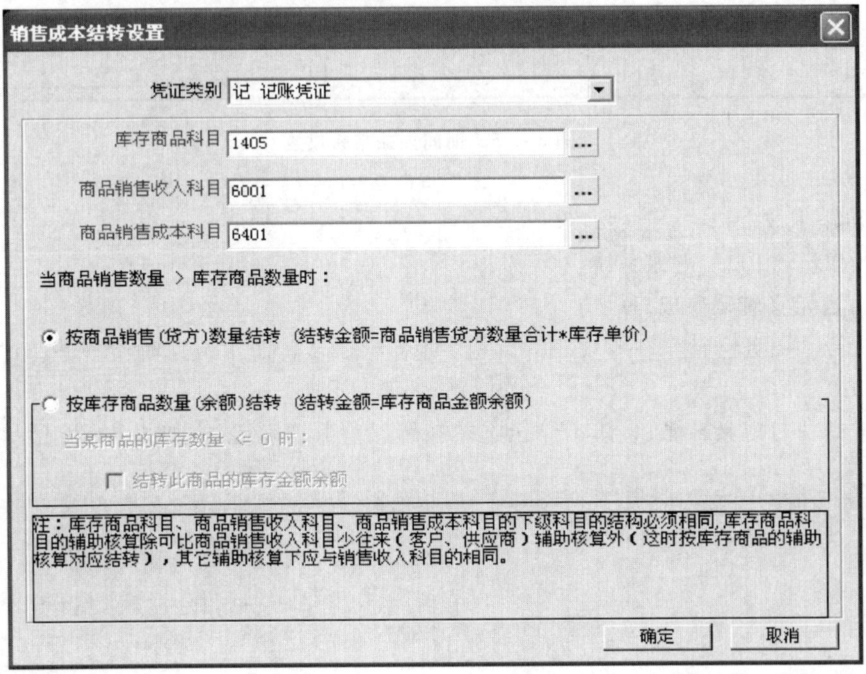

图 3-74　销售成本结转设置

（5）期间损益结转设置。

①执行“财务会计”→“总账”→“期末”→“转账定义”→“期间损益结转”命令，进入“期间损益结转设置”窗口。

②选择凭证类别“转账凭证”，选择本年利润科目4103，单击“确定”按钮。如图3－75所示。

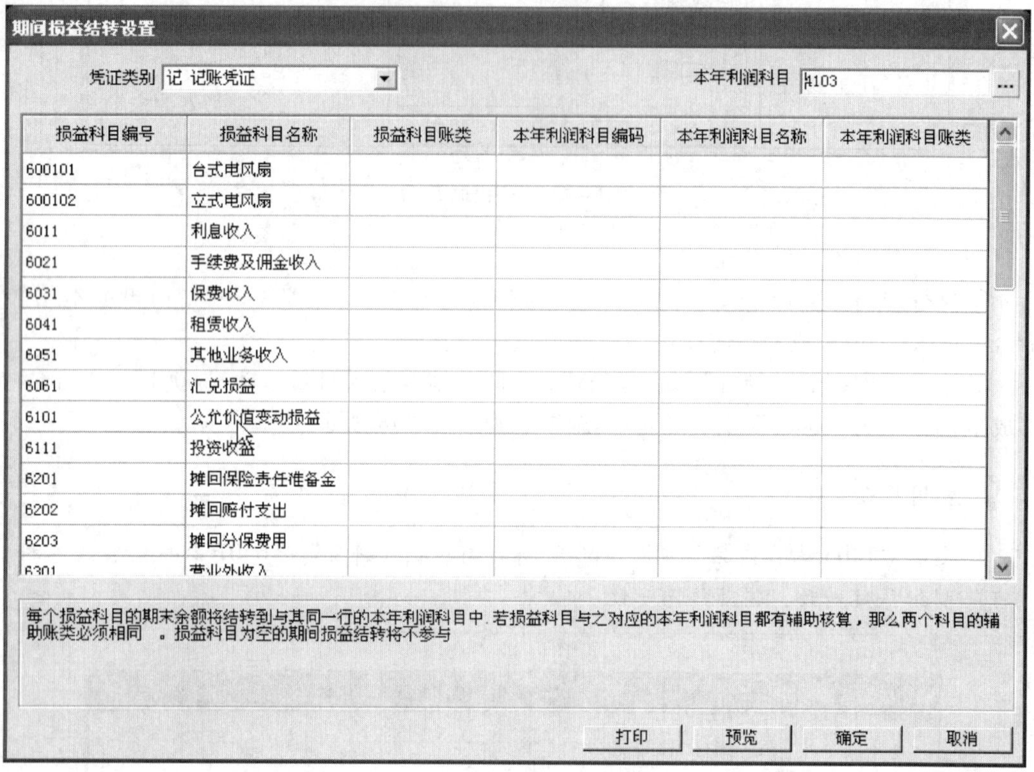

图3－75 期间损益结转设置

2. 转账生成

以操作员“102”登录系统。

（1）自定义转账生成。

①执行“财务会计”→“总账”→“期末”→“转账生成”命令，进入“转账生成”窗口。

②选择“自定义转账”，单击“全选”按钮，单击“确定”，如图3－76所示。

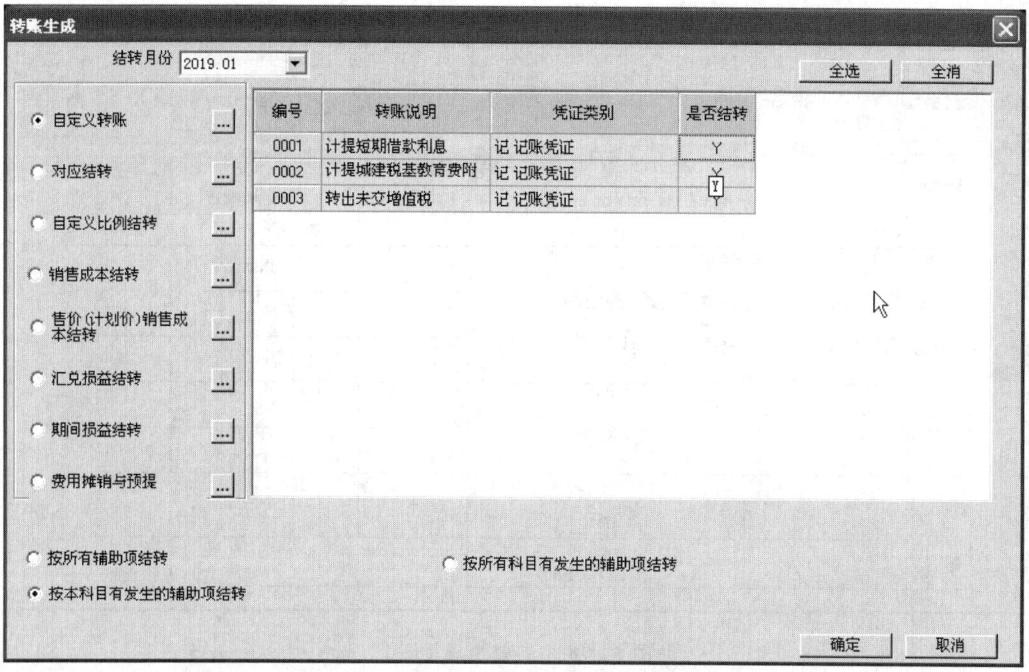

图 3－76　转账生成——自定义转账生成

③自动生成三张记账凭证，逐一“保存”，如图 3－77、图 3－78、图 3－79 所示。

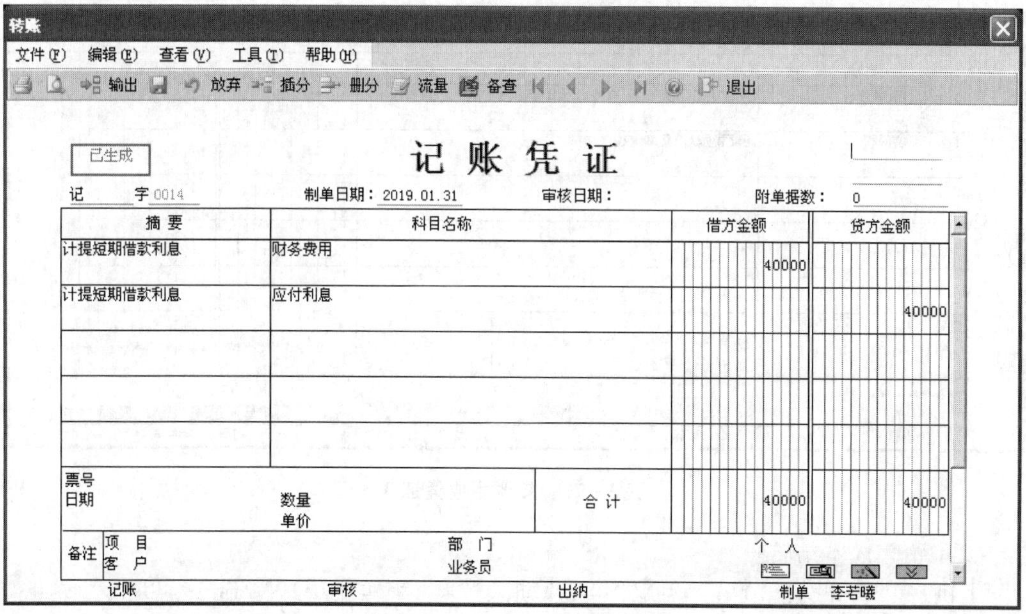

图 3－77　转账生成凭证 1

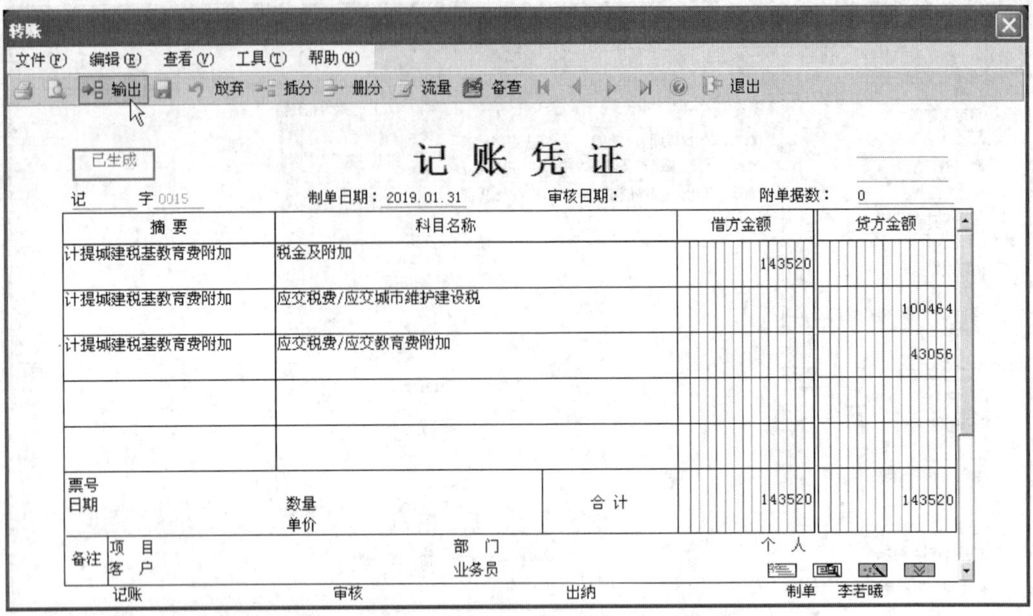

图 3－78　转账生成凭证 2

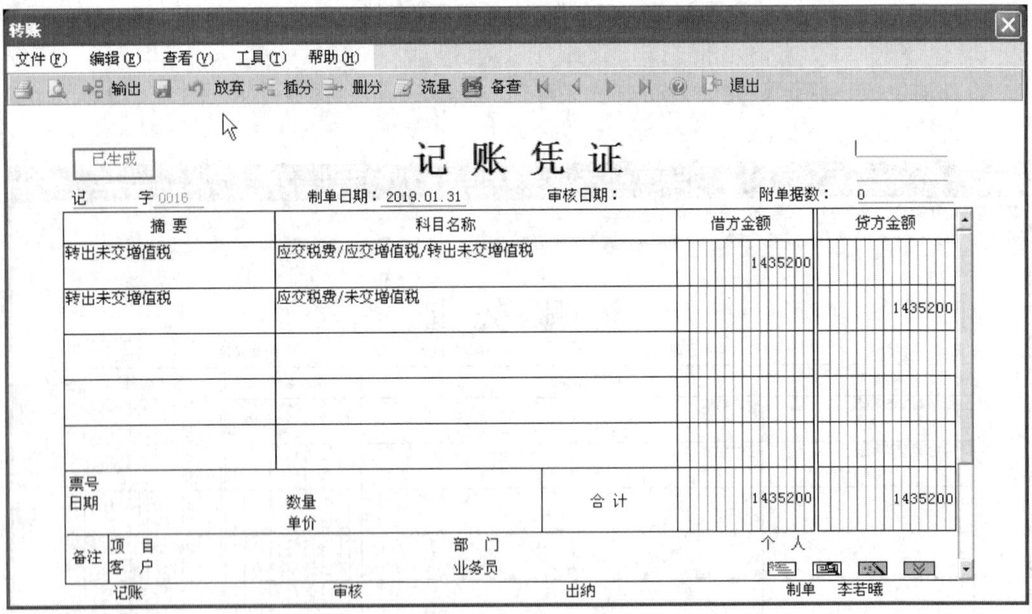

图 3－79　转账生成凭证 3

（2）销售成本结转。

①执行“财务会计”→“总账”→“期末”→“转账生成”命令，进入“转账生成”窗口。

②选择“销售成本结转”“开始月份”和“结束月份”均选择“2019.01”，单击“确定”，系统提示“2019.1 月或之前有未记账凭证，是否继续结转”，单击“是”，如图 3－80 所示。

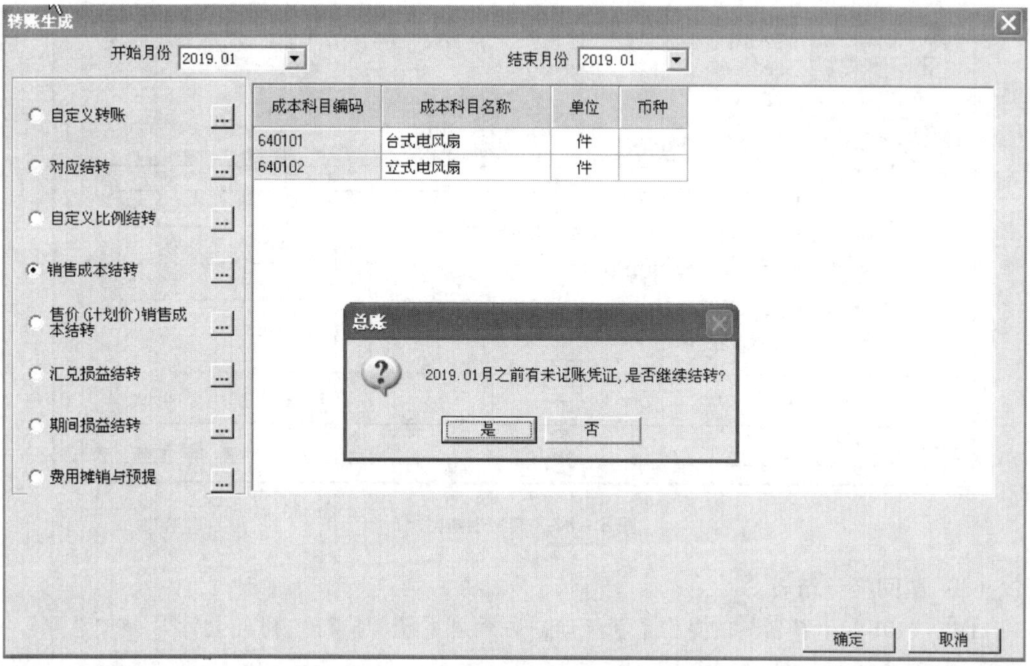

图3－80　转账生成——销售成本结转

③显示销售成本结转一览表，如图3－81所示，单击“确定”，系统自动生成一张凭证，单击“保存”，凭证显示“已生成”，如图3－82所示。

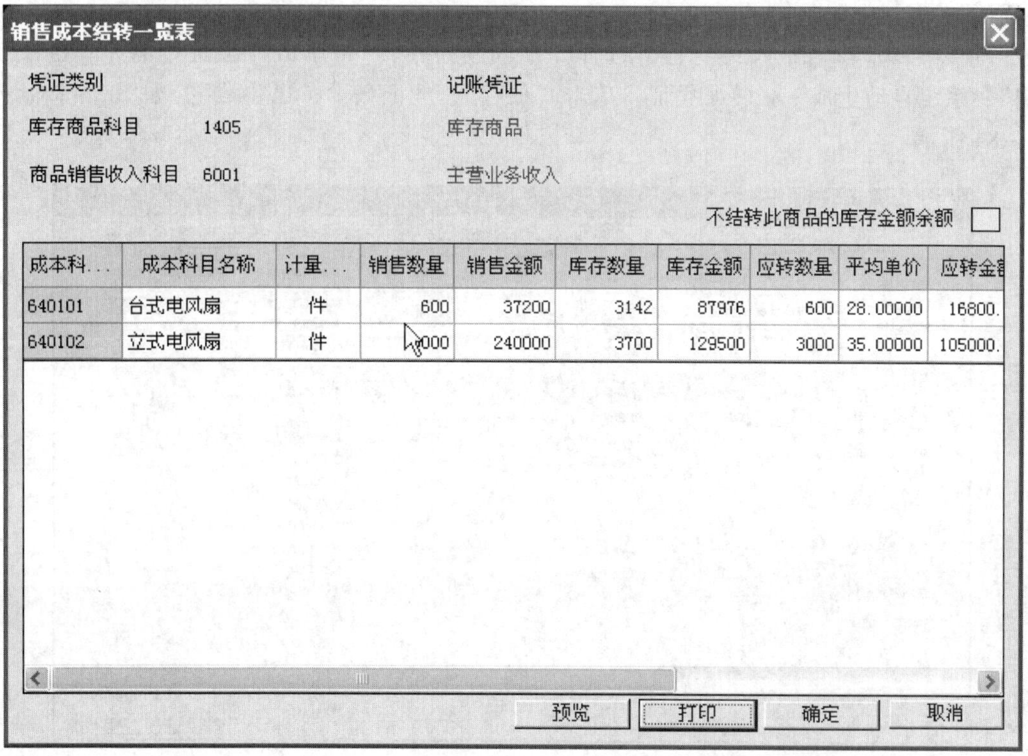

图3－81　转账生成——销售成本结转一览表

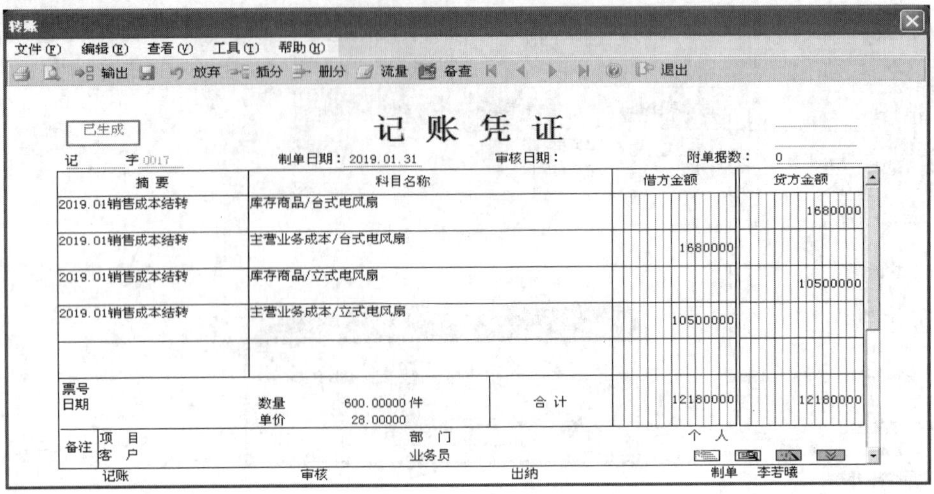

图 3－82　转账生成凭证

（3）期间损益结转。

①以“101 学生姓名”的身份重新注册总账管理系统，执行“财务会计”→“总账”→“凭证”，对未审核凭证进行审核。

②以“101 学生姓名”的身份，执行“财务会计”→“总账”→“凭证”，对未签字凭证进行主管签字。

③以“102 李若曦”的身份重新注册总账管理系统，执行“财务会计”→“总账”→“凭证”，完成记账工作。

④以“102 李若曦”的身份，选择“期间损益结转”，单击“全选”后，单击“确定”，系统自动生成一张转账凭证，单击“保存”，凭证显示“已生成”，如图 3－83、图 3－84 所示。

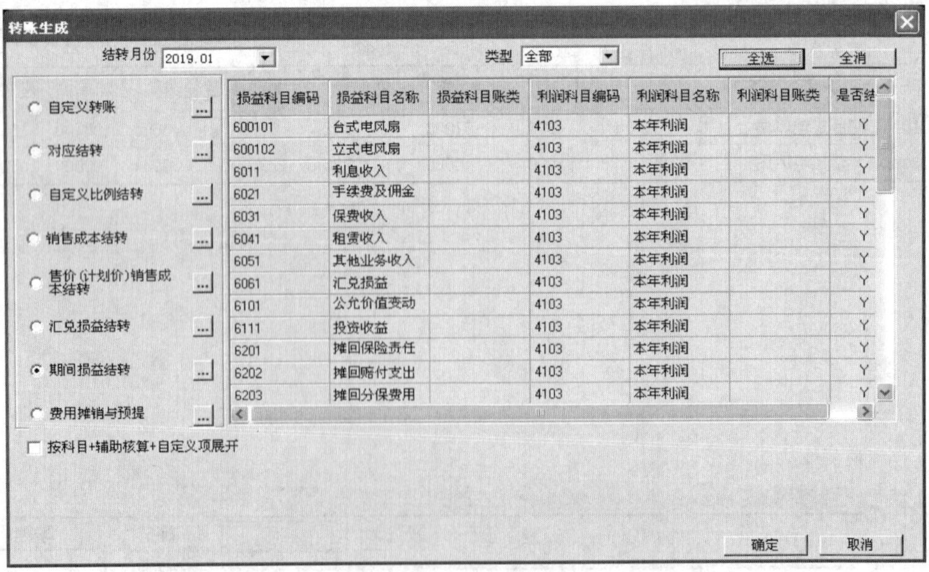

图 3－83　转账生成——期间损益结转

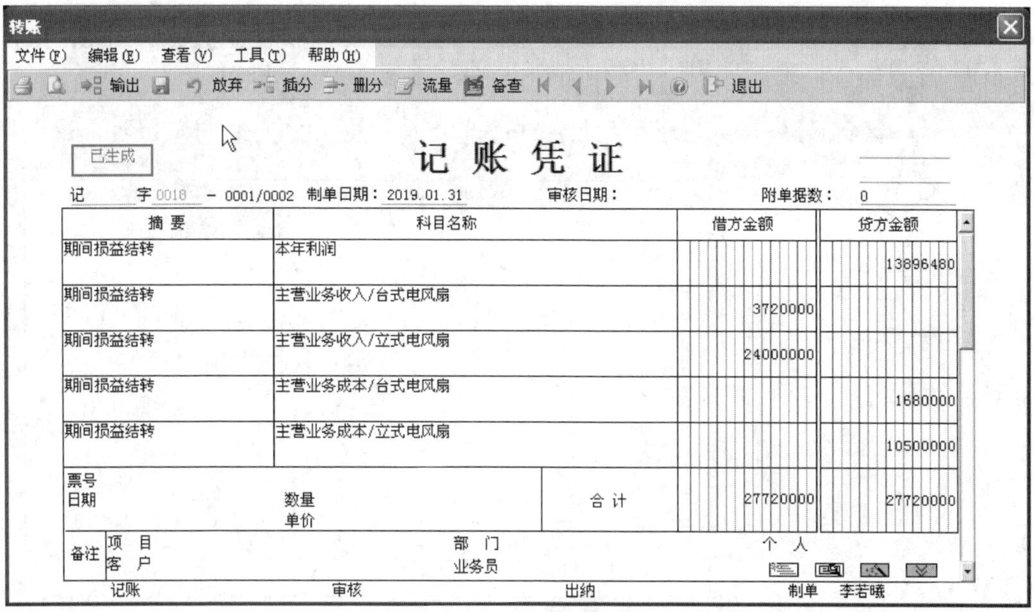

图 3－84　转账生成凭证

⑤以“101 学生姓名”的身份重新注册总账管理系统，执行“财务会计”→“总账”→“凭证”，对未审核凭证进行审核和主管签字。

⑥以“102 李若曦”的身份重新注册总账管理系统，执行“财务会计”→“总账”→“凭证”，对凭证进行记账。

应用提示

“期间损益结转”转账凭证生成之前，需要其他期末结转凭证生成并记账，如前面的自定义结转、销售成本结转、汇兑损益结转，以及后面薪资管理、固定资产管理等系统生成的凭证。

3. 对账和结账

（1）对账。

①以“101 学生姓名”的身份登录总账系统。

②执行“期末”→“对账”命令，进入“对账”窗口。

③将光标置于要进行对账的月份“2019. 01”，单击“选择”按钮。

④单击“对账”按钮，开始自动对账，并显示对账结果。如图 3－85 所示。

⑤单击“试算”按钮，可以对各科目类别余额进行试算平衡。

⑥单击“确定”按钮。

图 3－85 对账

（2）结账。

①执行“期末”→“结账”命令，进入“结账”窗口。

②单击要结账月份“2019.01”，单击“下一步”按钮，如图 3－86 所示。

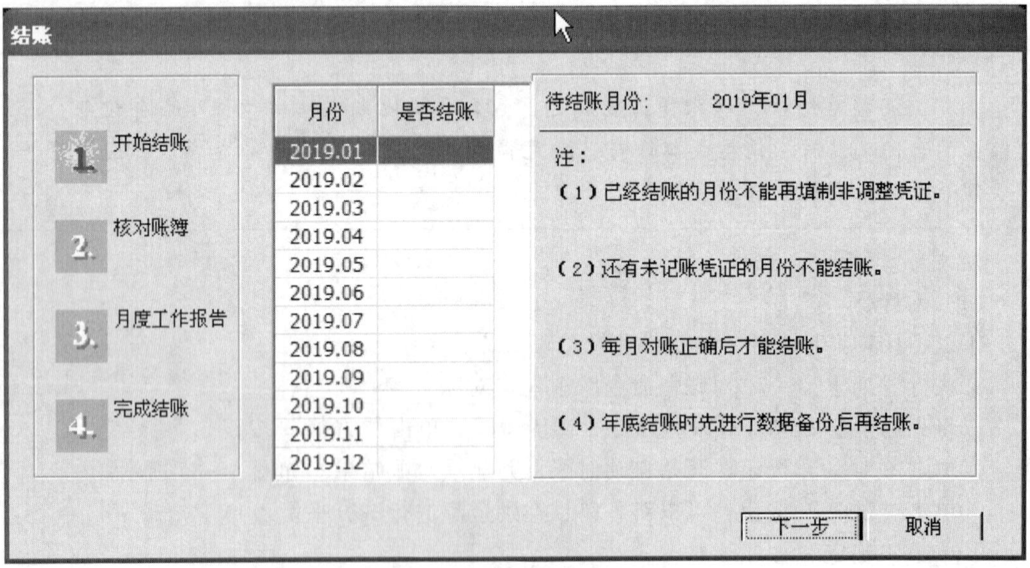

图 3－86 结账

③单击“对账”按钮，系统对要结账的月份进行账账核对。

④单击“下一步”按钮，系统显示“01 月工作报告”。

⑤查看工作报告后，单击“下一步”按钮，单击“结账”按钮。若符合结账要求，系统将进行结账，否则不予结账。

应用提示

结账只能由有结账权限的人进行。本月还有未记账凭证时，则本月不能结账。结账必须按月连续进行，上月未结账，则本月不能结账。若总账与明细账对账不符，则不能结账。如果与其他系统联合使用，其他子系统未全部结账，则本月不能结账。结账前，要进行数据备份。

本书由于还有后面其他子系统业务尚未处理，所以暂时不能结账。

(3) 取消结账（取消结账后，必须重新结账）。

①执行“期末”→“结账”命令，进入“结账”窗口。

②选择要取消结账的月份。

③按 Ctrl + Shift + F6 键激活“取消结账”功能。

④输入口令，单击“确认”按钮，取消结账标记。

项目四
薪资管理系统

学习目标

通过项目四的学习，熟练操作用友 ERP－U872 软件中薪资管理系统的初始化设置、日常业务处理、工资分摊及月末处理。

一、项目资料

（一）工资账套的建立

北京凯越股份有限公司工资类别为“单个”；
核算币别：人民币；
工资管理代扣个人所得税，费用扣除基数 5000 元；
人员编码：6 位；
启用时期为“2019 年 1 月 1 日”。

（二）部门（见表 4－1）

表 4－1

编号	名称	部门属性
01	综合部	管理
0101	总经理办公室	管理
0102	财务部	财务
02	采购部	供应
03	销售部	销售
04	生产部	生产

（三）人员类别

管理人员、采购人员、销售人员、生产人员。

（四）新增工资项目（见表 4－2）

表 4－2

工资项目	类型	长度	小数点	增减及其他
基本工资	数字	8	2	增项
岗位工资	数字	8	2	增项
奖金	数字	8	2	增项
住房补助	数字	8	2	增项
交通补贴	数字	8	2	增项
加班费	数字	8	2	增项
病假天数	数字	8		其他
病假扣款	数字	8	2	减项
事假天数	数字	8		其他
事假扣款	数字	8	2	减项

（五）职员档案（见表 4－3）

表 4－3

职员编号	职员名称	所属部门	技术职称	学历	职务	银行账号
010101	王旭	总经理办公室	高级	硕士研究生	总经理	62220103001
010201	学生姓名	财务部	高级	本科	部门经理	62220103002
010202	李若曦	财务部	中级	本科		62220103003
010203	张馨月	财务部	中级	本科		62220103004
010204	王富刚	财务部	初级	本科		62220103005
010205	吴乐毅	财务部	初级	大专		62220103006
020001	赵子越	采购办	中级	本科	部门经理	62220103007
030001	李玉明	销售部	中级	大专	部门经理	62220103008
030101	白宏羽	生产部	高级	本科	部门经理	62220103009

（六）公式定义

病假扣款 = 病假天数 * 10

事假扣款 = 事假天数 * 30

（七）职工工资数据

职工本月工资数据（见表 4－4）。

表 4－4

姓名	基本工资	岗位工资	奖金	住房补助	交通补贴	事假天数	病假天数
王旭	9500	380	820	1295	330	4	2
学生姓名	8800	210	820	1195	330	4	2
李若曦	7400	120	820	1195	330	4	
张馨月	6900				330		2
王富刚	6200	120	820	1195	330	1	
吴乐毅	8810				330		
赵子越	9000	210	820	1195	330		1
李玉明	9200	210	820	1195	330		2
白宏羽	9000	210	820	1195	330		

财务部门职工岗位工资调增 300 元。

（八）月末工资分摊（见表 4－5）

表 4－5

部 门	人员类别	应付工资		应付福利费（14%）	
综合部	管理人员	660201	221101	660204	221102
生产部	生产人员	50010102	221101	50010102	221102
采购部	采购人员	660201	221101	660204	221102
销售部	销售人员	6601	221101	6601	221102

福利费以应付工资总额为基数计提。

二、项目要求

（1）以“101 学生姓名”的身份完成建立工资账套；
（2）以“101 学生姓名”的身份进行系统初始设置；
（3）以“105 吴乐毅”的身份进行工资日常业务处理；
（4）以“105 吴乐毅”的身份进行工资分摊、月末处理。

三、项目指导

（一）建立工资账套

1. 登录薪资管理系统

（1）执行“开始”→“程序”→“用友 ERP－U872”→“企业应用平台”命令，

打开“注册【企业应用平台】”对话框。

（2）输入操作员为“101 学生姓名”，在“账套”下拉列表框中选择“006 北京凯越股份有限公司”，更改“操作日期”为“2019.01.01”，单击“确定”按钮，进入“企业应用平台”。

2. 建立工资账套

（1）在“企业应用平台”中，单击“人力资源”中的“薪资管理”选项，系统弹出“请先设置工资类别”窗口，如图 4－1 所示，单击“确定”。

图 4－1　设置工资类别提示

（2）在建立工资套窗口选择工资类别个数“单个”，默认货币名称为“人民币”，单击“下一步”按钮，如图 4－2 所示。

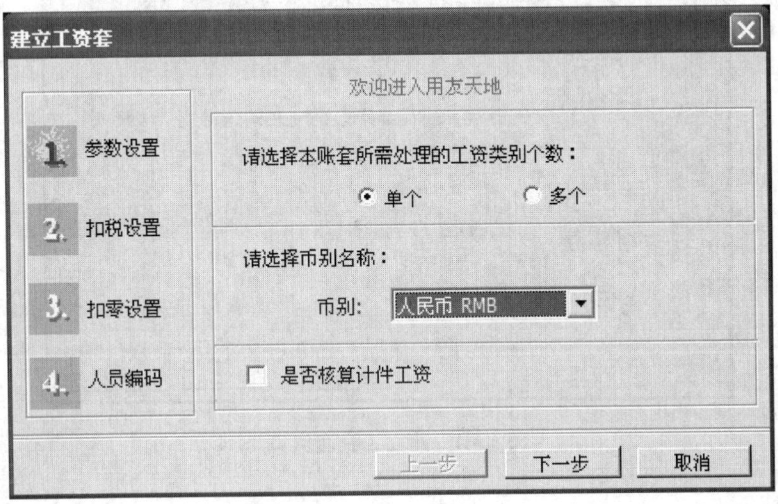

图 4－2　建立工资套窗口 1

（3）单击“扣税设置”，选中“是否从工资中代扣个人所得税”复选框，如图 4－3 所示。单击“下一步”按钮。

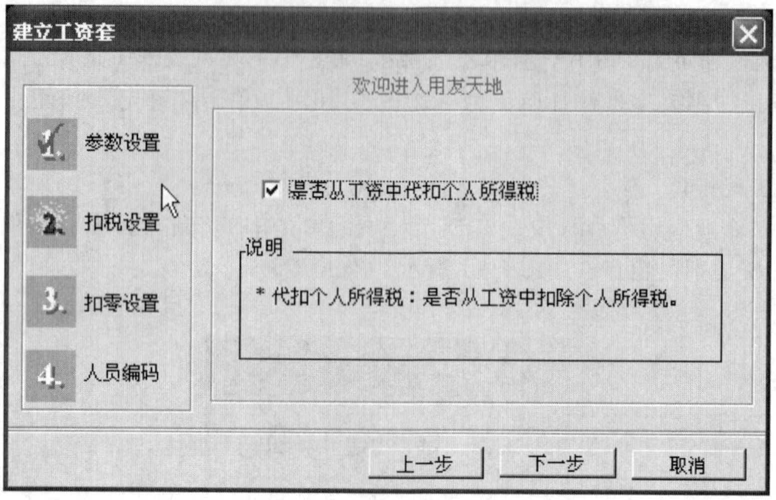

图 4－3　建立工资套窗口 2

应用提示

选择代扣个人所得税后，系统将自动生成工资项目“代扣税”，并自动进行代扣税金的计算。

（4）在“扣零设置”中，不选择“扣零”，如图 4－4 所示，单击“下一步”按钮。

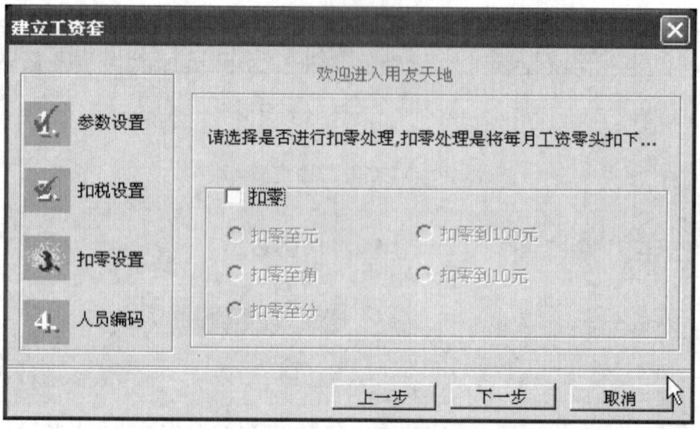

图 4－4　建立工资套窗口 3

应用提示

扣零处理是指每次发放工资时零头扣下，积累取整，于下次工资发放时补上，系统在计算工资时将依据扣零类型（扣零至元、扣零至角、扣零至分）进行扣零计算。用户一旦选择了“扣零处理”，系统自动在固定工资项目中增加“本月扣零”和“上月扣零”两个项目，扣零的计算公式将由系统自动定义，无须设置。扣零多用于发放现金工资，较为简便，目前工资发放基本为银行转账，所以不设置扣零。

（5）单击“完成”，完成工资账套建立，如图4－5所示。

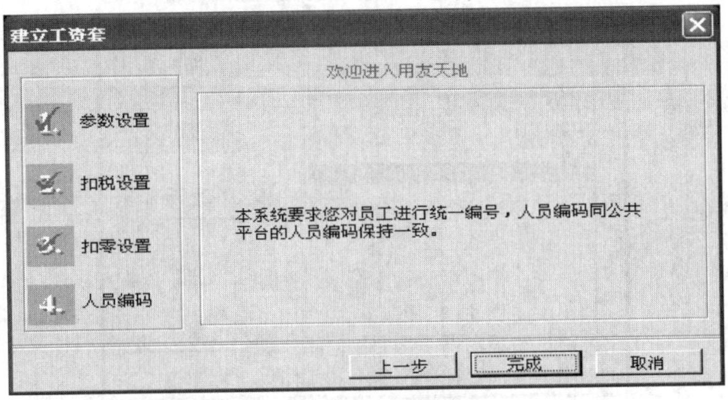

图4－5　建立工资套窗口4

应用提示

建账完毕后，部分建账参数可以在“设置”→“选项”中进行修改。

（二）设置

1. 人员附加信息设置

（1）执行“设置”→“人员附加信息设置”命令，打开“人员附加信息设置”窗口。

（2）在“栏目参照”文本框分别选中“技术职称”“学历”“职务”，单击“增加”按钮。如图4－6所示。

（3）如果选择参照设置中“是否参照”复选框，也可以输入信息名称的参照项目，建立“技术职称”“学历”“职务”的参照项目，单击“参照档案”，输入学历参照信息，如图4－7、图4－8、图4－9所示。

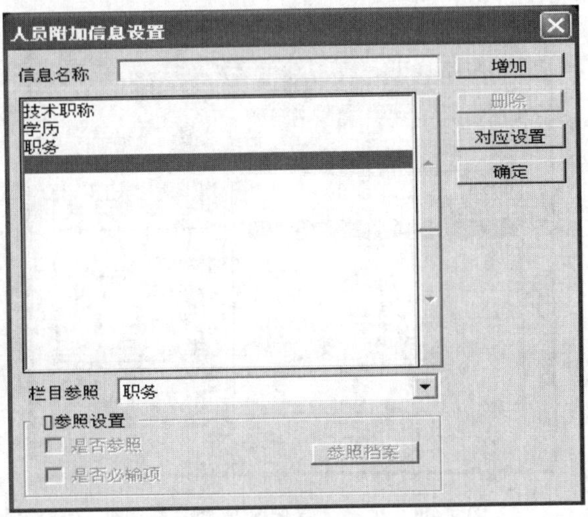

图4－6　人员附加信息设置

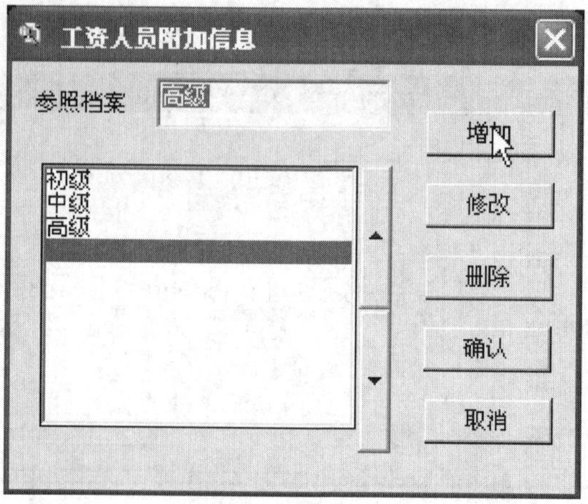

图 4 – 7　工资人员附加信息——技术职称

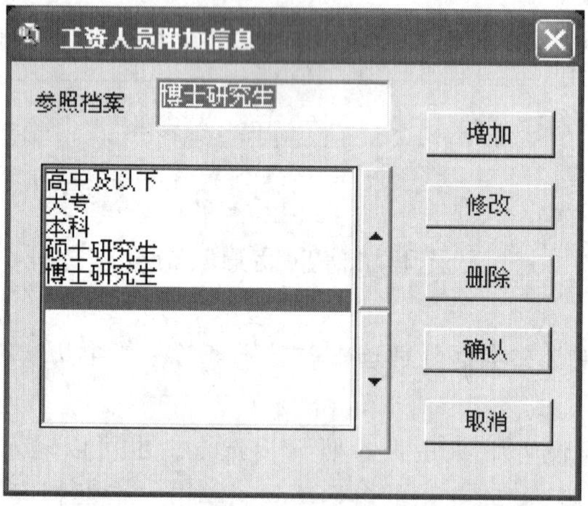

图 4 – 8　工资人员附加信息——学历

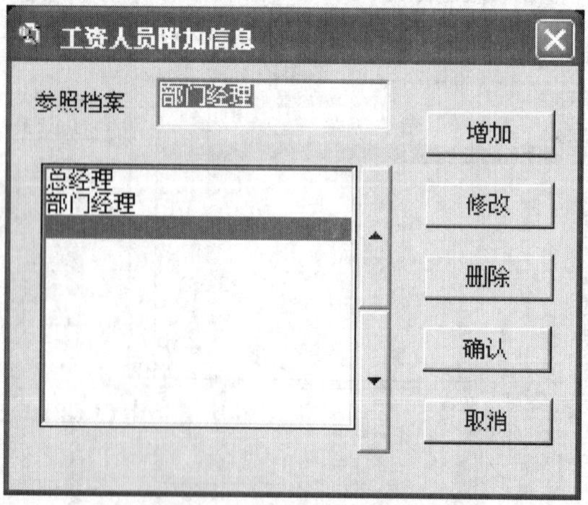

图 4 – 9　工资人员附加信息——职务

2. 工资项目设置

(1) 执行“设置”→“工资项目设置”命令，打开“工资项目设置”窗口。

(2) 单击“增加”按钮，工资项目列表中增加一空行。

(3) 单击“名称参照”下拉列表框，从下拉列表中选择并双击“基本工资”选项。

(4) 双击“类型”栏，单击下拉列表框，从下拉列表中选择“数字”选项。

(5) 输入“长度”“小数”栏数据。

(6) 双击“增减项”栏，单击下拉列表框，从下拉列表中选择“增项”选项，如图4-10所示。

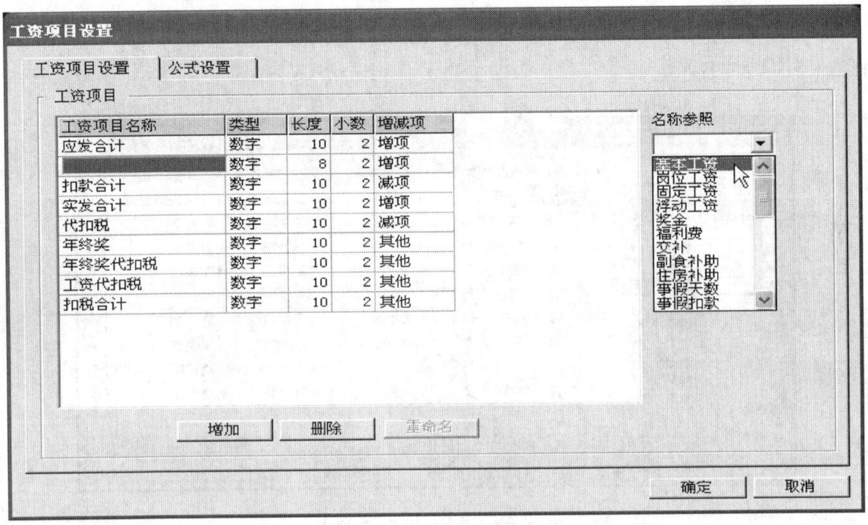

图4-10　工资项目设置

(7) 同理，增加其他项目。名称参照中没有的项目可以直接输入进行增加，然后用“上移”或“下移”调整工资项目顺序，设置结果如图4-11所示。单击“确定”按钮。

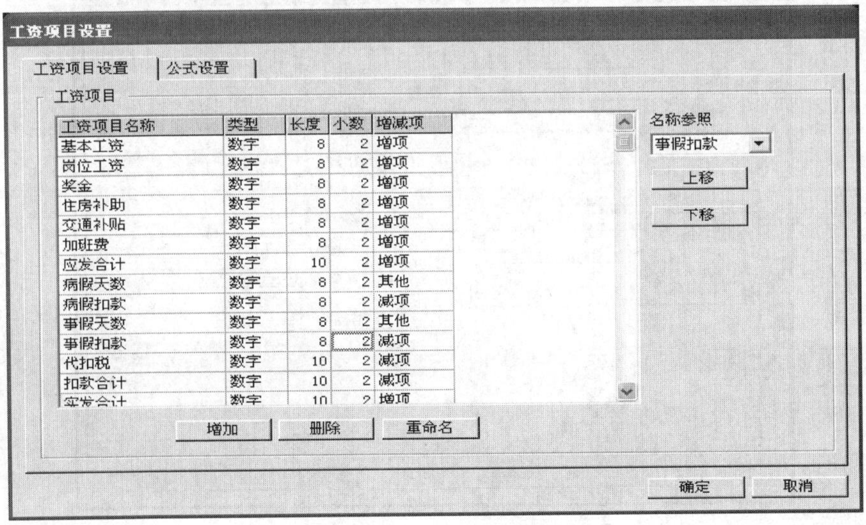

图4-11　工资项目设置结果

应用提示

系统提供若干常用工资项目供参考，可选择输入。对于参照中未提供的工资项目，可以双击“工资项目名称”一栏直接输入，或先从“名称参照”中选择一个项目，然后单击“重命名”按钮修改为需要的项目。

（三）设置人员档案

（1）执行“设置”→“人员档案”命令，进入“人员档案”窗口。

（2）单击工具栏上的“批增”按钮，单击“人员类别”前“选择栏”后，单击“确定”（如图 4－12 所示）。

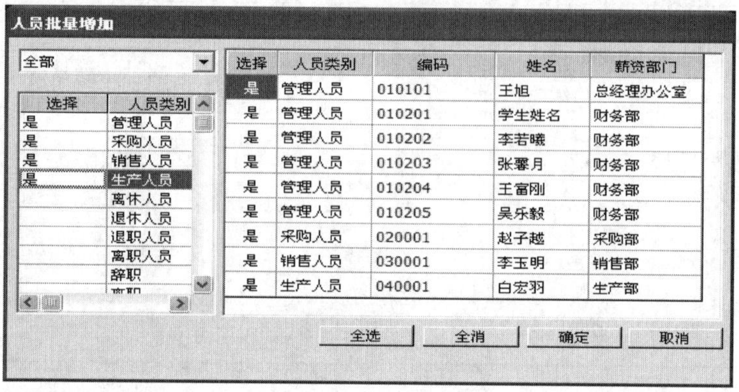

图 4－12　人员批量增加

（3）选择“王旭”，单击“修改”，从“银行名称”下拉列表中择“中国工商银行”；输入银行账号 62220103001，如图 4－13 所示。

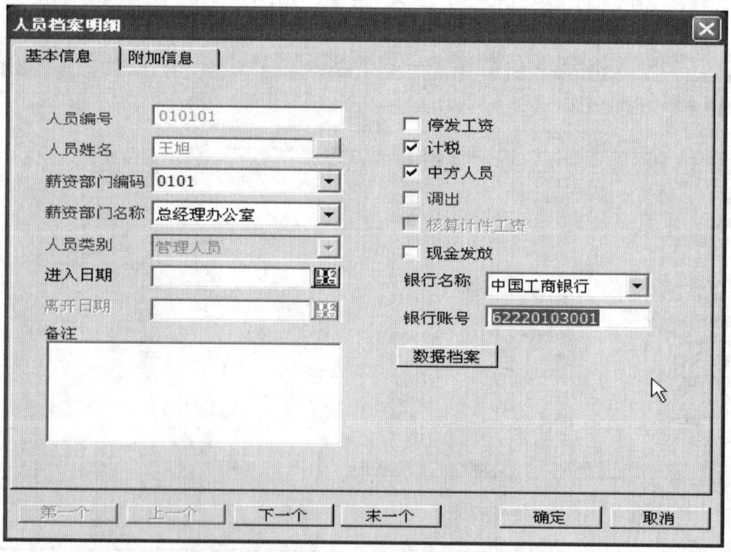

图 4－13　人员档案基本信息

（4）单击“附加信息”选项卡，输入“技术职称”为“高级”，输入“学历”为“硕士研究生”，“职务”为“总经理”，如图 4-14 所示。单击“确定”按钮。系统提示“写入该人员档案信息吗?”，如图 4-15 所示，单击“确定”。

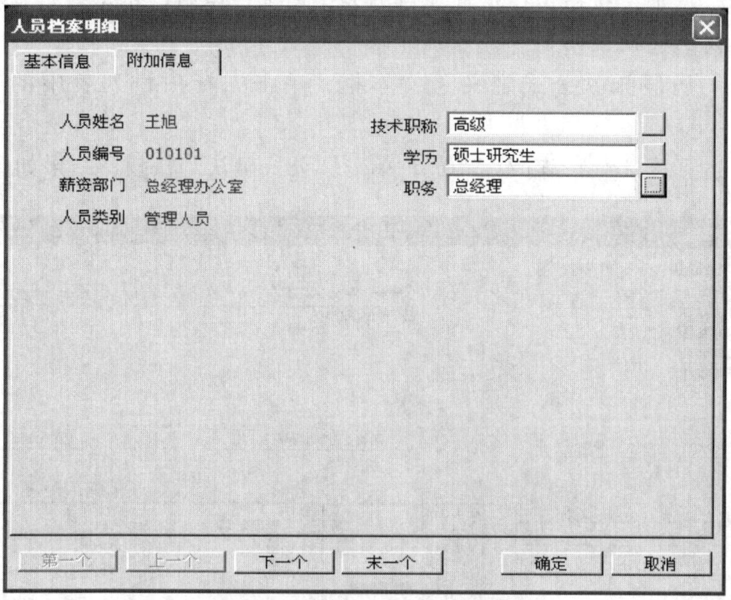

图 4-14　人员档案附加信息

图 4-15　人员档案提示信息

（5）依上述顺序输入所有人员档案，输入结果如图 4-16 所示。最后单击工具栏上的“退出”按钮。

薪资部门名称	人员编号	人员姓名	人员类别	账号	中方人员	是否计税	工资停发	核算计件工资	现金发放	技术职称	学历	职务
总经理办公室	010101	王旭	管理人员	62220103001	是	是	否	否	否	高级	硕士研究生	总经理
财务部	010201	学生姓名	管理人员	62220103002	是	是	否	否	否	高级	本科	部门经理
财务部	010202	李若曦	管理人员	62220103003	是	是	否	否	否	中级	本科	
财务部	010203	张馨月	管理人员	62220103004	是	是	否	否	否	中级	本科	
财务部	010204	王富刚	管理人员	62220103005	是	是	否	否	否	初级	本科	
财务部	010205	吴乐毅	管理人员	62220103006	是	是	否	否	否	初级	大专	
采购部	020001	赵子越	采购人员	62220103007	是	是	否	否	否	中级	本科	部门经理
销售部	030001	李玉明	销售人员	62220103008	是	是	否	否	否	中级	大专	部门经理
生产部	040001	白宏羽	生产人员	62220103009	是	是	否	否	否	高级	本科	部门经理

图 4-16　人员档案输入结果窗口

（四）公式设置

（1）在“工资项目设置”窗口中打开“公式设置”选项卡。

（2）单击“增加”按钮，在工资项目列表中增加一空行，单击该行，在下拉列表中选择“病假扣款”选项。

（3）单击“病假扣款公式定义”文本框，单击工资项目列表中的“病假天数”项目。

（4）单击运算符“＊”，输入“10”，单击“公式确认”按钮。结果如图 4－17 所示。

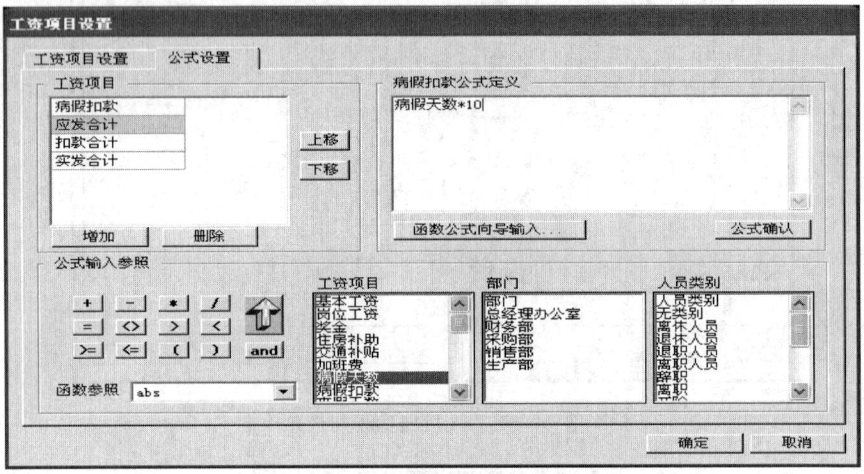

图 4－17　事假扣款公式设置结果

（5）同理，设置“事假扣款”公式：事假扣款＝事假天数＊30。

（五）设置个人所得税纳税基数

（1）执行“设置”→“选项”命令，选择“扣税设置”选项卡。如图 4－18 所示。单击“编辑”。单击“税率设置”按钮。

（2）进入“个人所得税申报表——税率表”窗口。基数调整为 5000，其他相关信息如图 4－19 所示。调整后，单击“确定”，再单击“确定”退出。

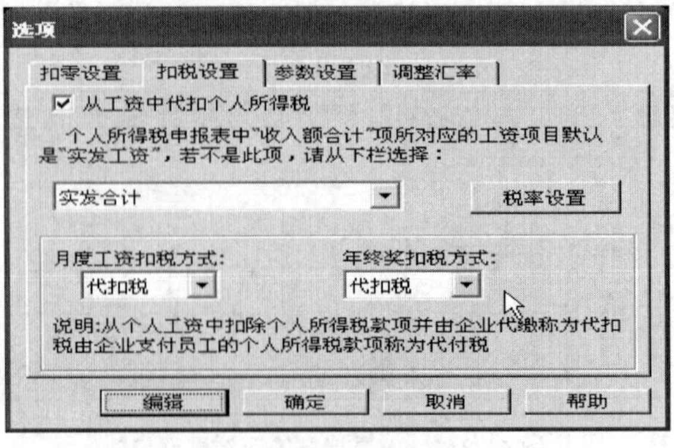

图 4－18　所得税申报

图 4－19　栏目选择窗口

（六）工资业务处理

1. 数据权限分配

（1）执行“系统服务”→“权限”命令，双击“数据权限分配”。

（2）选择“吴乐毅”，业务对象选择“工资权限”，单击“授权”。如图 4－20 所示。

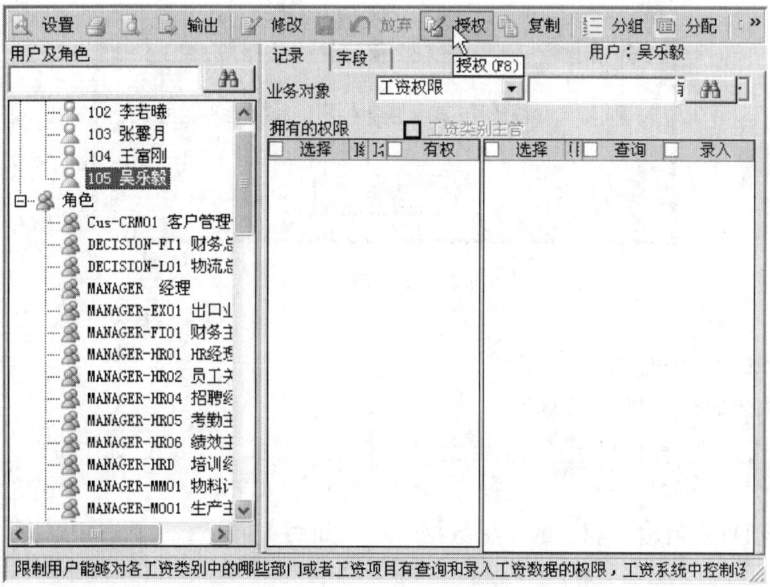

图 4－20　数据权限分配

（3）选择“工资类别主管”，单击“保存”。如图 4－21 所示。在弹出的提示窗口，单击“确定”，如图 4－22 所示。

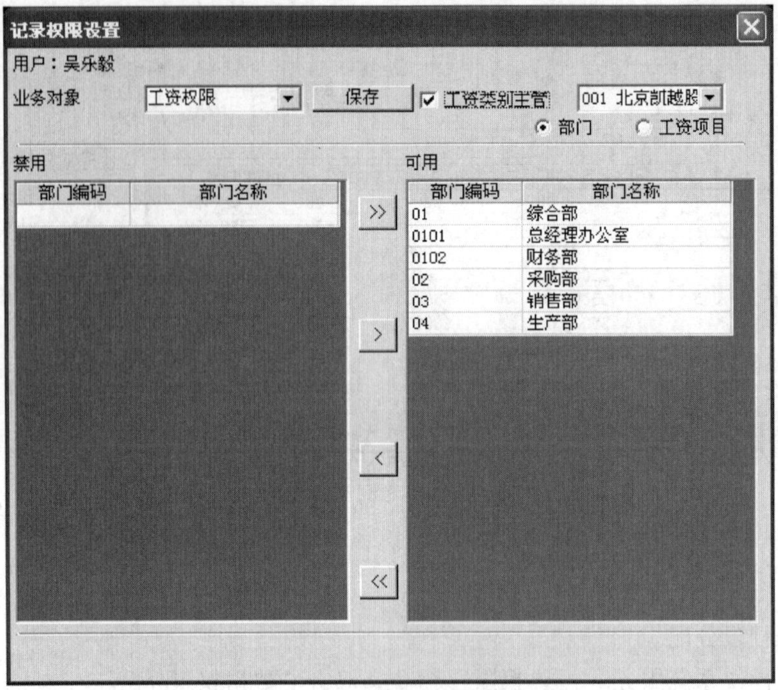

图 4－21　记录权限设置

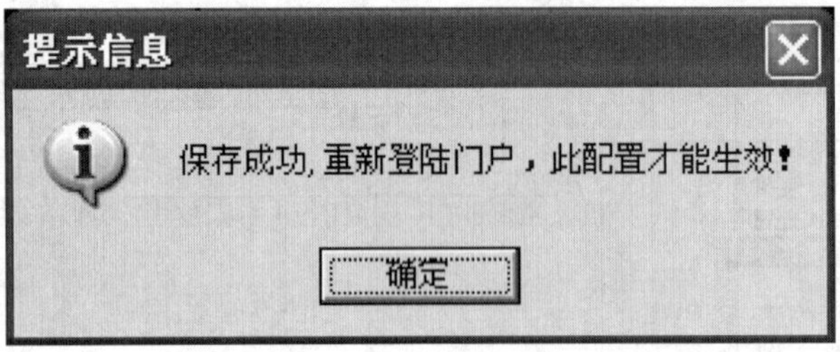

图 4－22　提示信息

2. 输入基本工资数据

更换成操作员“105 吴乐毅”。

（1）单击“业务处理”→“工资变动”命令，进入“工资变动”窗口，输入本月工资数据。

（2）按项目资料输入职工的工资数据。结果如图 4－23 所示。

应用提示

这里只需输入没有进行公式设定的项目，如基本工资、岗位工资、事假天数等，其余由系统根据计算公式自动计算生成。

选择	人员编号	姓名	部门	人员类别	基本工资	岗位工资	奖金	住房补助	交通补贴	加班费
	010101	王旭	总经理办公	管理人员	9,500.00	380.00	820.00	1,295.00	330.00	
	010201	学生姓名	财务部	管理人员	8,800.00	210.00	820.00	1,195.00	330.00	
	010202	李若曦	财务部	管理人员	7,400.00	120.00	820.00	1,195.00	330.00	
	010203	张鬈月	财务部	管理人员	6,900.00				330.00	
	010204	王富刚	财务部	管理人员	6,200.00	120.00	820.00	1,195.00	330.00	
	010205	吴乐毅	财务部	管理人员	8,810.00				330.00	
	020001	赵子越	采购部	采购人员	9,000.00	210.00	820.00	1,195.00	330.00	
	030001	李玉明	销售部	销售人员	9,200.00	210.00	820.00	1,195.00	330.00	
	040001	白宏羽	生产部	生产人员	9,000.00	210.00	820.00	1,195.00	330.00	
合计					74,810.00	1,460.00	5,740.00	8,465.00	2,970.00	

图 4－23　正式职工工资数据

3. 输入工资变动数据

（1）单击“全选”按钮，再单击工具栏上的“替换”按钮，打开“工资项数据替换”窗口。单击“将工资项目”下拉列表框，从下拉列表中选择“岗位工资”选项，在“替换成”文本框中，输入“岗位工资＋300”。如图 4－24 所示。

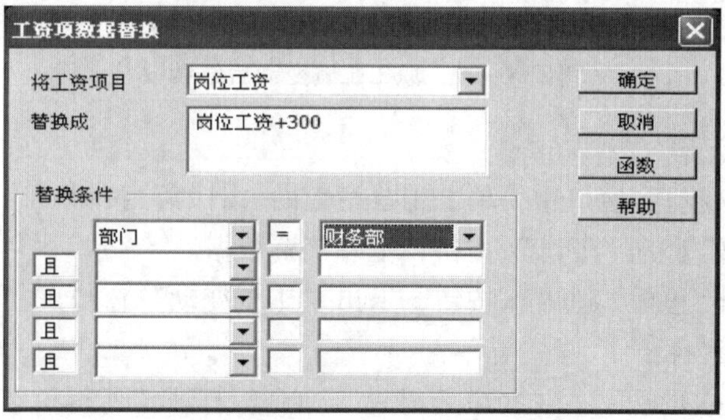

图 4－24　工资项数据替换

（2）在“替换条件”文本框中分别选择“部门”“＝”“财务部”，单击“确定”按钮，系统弹出“数据替换后将不可恢复。是否继续？”信息提示对话框，如图 4－25 所示。单击“是”按钮，系统弹出“5 条记录被替换，是否重新计算？”提示信息对话框，单击“是”按钮，系统自动完成工资计算。如图 4－26 所示。

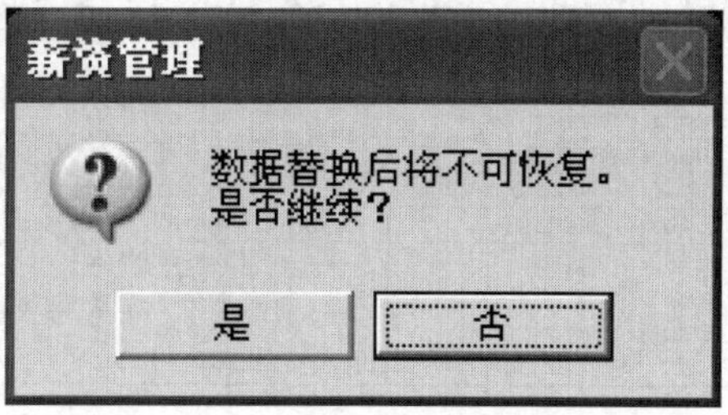

图 4－25　“数据替换”提示信息对话框

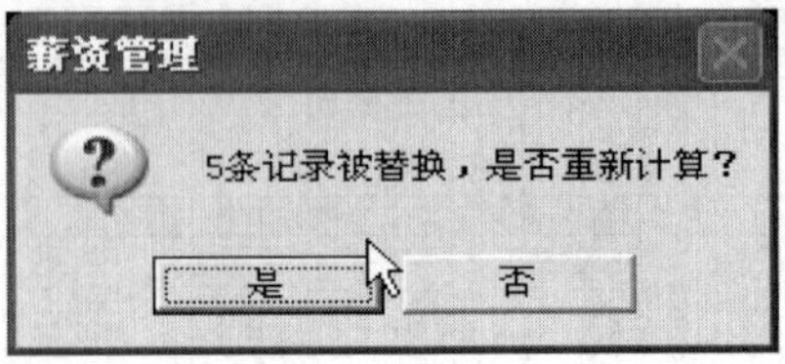

图 4－26

（3）系统自动完成工资计算后。最终工资变动结果如图 4－27 所示，即财务部 5 人岗位工资一栏均分别增加 300 元。

消息中心 工资变动

工资变动

过滤器 所有项目 定位器

选择	人员编号	姓名	部门	人员类别	基本工资	岗位工资	奖金	住房补助	交通补贴	加班费	应发合计	病假天数	病假扣款	事假天数	事假扣款	代扣税	扣款合计	实发合计
	010101	王旭	总经理	管理人员	9,500.00	380.00	820.00	1,295.00	330.00		12,325.00	2.00	20.00	4.00	120.00	508.50	648.50	11,676.50
	010201	学生姓	财务部	管理人员	8,800.00	510.00	820.00	1,195.00	330.00		11,655.00	2.00	20.00	4.00	120.00	441.50	581.50	11,073.50
	010202	李若曦	财务部	管理人员	7,400.00	420.00	820.00	1,195.00	330.00		10,165.00			4.00	120.00	294.50	414.50	9,750.50
	010203	张馨月	财务部	管理人员	6,900.00	300.00			330.00		7,530.00	2.00	20.00			75.30	95.30	7,434.70
	010204	王富刚	财务部	管理人员	6,200.00	420.00	820.00	1,195.00	330.00		8,965.00			1.00	30.00	183.50	213.50	8,751.50
	010205	吴乐毅	财务部	管理人员	8,810.00	300.00			330.00		9,440.00					234.00	234.00	9,206.00
	020001	赵子越	采购部	采购人员	9,000.00	210.00	820.00	1,195.00	330.00		11,555.00	1.00	10.00			444.50	454.50	11,100.50
	030001	李玉明	销售部	销售人员	9,200.00	210.00	820.00	1,195.00	330.00		11,755.00	2.00	20.00			463.50	483.50	11,271.50
	040001	白宏羽	生产部	生产人员	9,000.00	210.00	820.00	1,195.00	330.00		11,555.00					445.50	445.50	11,109.50
合计					4,810.00	2,960.00	,740.00	8,465.00	,970.00		94,945.00	9.00	90.00	13.00	390.00	,090.80	,570.80	91,374.20

当前月份：1 月　总人数：9　当前人数：9

账套：(006)北京凯越股份有限公司　吴乐毅　2019-01-31 0:29　用友软件 4006-600-588

图 4－27　职工工资变动后结果

4. 数据计算与汇总

（1）在“工资变动”窗口中，单击工具栏上的“计算”按钮，计算工资数据。

（2）单击工具栏上的“汇总”按钮，汇总工资数据。

（3）单击工具栏上的“退出”按钮，退出“工资变动”窗口。

5. 查看个人所得税

（1）执行“业务处理”→“扣缴所得税”命令，打开“所得税申报”窗口。

（2）单击“打开”，单击“确定”按钮，进入“个人所得税扣缴申报表”窗口。结果如图 4－28 所示。

所得税申报

输出　税率　栏目　内容　邮件　过滤　定位　退出

系统扣缴个人所得税年度申报表

2019年1月 -- 2019年1月

总人数：9

姓名	证件号码	所得项目	所属期间...	所属期间...	收入额	减费用额	应纳税所...	税率	速算扣除数	应纳税额	已扣缴税款
王旭		工资	20190101	20191231			7185.00	10	210.00	508.50	508.50
学生姓名		工资	20190101	20191231			6515.00	10	210.00	441.50	441.50
李若曦		工资	20190101	20191231			5045.00	10	210.00	294.50	294.50
张馨月		工资	20190101	20191231			2510.00	3	0.00	75.30	75.30
王富刚		工资	20190101	20191231			3935.00	10	210.00	183.50	183.50
吴乐毅		工资	20190101	20191231			4440.00	10	210.00	234.00	234.00
赵子越		工资	20190101	20191231			6545.00	10	210.00	444.50	444.50
李玉明		工资	20190101	20191231			6735.00	10	210.00	463.50	463.50
白宏羽		工资	20190101	20191231			6555.00	10	210.00	445.50	445.50
合计							49465.00		1680.00	3090.80	3090.80

图 4－28　个人所得税扣缴申报表窗口

6. 职工工资分摊

（1）工资分摊类型设置。

①执行“业务处理”→“工资分摊”命令，打开“工资分摊”对话框。

②单击“工资分摊设置”按钮，打开“分摊类型设置”对话框。如图 4－29 所示。

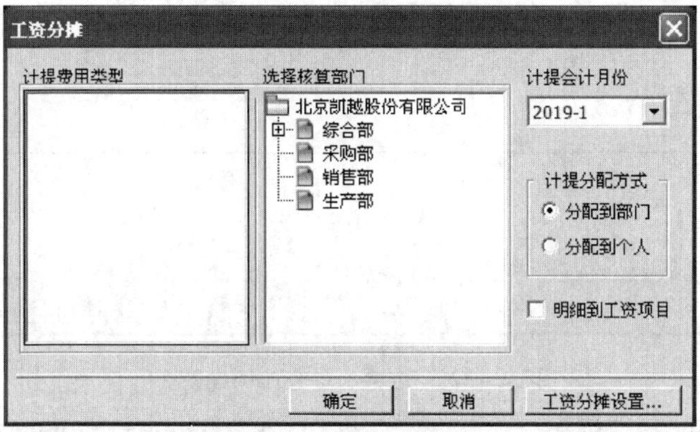

图 4－29　工资分摊

③单击“增加”按钮，打开“分摊计提比例设置”对话框。如图 4－30 所示。

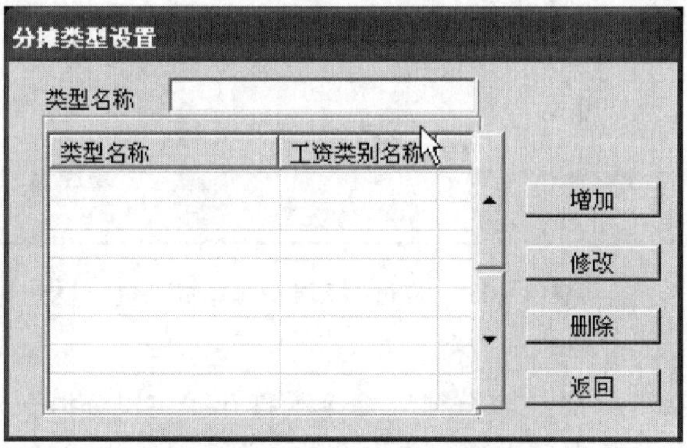

图 4－30　分摊类型设置

④输入计提类型名称为“应付工资”；单击“下一步”按钮，打开“分摊构成设置”窗口。如图 4－31 所示。

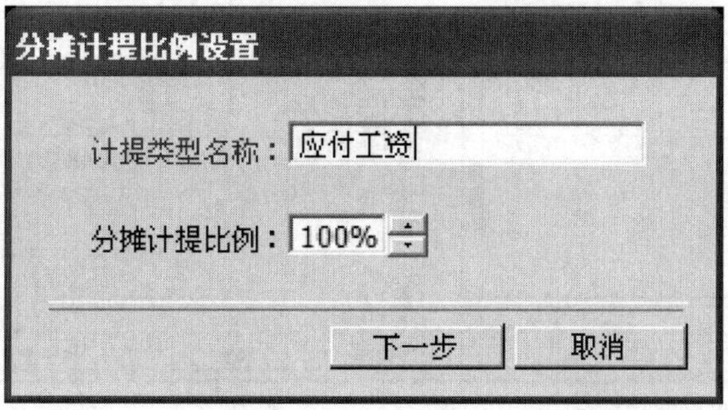

图 4－31　分摊计提比例设置

⑤按项目资料内容进行设置。设置完后单击“完成”按钮，返回“分摊类型设置”对话框。结果如图 4－32 所示。继续设置应付福利费分摊计提项目，计提比例 14%。分摊结果如图 4－33。

人员类别	工资项目	借方科目	借方项目大类	借方项目	贷方科目	贷方项目大类	贷方项目
管理人员	应发合计	660201			221101		
采购人员	应发合计	660201			221101		
销售人员	应发合计	6601			221101		
管理人员	应发合计	50010102			221101		

图 4－32　应付工资分摊构成设置

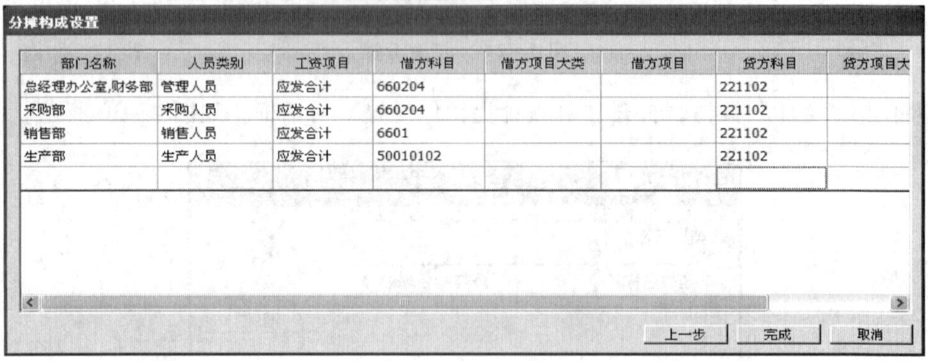

部门名称	人员类别	工资项目	借方科目	借方项目大类	借方项目	贷方科目	贷方项目大
总经理办公室,财务部	管理人员	应发合计	660204			221102	
采购部	采购人员	应发合计	660204			221102	
销售部	销售人员	应发合计	6601			221102	
生产部	生产人员	应发合计	50010102			221102	

图 4－33　应付福利费分摊构成设置

（2）分摊工资费用。

①执行“业务处理”→“工资分摊”命令，打开“工资分摊”对话框。

②选择需要分摊的计提费用类型，确定分摊计提的月份为“2019－1”。

③选择核算部门：综合部、采购部、销售部、生产部。

④选中“明细到工资项目”复选框，如图 4－34 所示。

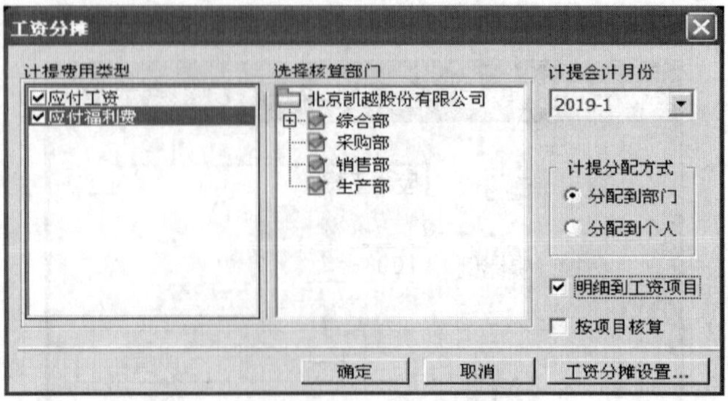

图 4－34　工资分摊

⑤单击“确定”按钮，打开“应付工资一览表”窗口。

⑥选中“合并科目相同、辅助项相同的分录”复选框，如图 4－35 所示。单击工具栏上的“制单”按钮，即可生成记账凭证。如图 4－36 所示。

⑦单击凭证左上角的“字”位置，选择“记账凭证”，输入附单据数，单击“保存”按钮，凭证左上角出现“已生成”标志，代表该凭证已传递到总账。

⑧单击工具栏上的“退出”按钮返回，再生成应付福利费凭证，如图 4－37、图 4－38 所示。

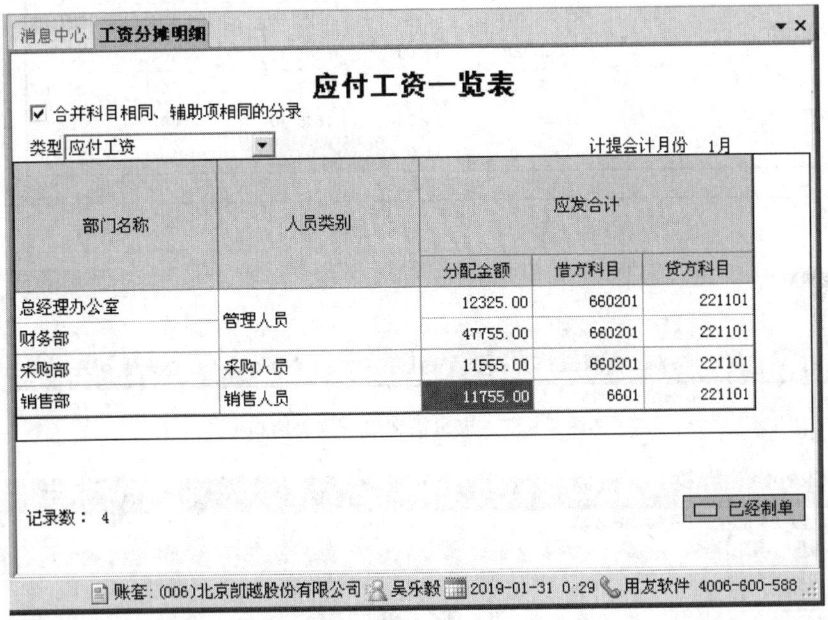

图 4－35　应付工资一览表窗口

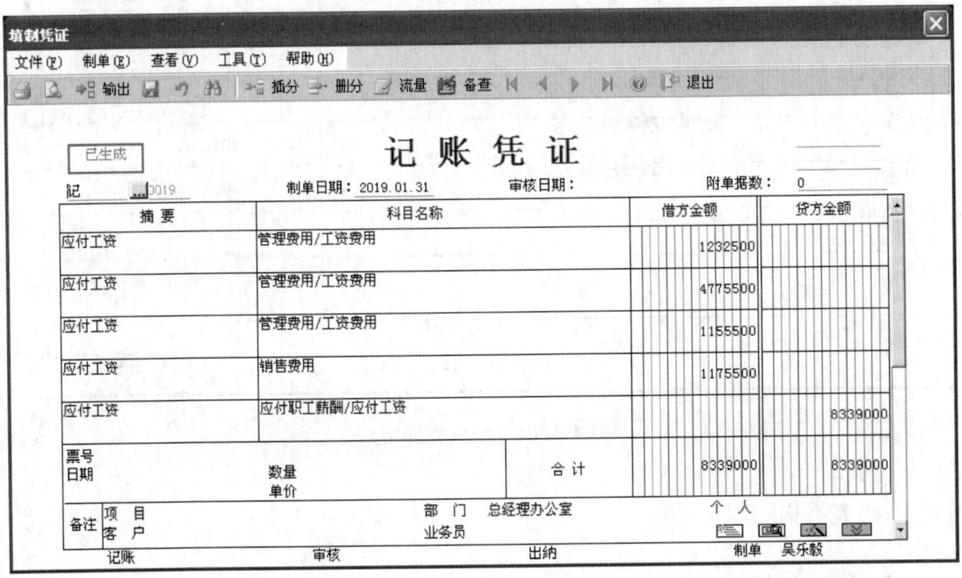

图 4－36　生成凭证窗口

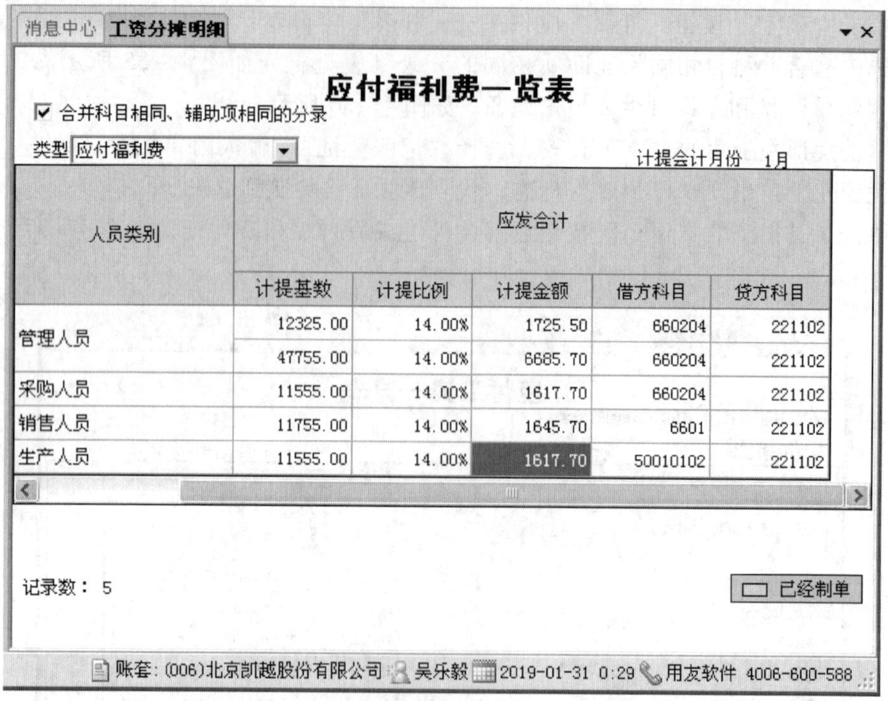

图 4－37 应付福利费一览表窗口

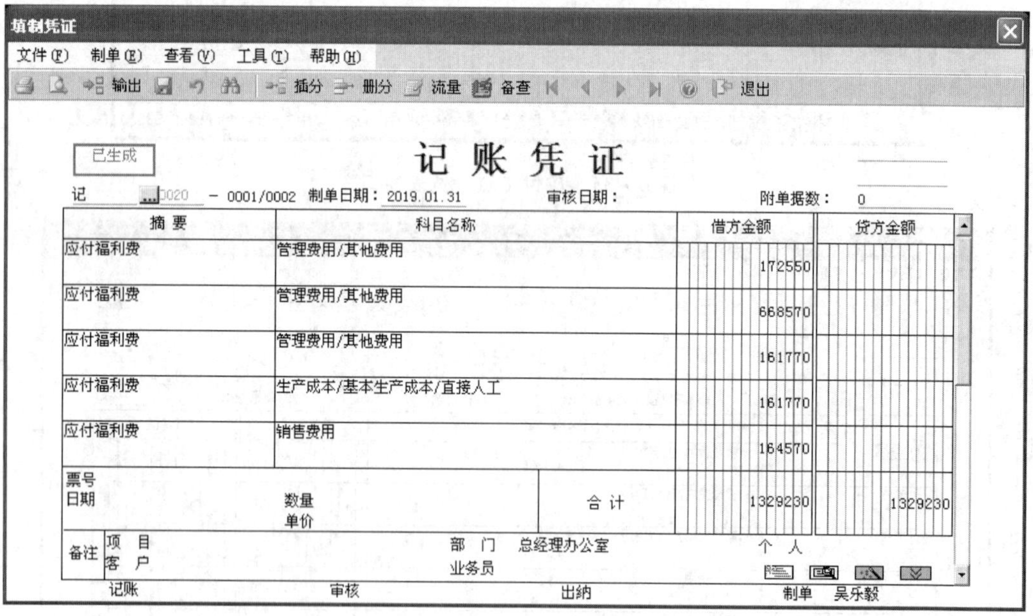

图 4－38 生成凭证窗口

（七）账表查询

1. 工资分钱清单

在本案例中，对临时工发放现金，因此只查看此工资类别的分钱清单。

(1) 执行“业务处理”→“工资分钱清单”命令，打开“票面额设置”对话框。

(2) 单击“确定”按钮，如图4－39所示，进入分钱清单窗口。可以查看“部门分钱清单”“人员分钱清单”和“工资发放取款单”。结果如图4－40所示，可分别单击查看各表。

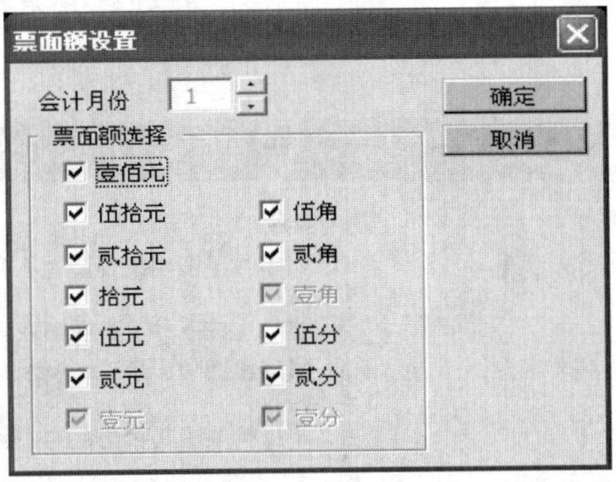

图4－39　票面额设置

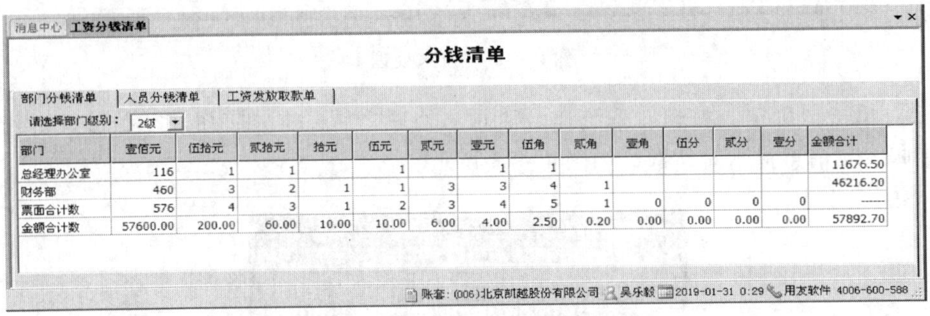

部门	壹佰元	伍拾元	贰拾元	拾元	伍元	贰元	壹元	伍角	贰角	壹角	伍分	贰分	壹分	金额合计
总经理办公室	116	1	1		1		1	1						11676.50
财务部	460	3	2	1	1	3	3	4	1					46216.20
票面合计数	576	4	3	1	2	3	4	5	1	0	0	0	0	------
金额合计数	57600.00	200.00	60.00	10.00	10.00	6.00	4.00	2.50	0.20	0.00	0.00	0.00	0.00	57892.70

图4－40　工资分钱清单

2. 各种工资表

(1) 执行“统计分析”→“账表”→“工资表”命令，打开“工资表”查看选择窗口。选择“人员类别汇总表”，如图4－41所示。

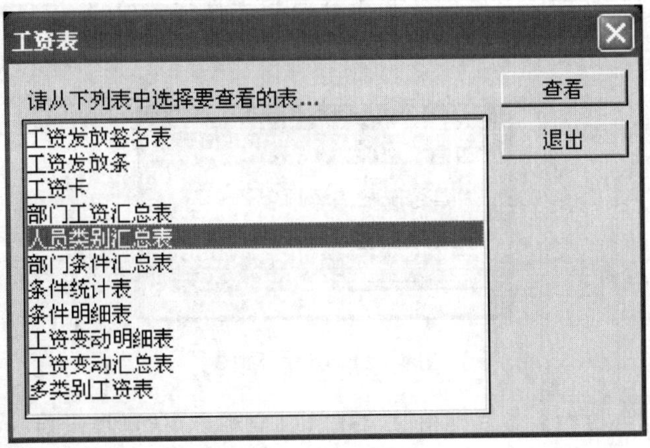

图4－41　工资表

（2）单击“查看”，可以显示查询结果。

（3）在系统提示下可分别查看各种工资表。

（八）月末处理

（1）执行“业务处理”→“月末处理”命令，打开“月末处理”对话框。如图 4－42 所示。

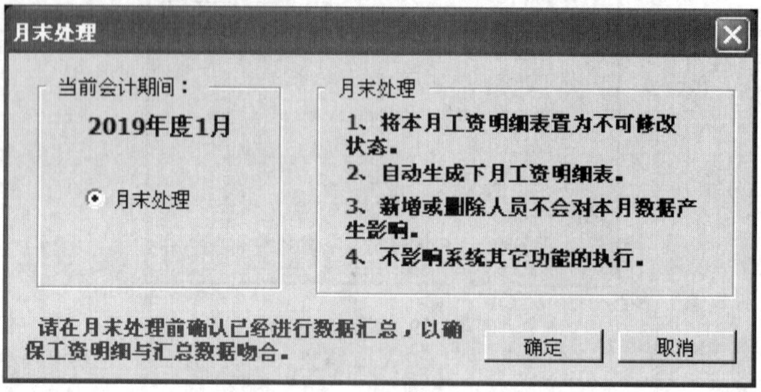
月末处理
当前会计期间：
2019年度1月
月末处理
月末处理
1、将本月工资明细表置为不可修改状态。
2、自动生成下月工资明细表。
3、新增或删除人员不会对本月数据产生影响。
4、不影响系统其它功能的执行。
请在月末处理前确认已经进行数据汇总，以确保工资明细与汇总数据吻合。
确定
取消

图 4－42　月末处理 1

（2）单击“确定”按钮，系统弹出“月末处理之后，本月工资将不许变动，继续月末处理吗？”信息提示对话框，如图 4－43 所示。

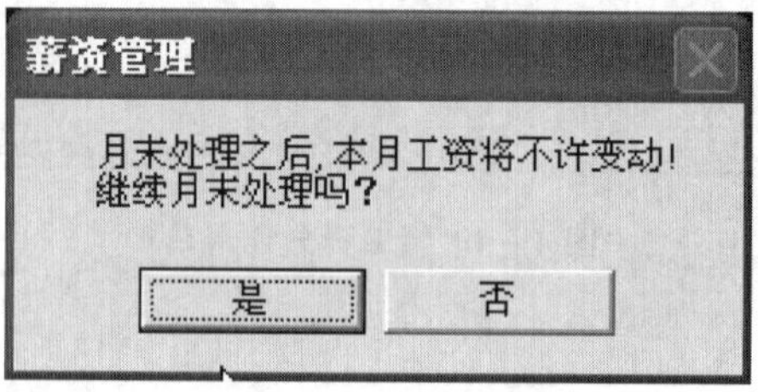
薪资管理
月末处理之后,本月工资将不许变动!
继续月末处理吗?
是
否

图 4－43　月末处理 2

（3）单击“是”按钮，系统继续弹出“是否选择清零项?”信息提示对话框，如图 4－44 所示。

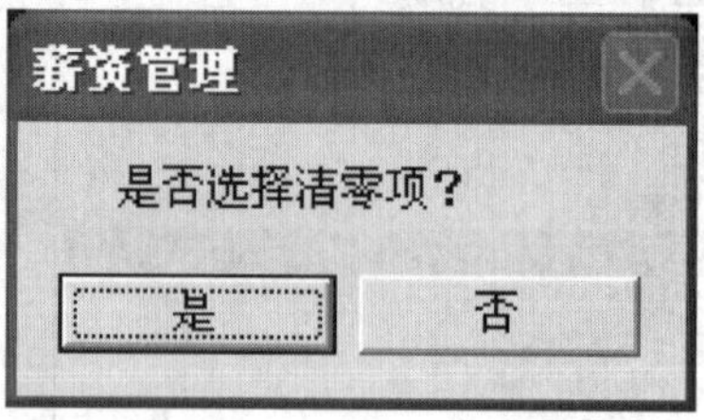
薪资管理
是否选择清零项?
是
否

图 4－44　月末处理 3

（4）单击“否”按钮，系统弹出“月末处理完毕！”信息提示对话框，单击“确定”按钮返回。如图 4－45 所示。

图 4－45　月末处理 4

应用提示

进行月末处理后，当月数据将不再允许变动。月末处理功能只有主管人员才能使用。

项目五
固定资产管理系统项目

学习目标

通过项目五学习，能够进行用友 ERP－U872 软件的固定资产管理系统初始化处理，熟练操作日常业务处理及月末处理。

一、项目资料

（一）固定资产账套参数

启用日期：2019－01－01

计提折旧主要折旧方法：平均年限法（一）

汇总分配期间：1 个月，当（月初已计提月份＝可使用月份－1）时，将剩余折旧全部提足

类别编码：2－1－1－2，自动编码

序号长度：5 位

与账务系统对账，固定资产对账科目：“1601 固定资产”；累计折旧对账科目：“1602 累计折旧”。

（二）基础设置

1. 账套选项

选择业务发生后立即制单，缺省科目：1601，1602，1603。

2. 部门对应折旧科目（见表 5－1）

表 5－1

部门编码	部门名称	折旧科目
01	综合部	660203
02	采购部	660203
03	销售部	6601
04	生产部	5101

3. 固定资产类别（见表5－2）

表5－2

类别编码	类别名称	计提属性	折旧方法	净残值率
01	房屋建筑物	正常计提	平均年限法	5%
02	专用设备	正常计提	平均年限法	5%
03	交通设备	正常计提	平均年限法	3%
04	办公设备	正常计提	平均年限法	3%
05	其他	正常计提	平均年限法	3%

4. 增减方式（见表5－3）

表5－3

增加方式			减少方式		
编码	方式	对应科目	编码	方式	对应科目
101	直接购入	100201	201	出售	1606
102	投资者投入	4001	202	盘亏	190102
103	捐赠	6301	203	投资转出	1511
104	盘盈	190102	204	捐赠转出	6711
105	在建工程转入	1604	205	报废	1606
106	融资租入	2701	206	毁损	1606

5. 录入原始卡片（见表5－4）

表5－4

名称	类别	规格	部门	使用年限	开始使用日期	原值	累计折旧	残值率
办公楼	01	2000平方	多部门	30年	2015－11－01	73万	71276.39	5%
捷达车	03	S5Y	总经办	5年	2018－01－09	10万	17783.33	3%
铣床	02	M12	生产部	4年	2018－06－11	2万	2425	3%
车床	02	S2000	生产部	10年	2016－01－01	25万	69270.83	5%
电脑	04	联想天禧	总经办	4年	2018－05－08	9000	1273.13	3%
电脑	04	联想天鹤	财务部	4年	2017－06－11	13000	4728.75	3%
电脑	04	联想天鹤	销售部	4年	2018－01－23	13000	2889.79	3%
电脑	04	HP	生产部	4年	2018－01－25	75408	16762.57	3%
电脑	04	HP	生产部	4年	2018－01－29	50272	11175.05	3%
合计						1260680	197584.84	

办公楼各部门的使用比例为：总经办“10%”，财务部“10%”，采购部“10%”，销售部“10%”，生产部“60%”。

系统默认固定资产卡片项目、卡片样式，并根据上述资料设置固定资产类别，完成固定资产原始卡片的录入工作。

（三）2019 年 1 月份发生固定资产业务

（1）当月 28 日购入惠普传真机一台，价值 2852 元，总经理办公室使用，使用年限 5 年，平均年限法，净残值率 10%。

（2）当月 29 日购进笔记本电脑一台，价值为 18935.86 元，型号 SY50，属于专用设备，生产一部使用，使用年限 4 年，净残值率 5%，平均年限法。

（3）计提折旧。

（4）当月 31 日将捷达车出售，收回 7.8 万元，转账支票结算（票号 zz00501），并生成凭证。

二、项目要求

（1）以“101 学生姓名”的身份完成固定资产账套的初始设置；

（2）以“101 学生姓名”的身份完成固定资产账套的基本信息设置；

（3）以“104 王富刚”的身份处理日常经济业务；

（4）对生成的凭证，以“103 张馨月”进行出纳签字、以“101 学生姓名”进行审核和主管签字、“102 李若曦”进行记账；

（5）以“104 王富刚”的身份进行月末处理。

三、项目指导

（一）固定资产管理系统的启用与初始化

1. 固定资产管理系统的启用

（1）执行“开始”→“程序”→“用友 ERP－U872”→“企业应用平台”命令，打开“企业应用平台”对话框。

（2）输入操作员“101 学生姓名”，在“账套”下拉列表框中选择“006 北京凯越股份有限公司”；“操作日期”为“2019－01－01”，单击“确定”按钮，进入企业应用平台。

2. 固定资产管理系统初始化

（1）执行“开始”→“程序”→“用友 ERP－U872”→“企业应用平台”命令，打开“企业应用平台”对话框。确定信息：账套“006 北京凯越股份有限公司”，操作日期“2019.01.01”，用户名“101 学生姓名”，进入企业应用平台。

（2）执行“财务会计”→“固定资产”命令，打开“固定资产”对话框。

（3）系统弹出“这是第一次打开此账套，还未进行过初始化，是否进行初始化？”提示信息对话框。如图 5－1 所示。

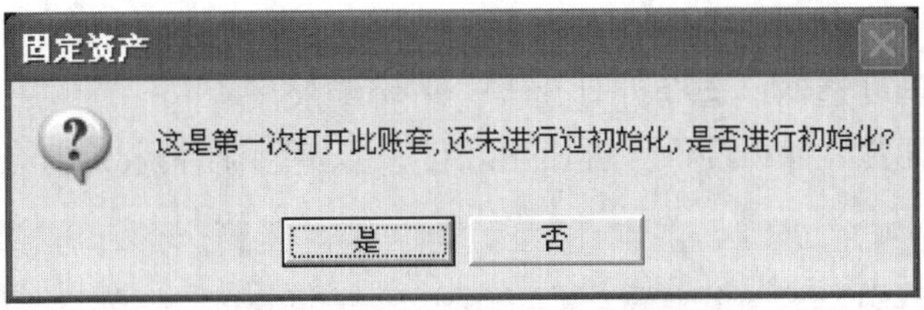
固定资产
这是第一次打开此账套,还未进行过初始化,是否进行初始化?
是
否

图 5-1　固定资产初始化提示框

(4) 单击“是”按钮，打开“固定资产初始化向导——约定及说明”窗口。如图 5-2 所示。

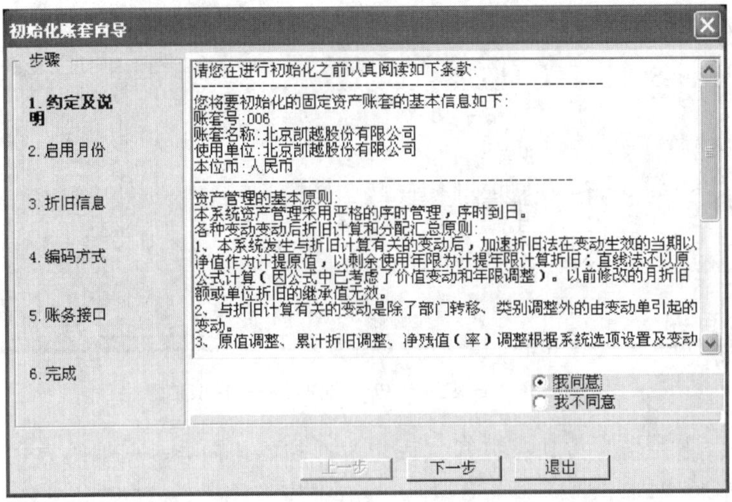
初始化账套向导
步骤
1. 约定及说明
2. 启用月份
3. 折旧信息
4. 编码方式
5. 账务接口
6. 完成
请您在进行初始化之前认真阅读如下条款:
您将要初始化的固定资产账套的基本信息如下:
账套号:006
账套名称:北京凯越股份有限公司
使用单位:北京凯越股份有限公司
本位币:人民币
资产管理的基本原则:
本系统资产管理采用严格的序时管理，序时到日。
各种变动变动后折旧计算和分配汇总原则:
1、本系统发生与折旧计算有关的变动后，加速折旧法在变动生效的当期以净值作为计提原值，以剩余使用年限为计提年限计算折旧；直线法还以原公式计算（因公式中已考虑了价值变动和年限调整）。以前修改的月折旧额或单位折旧的继承值无效。
2、与折旧计算有关的变动是除了部门转移、类别调整外的由变动单引起的变动。
3、原值调整、累计折旧调整、净残值（率）调整根据系统选项设置及变动
我同意
我不同意
上一步
下一步
退出

图 5-2　固定资产初始化向导——约定及说明

(5) 单击“下一步”按钮，打开“固定资产初始化向导——启用月份”窗口。选择启用月份“2019. 01”。如图 5-3 所示。

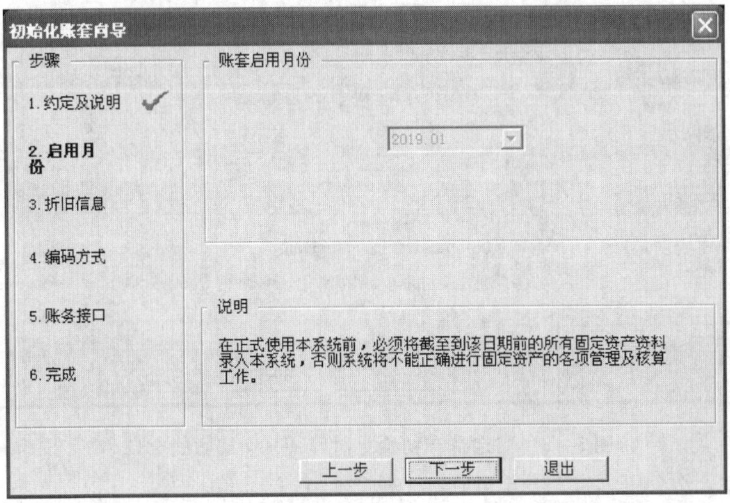
初始化账套向导
步骤
1. 约定及说明
2. 启用月份
3. 折旧信息
4. 编码方式
5. 账务接口
6. 完成
账套启用月份
2019.01
说明
在正式使用本系统前，必须将截至到该日期前的所有固定资产资料录入本系统，否则系统将不能正确进行固定资产的各项管理及核算工作。
上一步
下一步
退出

图 5-3　固定资产初始化向导——启用月份

（6）单击“下一步”按钮，打开“固定资产初始化向导——折旧信息”窗口。选中“本账套计提折旧”复选框；选择折旧方法“平均年限法（一）”，折旧分配周期“1 个月”；选中“当（月初已计提月份＝可使用月份－1）时，将剩余折旧全部提足”复选框。如图 5－4 所示。

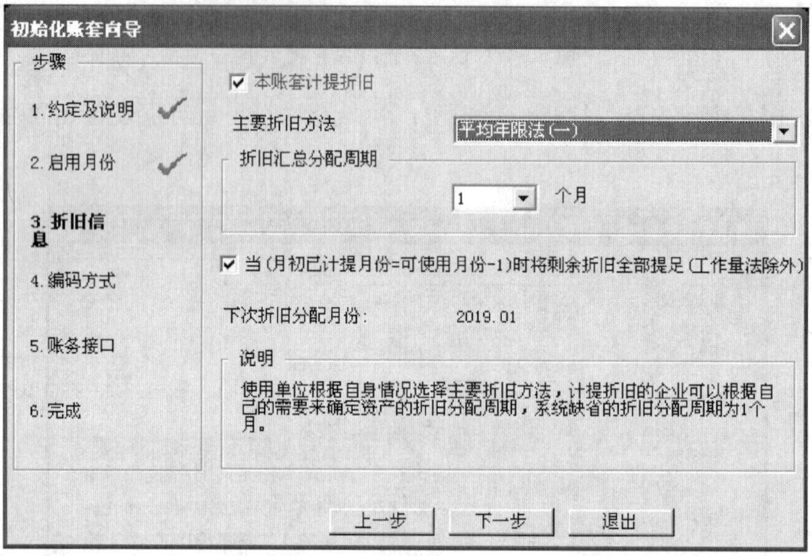

图 5－4　固定资产初始化向导——折旧信息

（7）单击“下一步”按钮，打开“固定资产初始化向导——编码方式”窗口。确定资产类别编码长度 2112；选择“自动编码”，选择序号长度 5 。如图 5－5 所示。

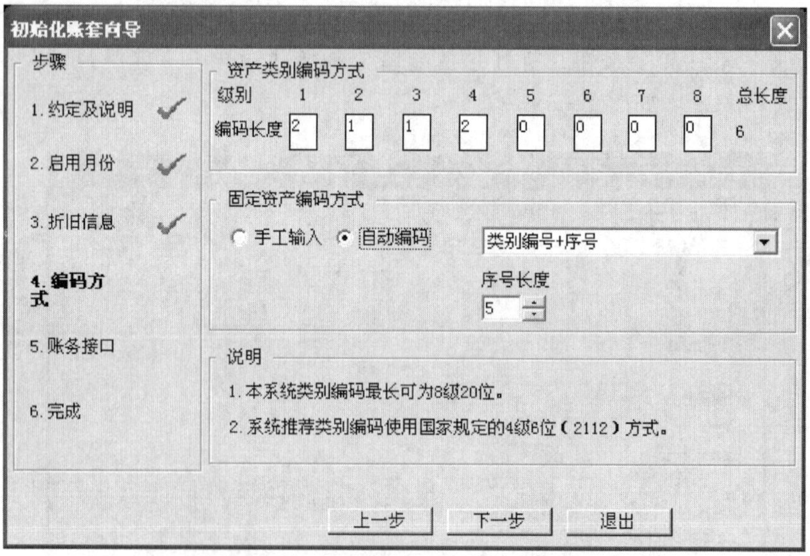

图 5－5　固定资产初始化向导——编码方式窗口

（8）单击“下一步”按钮，打开“固定资产初始化向导——账务接口”窗口。选中“与账务系统进行对账”复选框；选择固定资产的对账科目“固定资产（1601）”，累计折旧的对账科目“累计折旧（1602）”。选择“在对账不平衡下允许固定资产月末结账”复选框，如图 5－6 所示。

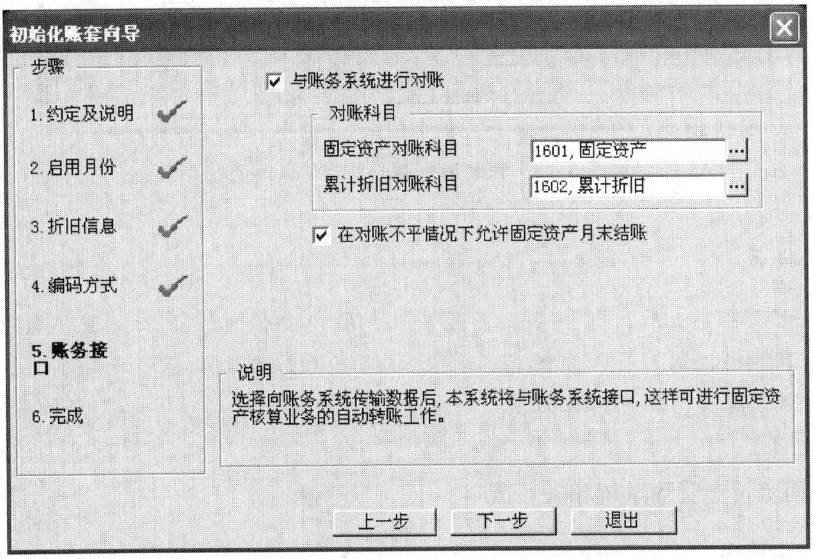

图 5－6　固定资产初始化向导——账务接口窗口

（9）单击“下一步”按钮，打开“固定资产初始化向导——完成”窗口。单击“完成”按钮，如图 5－7 所示。

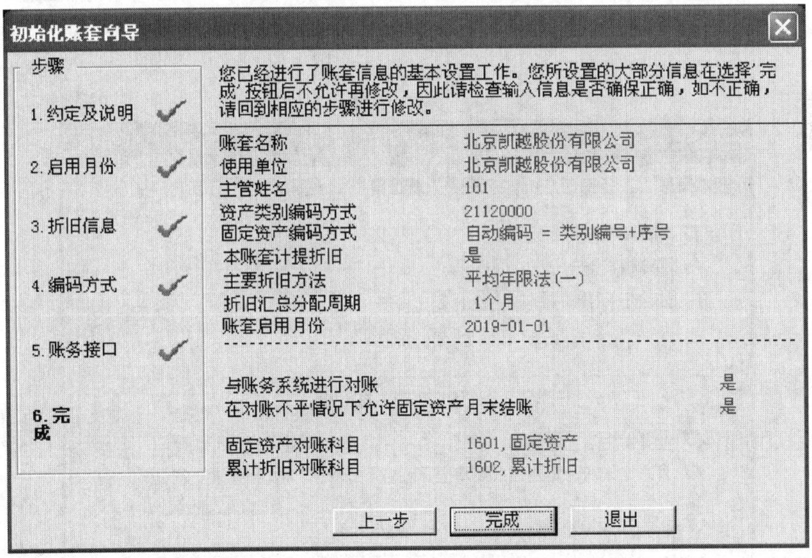

图 5－7　固定资产初始化向导——完成窗口

（10）完成本账套的初始化，系统弹出“是否确定所设置的信息完全正确并保存对新账套的所有设置?”信息提示对话框。如图 5－8 所示。单击“是”按钮，系统弹出“已成功初始化本固定资产账套”信息提示对话框，“确定”按钮。

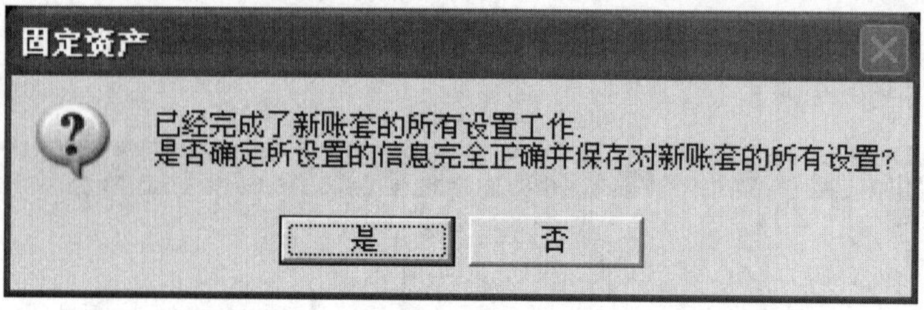

图 5－8　账套设置完成提示信息对话框

应用提示

初始化设置完成后，有些参数不能修改，所以要慎重。如果发现参数有错，必须改正，只能通过固定资产系统“工具”→“重新初始化账套”命令实现，该命令将清空对该子账套所做的一切设置。

（二）固定资产管理系统相关设置

1. 选项卡设置

（1）执行“设置”→“选项”命令，进入“选项”窗口，如图 5－9 所示。

（2）单击“编辑”按钮，打开“与账务系统接口”选项卡。

（3）选中“业务发生后立即制单”复选框；［固定资产］缺省入账科目为“固定资产（1601）”、［累计折旧］缺省入账科目为“累计折旧（1602）”，［减值准备］缺省入账科目为“固定资产减值准备（1603）”，其余为系统默认值，设置完成后单击“确定”按钮。

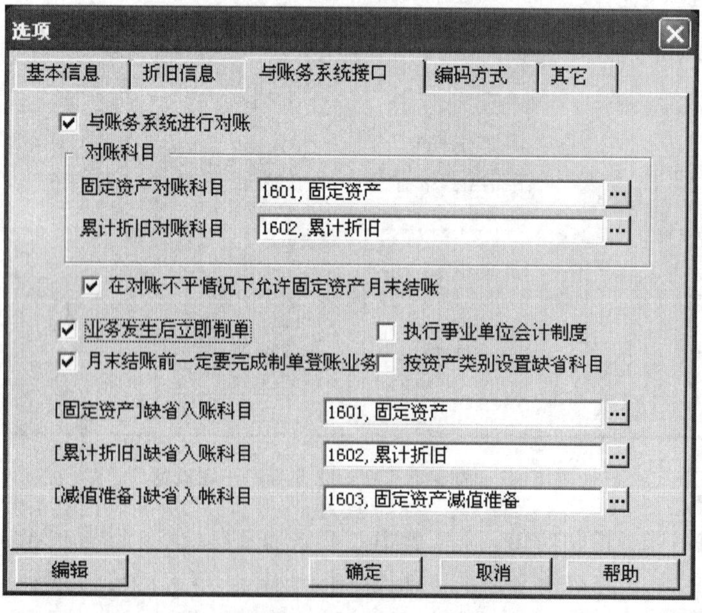

图 5－9　选项卡——与账务系统接口

2. 部门对应折旧科目的设置

（1）执行“设置”→“部门对应折旧科目设置”命令，进入“部门编码表”窗口。

（2）选择部门“总经理办公室”，单击“修改”按钮。

（3）选择折旧科目“管理费用／折旧费（660203）”，单击“保存”按钮。

（4）同理，完成对其他部门对应折旧科目的设置，结果如图5－10所示。

图5－10　部门对应折旧科目

3. 资产类别的设置

（1）执行“设置”→“资产类别”，进入“类别编码表”窗口。

（2）单击“增加”按钮，输入类别名称“房屋及建筑物”，净残值率“5%”；选择计提属性“正常计提”，折旧方法“平均年限法（一）”，卡片样式“通用样式”，单击“保存”按钮。

（3）同理，完成其他资产类别的设置。结果如图5－11所示。

图5－11　设置资产类别结果窗口

应用提示

资产类别编码不能重复，同一级的类别名称不能相同。类别编码、名称、计提属性、卡片样式不能为空。已使用过的类别不能设置新下级。

4. 设置增减方式

（1）执行“设置”→“增减方式”命令，进入增减方式窗口。

（2）在左侧列表框中，单击“直接购入”增加方式，单击“修改”按钮。

（3）输入对应入账科目“工行存款（100201）”，单击“保存”按钮。

（4）同理，依据项目资料设置的“增减方式”结果，如图 5－12 所示。

图 5－12　增减方式窗口

5. 其他设置

对于“使用状况”“折旧方法”“卡片项目”“卡片样式”等不再另行设置。

（三）卡片

1. 录入原始卡片

（1）执行“卡片”→“录入原始卡片”命令，进入“资产类别参照”窗口。

（2）选择固定资产类别“01 房屋及建筑物”。单击“确定”按钮，进入“固定资产卡片录入”窗口。

（3）“固定资产名称”处输入“办公楼”，单击“部门名称”如图 5－13 所示。

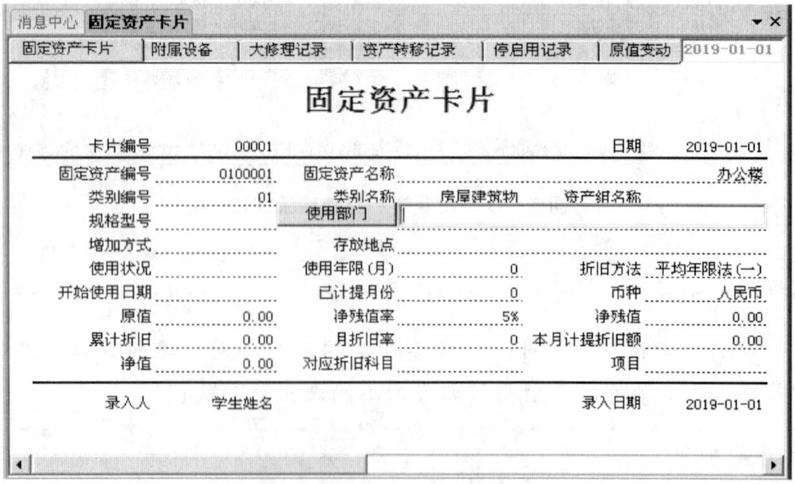

图 5－13　录入固定资产原始卡片 1

（4）系统提示是“单部门使用还是多部门使用”，选择“多部门使用”。依次输入各部门名称、使用比例、对应折旧科目、项目大类等内容，输入后单击“确定”。结果如图5－14所示。

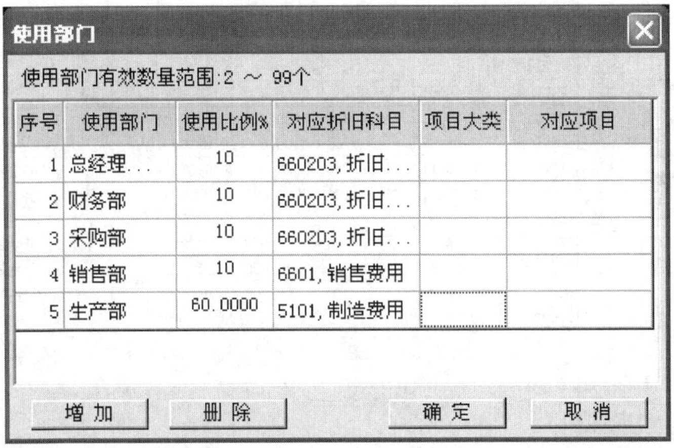

图5－14　录入固定资产原始卡片2

（5）在“开始使用日期”处输入“2015－11－01”，在“原值”处输入“730000.00”，双击“增加方式”选择“直接购入”，双击“使用状况”选择“在用”；累计折旧输入“71276.39”；输入可使用年限“360”，其他信息自动计算出。如图5－15所示。

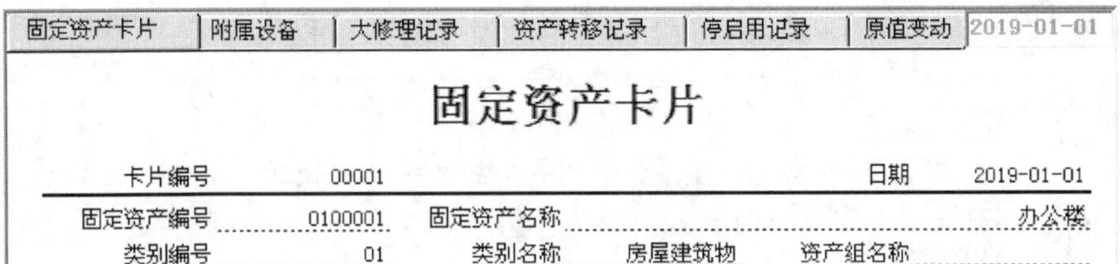

图5－15　录入固定资产原始卡片3

（6）单击“保存”按钮，系统弹出“数据成功保存！”提示信息对话框，单击“确定”按钮。

（7）同理，完成对其他固定资产卡片的输入。

2. 卡片管理

执行“卡片”→“卡片管理”命令，进入“卡片管理”窗口。查询已经录入的卡片，如图 5－16 所示。

卡片编号	开始使用日其	使用年限(月	原值	固定资产编号	净残值率	录入人
00001	2015.11.01	360	730,000.00	0100001	0.05	学生姓名
00002	2018.01.09	60	100,000.00	0300001	0.03	学生姓名
00003	2018.06.11	48	20,000.00	0200001	0.03	学生姓名
00004	2016.01.01	120	250,000.00	0200002	0.05	学生姓名
00005	2018.05.08	48	9,000.00	0200003	0.03	学生姓名
00006	2017.06.11	48	13,000.00	0400001	0.03	学生姓名
00007	2018.01.23	48	13,000.00	0400002	0.03	学生姓名
00008	2018.01.25	48	75,408.00	0400003	0.03	学生姓名
00009	2018.01.29	48	50,272.00	0400004	0.03	学生姓名
合计：(共			1,260,680.00			

图 5－16 卡片查询结果

应用提示

开始使用日期一定要采用“2015－11－01”的方式。如果使用系统编号，要删除一张卡片，且不是最后一张时，系统将保留空号。已计提月份由系统将根据开始使用日期自动计算出。月折旧率、月折旧额等与计算折旧有关的项目输入后，系统会按照输入的内容自动计算出并显示在相应项目内，可与手工计算的值比较，核对是否有错误。

3. 资产增加

业务 1：当月 28 日购入惠普传真机一台供总经理办公室使用。价值 2852 元，使用年限 5 年，平均年限法，净残值率 10%。

（1）更换操作员为“104 王富刚”，执行“卡片”→“资产增加”命令，进入“资产类别参照”窗口。

（2）选择资产类别：“办公设备”，单击“确定”按钮，进入“固定资产卡片”增加窗口。

（3）输入固定资产名称“传真机”，双击“使用部门”选择“总经理办公室”，双击“增加方式”选择“直接购入”，双击“使用状况”选择“在用”；输入原值“2852.00”，可使用年限（月）“60”，开始使用日期“2019－01－28”。如图 5－17 所示。

图 5－17　固定资产卡片

（4）单击“保存”按钮，进入“填制凭证”窗口。

（5）选择凭证类型为“记账凭证”，修改制单日期输入“2019－01－31”，附件填“3”，如图 5－18 所示。单击“保存”，凭证显示“已生成”。

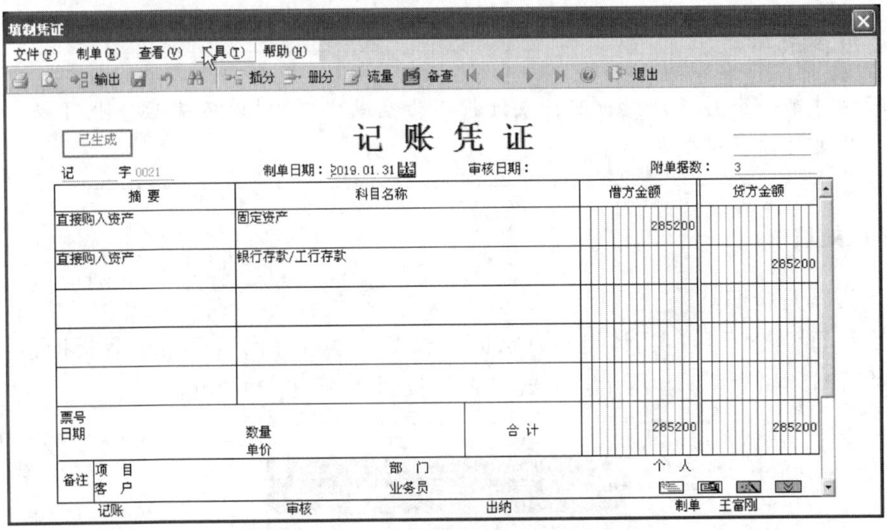

图 5－18　增加固定资产凭证窗口

业务 2：当月 29 日购进笔记本电脑一台，价值为 18935.86 元，型号 SY50，属于专用设备，生产部使用，使用年限 4 年，净残值率 5%，平均年限法折旧。

（1）执行“卡片”→“资产增加”命令，进入“资产类别参照”窗口。

（2）选择资产类别：“专用设备”，单击“确认”按钮，进入“固定资产卡片”增加窗口。

（3）输入固定资产名称“电脑”，双击“使用部门”选择“生产一部”，双击“增加方式”选择“直接购入”，双击“使用状况”选择“在用”；输入原值“18935.86”，使用年限（月）为“48”，开始使用日期“2019－01－29”。如图 5－19 所示。

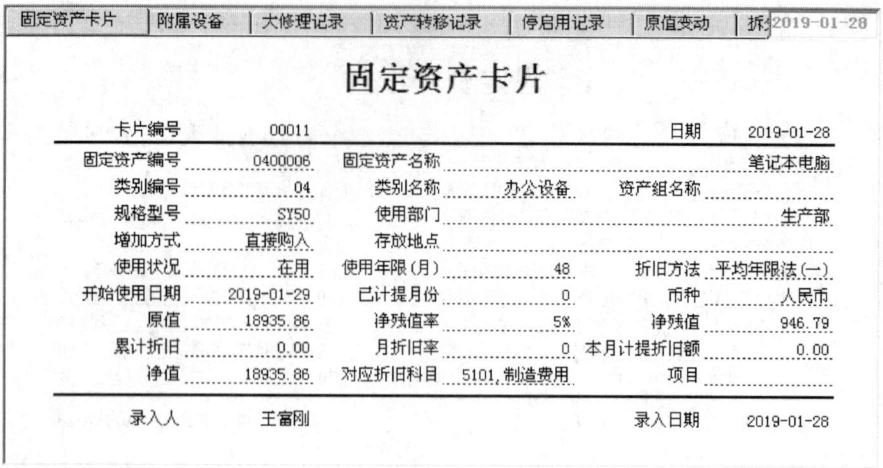

图 5－19　固定资产卡片

（4）单击“保存”按钮，进入“填制凭证”窗口。

（5）选择凭证类型为“记账凭证”，修改制单日期、附件数。

（6）单击“保存”，凭证显示“已生成”。

应用提示

新卡片第一个月不计提折旧，累计折旧为空或0。卡片输入完后，也可以不立即制单，月末可以批量制单。

（四）处理

1. 计提本月折旧

（1）执行“处理”→“计提本月折旧”命令，系统弹出“是否查看折旧清单？”信息提示对话框，如图 5－20 所示。单击“否”按钮。

图 5－20　信息提示

（2）系统继续弹出“本操作将计提本月折旧，并花费一定时间，是否要继续？”提示信息对话框，如图 5－21 所示。单击“是”按钮。

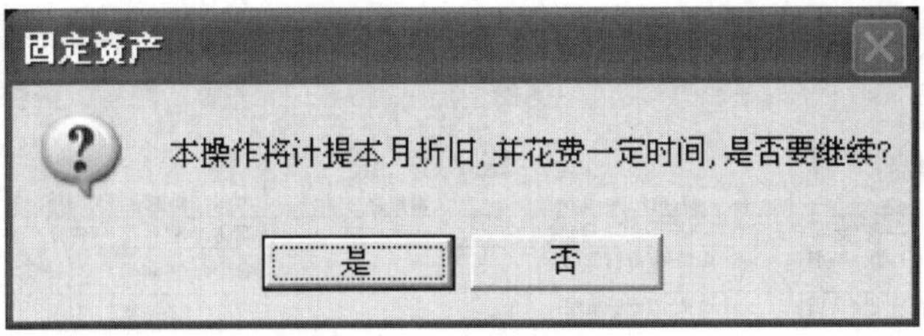

图 5－21　信息提示窗口

2. 折旧清单

执行“处理”→“折旧清单”命令，系统会进入“折旧清单”窗口，查看折旧计提情况，如图 5－22 所示。

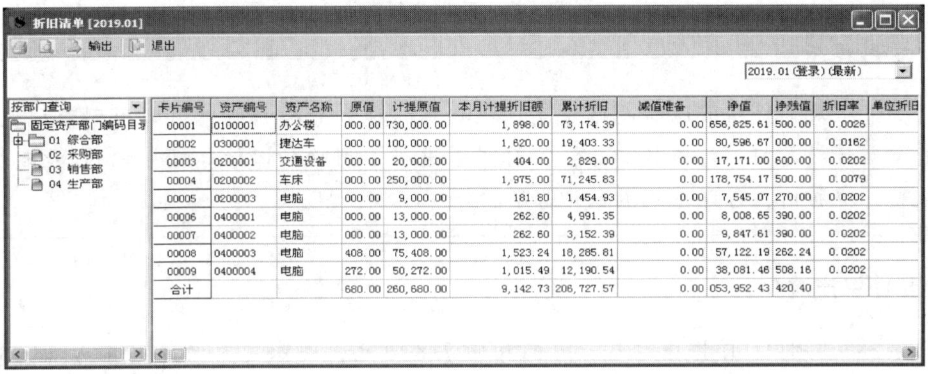

图 5－22　折旧清单

3. 折旧分配表

执行“处理”→“折旧分配表”命令，进入“折旧分配表”窗口，如图 5－23 所示。单击“凭证”按钮，进入“填制凭证”窗口，选择“记账凭证”，按项目内容修改其他项目，单击“保存”按钮。如图 5－24 所示。

图 5－23　折旧分配表窗口

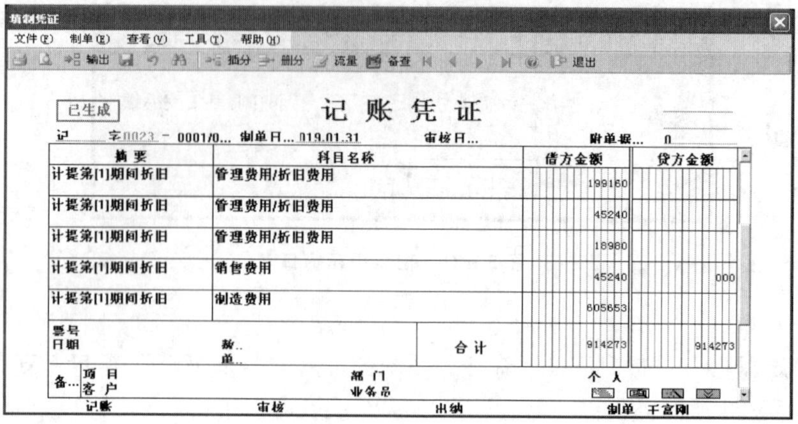

图 5－24　折旧生成凭证

应用提示

如果上次计提折旧已通过记账凭证把数据传递到账务系统，则必须删除该凭证才能重新计提折旧。计提折旧后，又对账套进行了影响折旧计算或分配的操作，必须重新计提折旧，否则系统不允许结账。

（五）资产减少

业务3：当月31日将捷达车出售，收回7.8万元，转账支票结算（票号zz00501），并生成凭证。

企业会计制度规定：本月减少的固定资产照提折旧，因此，本账套需要进行计提折旧后，才能减少资产。

（1）执行“卡片”→“资产减少”命令，进入“资产减少”窗口。

（2）选择卡片编号00002，单击“增加”按钮。

（3）选择减少方式为“毁损”，单击“确定”按钮。

（4）进入“处理”，选择“批量制单”，双击单选择，出现“Y”。如图5－25所示。

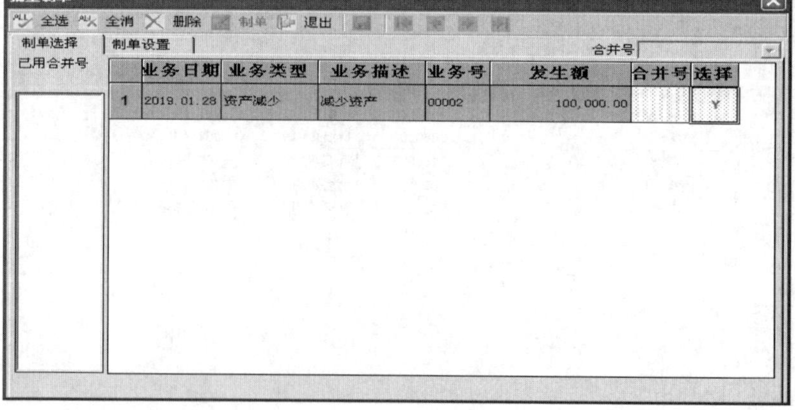

图 5－25　批量制单 1

（5）选择“制单设置”选项卡，如图 5－26 所示。

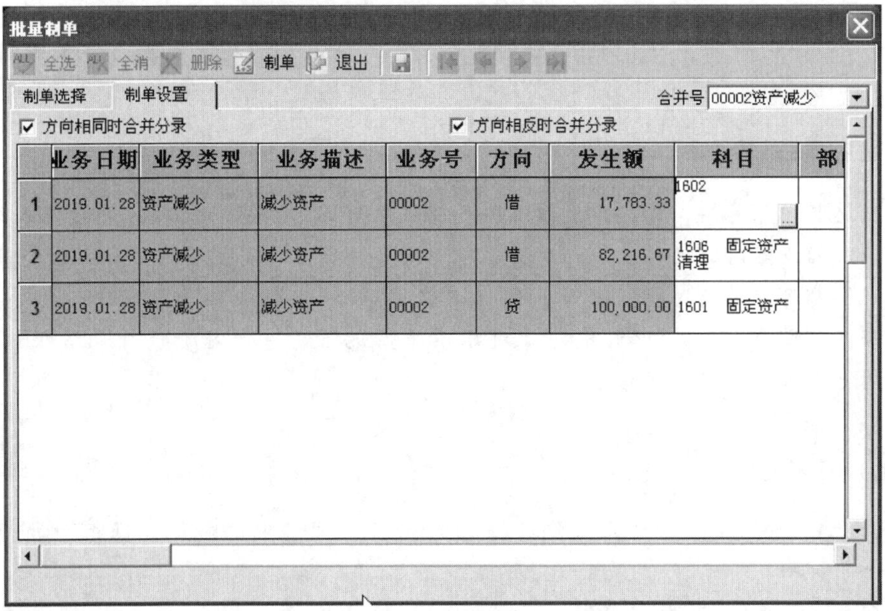

图 5－26　批量制单 2

（6）单击“制单”，选择凭证类型为“记账凭证”，单击“保存”，出现“已生成”。如图 5－27 所示。之后退出。

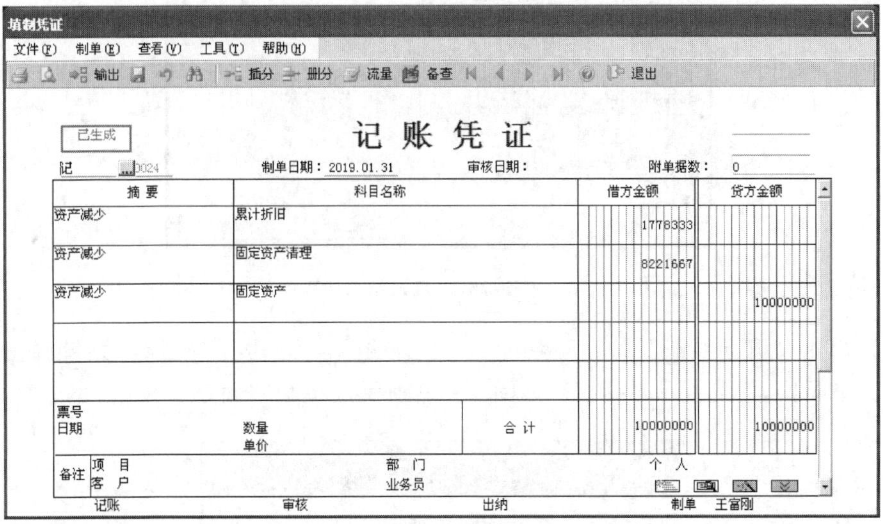

图 5－27　资产减少记账凭证

应用提示

资产减少应在计提折旧之后进行，否则系统提示应计提本月折旧。

（六）对账

（1）执行“处理”→“对账”命令，进入“对账”窗口。

（2）单击“确定”退出。

应用提示

当总账记账完毕，固定资产系统才可以进行对账。对账平衡后，开始月末结账。如果在初始设置时，选择了“与账务系统对账”功能，对账的操作不限制执行时间，任何时候都可以进行对账。

若在“账务接口”中选中“在对账不平情况下允许固定资产月末结账”复选框，则可以直接进行月末结账。

（七）月末处理

（1）执行“处理”→“月末结账”命令，打开“月末结账”对话框。如图 5－28 所示。

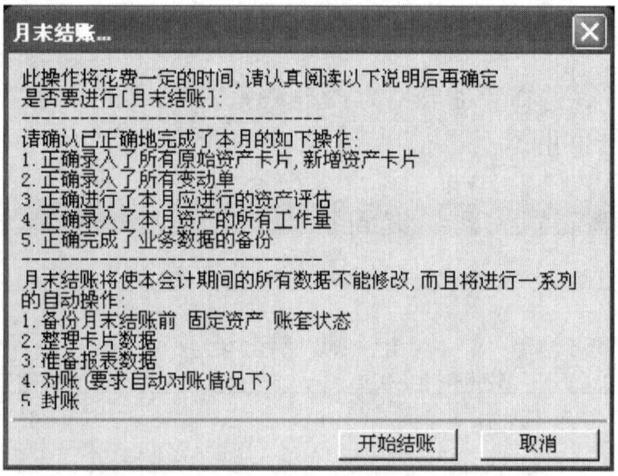
月末结账...
此操作将花费一定的时间，请认真阅读以下说明后再确定
是否要进行[月末结账]:
请确认已正确地完成了本月的如下操作:
1. 正确录入了所有原始资产卡片，新增资产卡片
2. 正确录入了所有变动单
3. 正确进行了本月应进行的资产评估
4. 正确录入了本月资产的所有工作量
5. 正确完成了业务数据的备份
月末结账将使本会计期间的所有数据不能修改，而且将进行一系列
的自动操作:
1. 备份月末结账前 固定资产 账套状态
2. 整理卡片数据
3. 准备报表数据
4. 对账(要求自动对账情况下)
5. 封账
开始结账
取消

图 5－28　月末结账 1

（2）单击“开始结账”按钮，系统弹出对账结果，单击“确定”，系统弹出“月末结账成功完成！”信息提示对话框。如图 5－29 所示。单击“确定”按钮。

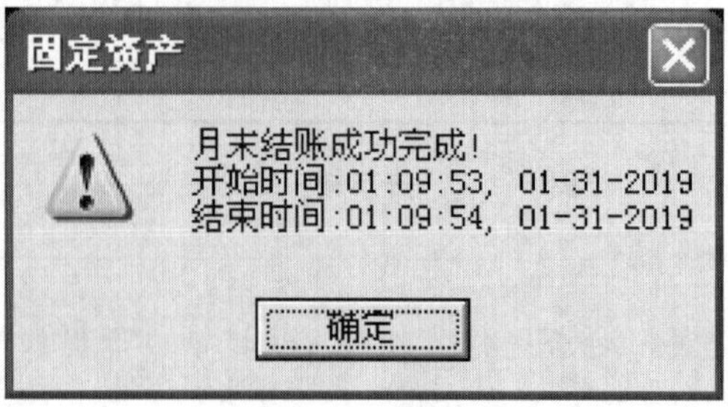
固定资产
月末结账成功完成!
开始时间:01:09:53, 01-31-2019
结束时间:01:09:54, 01-31-2019
确定

图 5－29　月末结账 2

应用提示

本会计期间做完月末结账工作后，所有数据资料将不能再进行修改。本会计期间未做完月末结账工作，系统将不允许处理下一个会计期间的数据。月末结账前一定要进行数据备份，否则数据一旦丢失，将造成无法挽回的后果。

应用提示

如果在结账后发现结账前操作有误，必须修改结账前的数据，则可以使用“恢复结账前状态”功能，又称“反结账”，即将数据恢复到月末结账前状态，结账时所做的所有工作都被无痕迹删除。

在总账管理系统未进行月末结账时，才可以使用恢复结账前状态功能。一旦本系统提取了某期的数据，该期不能反结账。如果当前的账套已经做了年末处理，那么就不允许再执行“恢复月初状态”操作。

（八）账表

（1）执行“账表”→“我的账表”命令，进入系统。

（2）单击“分析表”，选择“ 部门构成分析表”。

（3）双击“部门构成分析表”按钮，打开“条件”对话框。

（4）选择“按类别的第一级汇总”，期间“2019.01”。单击“确定”按钮。如图5-30所示。显示部门构成分析表，如图5-31所示。

图5-30　条件对话框

使用部门	资产类别	数量	计量单位	期末原值	部门百分比%	占总值百分比%
综合部(01)		3.20		170,852.00	100.000	14.45
总经理办公室(010		2.10		84,852.00	49.664	7.18
	房屋建筑物(01)	0.10		73,000.00	42.727	6.17
	专用设备(02)	1.00		9,000.00	5.268	0.76
	办公设备(04)	1.00		2,852.00	1.669	0.24
财务部(0102)		1.10		86,000.00	50.336	7.27
	房屋建筑物(01)	0.10		73,000.00	42.727	6.17
	办公设备(04)	1.00		13,000.00	7.609	1.10
采购部(02)		0.10		73,000.00	100.000	6.17
	房屋建筑物(01)	0.10		73,000.00	100.000	6.17
销售部(03)		1.10		86,000.00	100.000	7.27
	房屋建筑物(01)	0.10		73,000.00	84.884	6.17
	办公设备(04)	1.00		13,000.00	15.116	1.10
生产部(04)		5.60		852,615.86	100.000	72.10
	房屋建筑物(01)	0.60		438,000.00	51.371	37.04
	专用设备(02)	2.00		270,000.00	31.667	22.83
	办公设备(04)	3.00		144,615.86	16.961	12.23
合计		10.00		,182,467.86	100.000	100.00

图 5－31 部门构成分析表

项目六
会计报表系统

学习目标

通过项目六的学习，理解报表编制的原理及流程，熟练掌握报表格式定义、公式定义的操作方法。熟练掌握报表单元公式的定义以及利用报表模板生成会计报表。

一、项目资料

（一）货币资金表（见表6-1）

表6-1 **货币资金表**

单位名称： 年 月 日 单位：元

项目	行次	期初数	期末数
库存现金	1		
银行存款	2		
其他货币资金	3		
合计	4		

审核人： 制表人：

1. 报表格式

（1）表头。标题“货币资金表”设置为黑体、14号、居中；单位名称和年、月、日应设置为关键字。

（2）表体。表体中文字设置为楷体、12号、居中。

（3）表尾及金额单位。“单位”“审核人”“制表人”设置为宋体、10号、第3.4栏右对齐。

2. 报表公式

（1）库存现金期初数：C4 = QC（“1001”，月）；

（2）库存现金期末数：D4 = QM（“1001”，月）；

（3）银行存款期初数：C5 = QC（“1002”，月）；

（4）银行存款期末数：D5＝QM（“1002”，月）；
（5）其他货币资金期初数：C6＝QC（“1012”，月）；
（6）其他货币资金期末数：D6＝QM（“1012”，月）；
（7）期初数合计：C7＝C4＋C5＋ C6；
（8）期末数合计：D7＝D4＋D5＋ D6。

（二）资产负债表

利用报表模板生成资产负债表。

（三）利润表

利用报表模板生成利润表。

（四）现金流量表主表

利用报表模板生成现金流量表主表。

二、项目要求

（1）以“101 学生姓名”的身份进行 UFO 报表管理操作；
（2）以“101 学生姓名”的身份制作货币资金表；
（3）正确定义报表取数公式；
（4）正确生成资产负债表、利润表。

三、项目指导

（一）自定义一张货币资金表

1. 启动 UFO 报表管理系统

（1）执行“开始”→“程序”→“用友 ERP－U872”→“企业应用平台”命令，打开“注册企业应用平台”对话框。输入操作员“101”；在“账套”下拉列表框中选择“006 北京凯越股份有限公司”；更改“操作日期”为“2019－1－31”；单击“确定”按钮，进入用友 ERP－U872 软件的“企业应用平台”窗口。

（2）执行“业务”→“财务会计”→“UFO 报表”。

（3）进入报表管理系统的后，执行“文件”→“新建”命令，建立一张空白报表，报表名为“货币资金表”。

2. 报表格式定义

（1）设置报表尺寸。

①执行“格式”→“表尺寸”命令，打开“表尺寸”对话框。

②输入行数“8”，列数“4”，单击“确认”按钮。如图 6－1 所示。

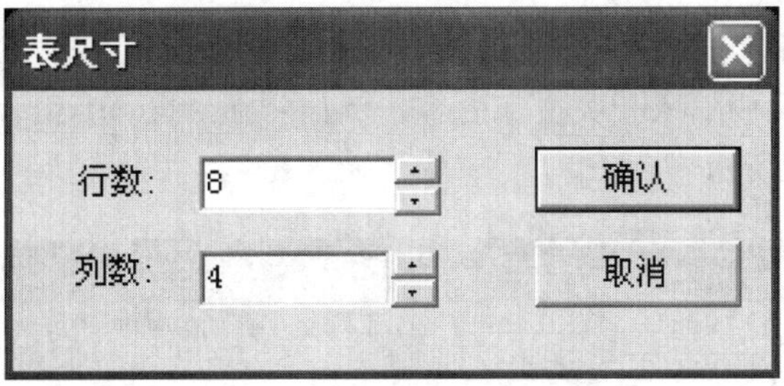

图 6－1　表尺寸

（2）定义组合单元。

①选择单元格区域 A1：D1 。

②执行“格式”→“组合单元”命令，打开“组合单元”对话框。

③选择组合方式“整体组合”或“按行组合”，该单元即合并成一个单元格。如图 6－2 所示。

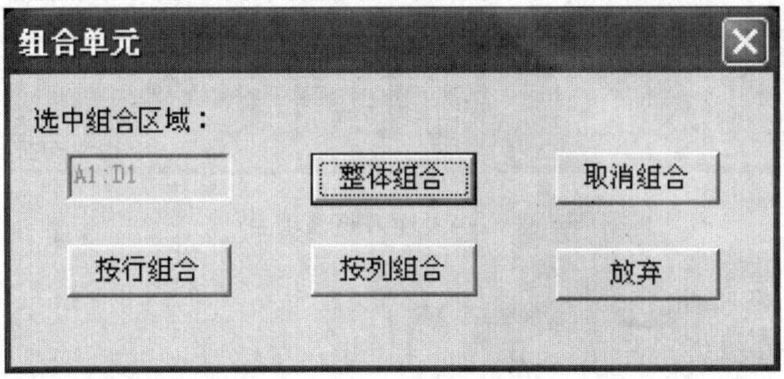

图 6－2　组合单元对话框

（3）画表格线。

①选中报表需要画线的单元区域 A3：D7。

②执行“格式”→“区域画线”命令，打开“区域画线”对话框，如图 6－3 所示。

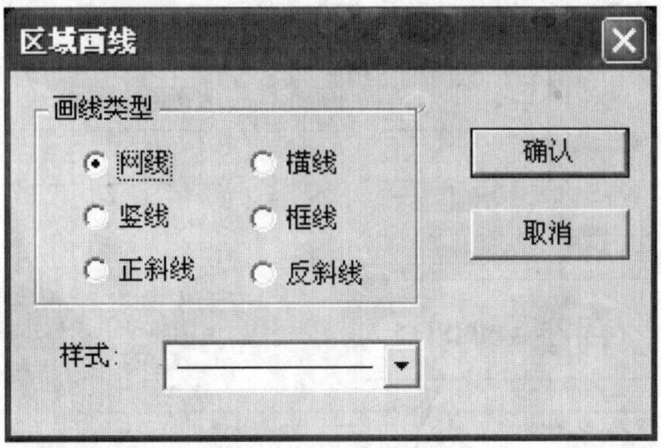

图 6－3　区域画线对话框

③选择“网线”单选按钮，单击“确认”按钮，将所选区域画上表格线。

④选择“框线”单选按钮，在“样式”中选择粗线条，单击“确认”按钮，将所选区域框线变粗。

（4）输入报表项目。

在单元或组合单元中输入相关文字内容，例如：在 A1：D1 组合单元输入“货币资金表”字样。如图 6－4 所示。

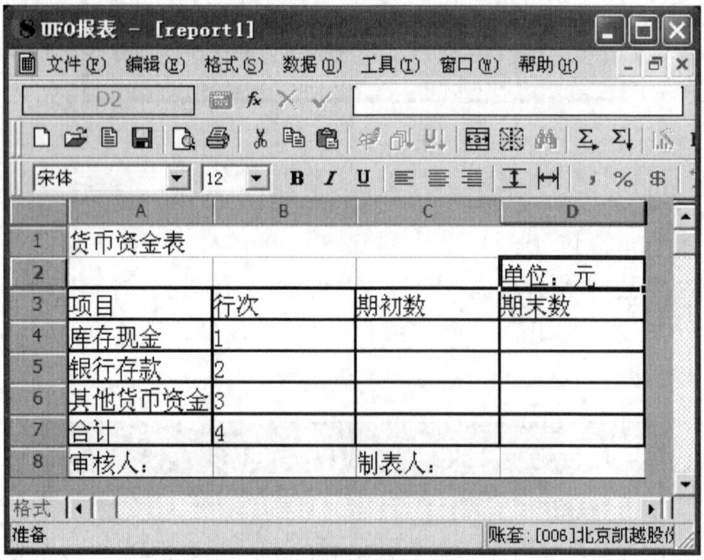

图 6－4 输入报表项目

（5）设置单元格属性。

①选中标题所在组合单元 A1：D1 。

②执行“格式”→“单元属性”命令，打开“单元格属性”对话框。

③单击“字体图案”选项卡，设置字体为“黑体”，字型为“粗体”，字号为 16。如图 6－5 所示。

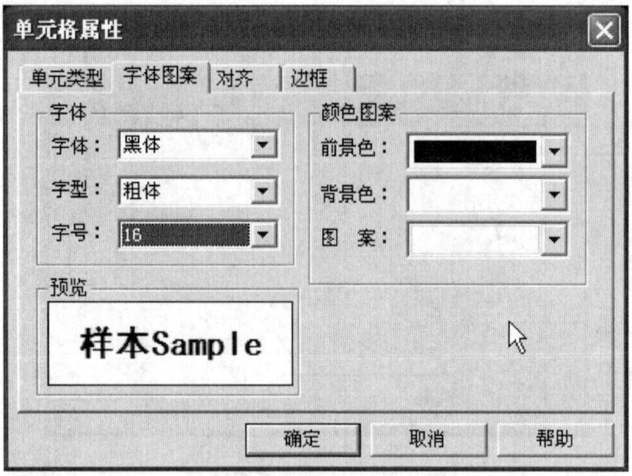

图 6－5 单元格属性 1

④单击“对齐”选项卡，设置对齐方式为“居中”，单击“确定”按钮。如图 6－6 所示。

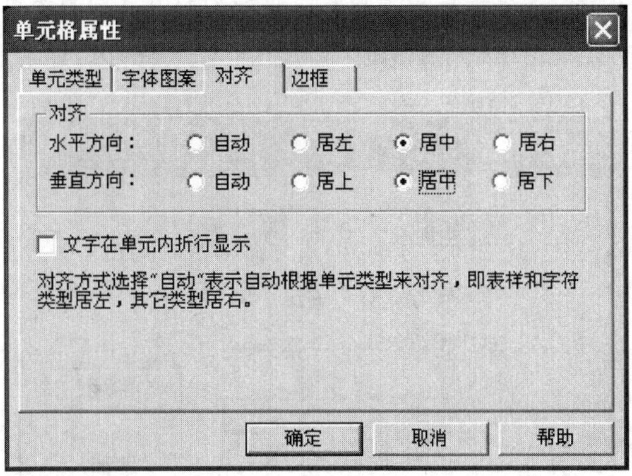

图 6－6　单元格属性 2

⑤同理，表体中文字设置为楷体、12 号、居中；“单位”“审核人”“制表人”设置为宋体、10 号、水平方向“居右”，垂直方向“居中”。

(6) 定义报表行高和列宽。

①选中需要调整的单元所在行 A1。

②执行“格式”→“行高”命令，打开“行高”对话框。

③输入行高“8”，单击“确定”按钮。如图 6－7 所示。其他行行高设置为“7”。

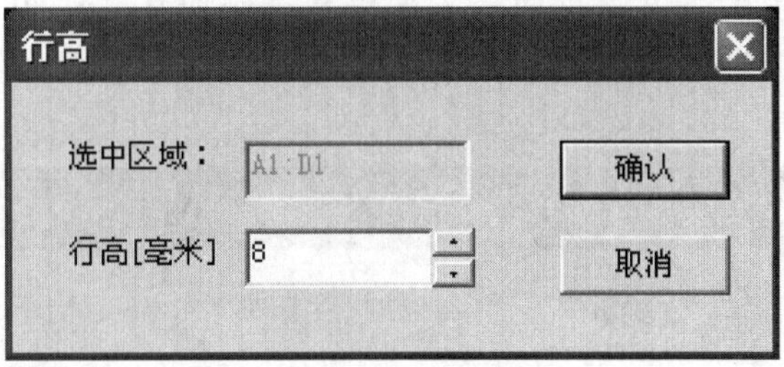

图 6－7　行高

④选中需要调整的单元所在列，执行“格式”→“列宽”命令，可设置该列的宽度。本例设置为：A 列 50；B 列 15；C 列 50；D 列 50。如图 6－8 所示。

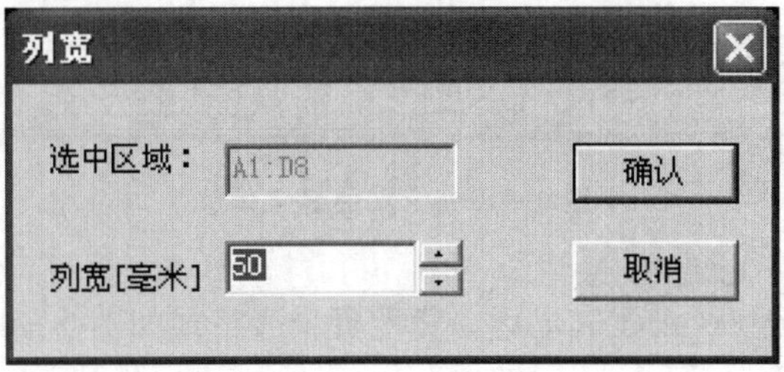

图 6－8　列宽

（7）设置关键字。

①选中需要输入关键字的单元 A2 。

②执行“数据”→“关键字”→“设置”命令，打开“设置关键字”对话框。

③选择“单位名称”单选按钮，如图 6－9 所示，单击“确定”按钮。

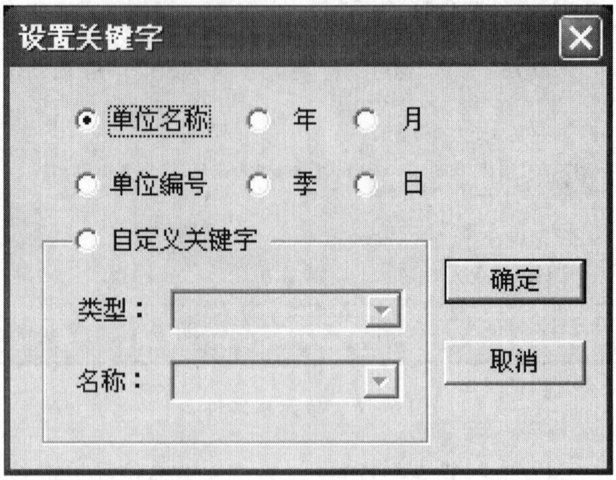

图 6－9　设置关键字

④同理，对单元 B2 设置“年”关键字，对 C2 设置“月”“日”关键字。如果要取消关键字，须执行“数据”→“关键字”→“取消”命令。

⑤执行“数据”→“关键字”→“偏移”命令，打开“定义关键字偏移”对话框。

⑥在需要调整位置的关键字后面输入偏移量，例如月“－80”，日“－30”。如图 6－10 所示。

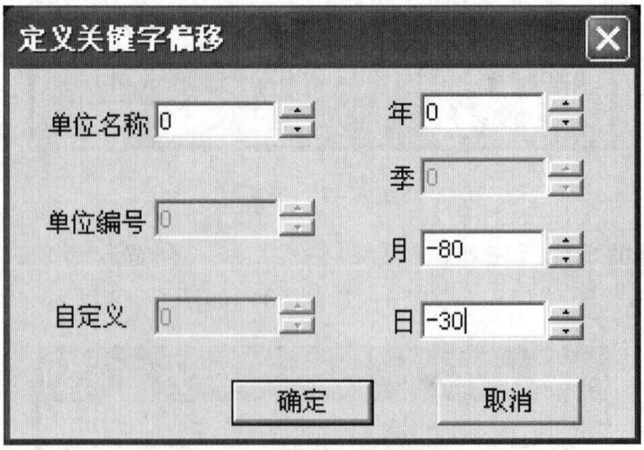

图 6－10　定义关键字偏移

⑦单击“确定”按钮。设置完成后，货币资金表格式如图 6－11 所示。

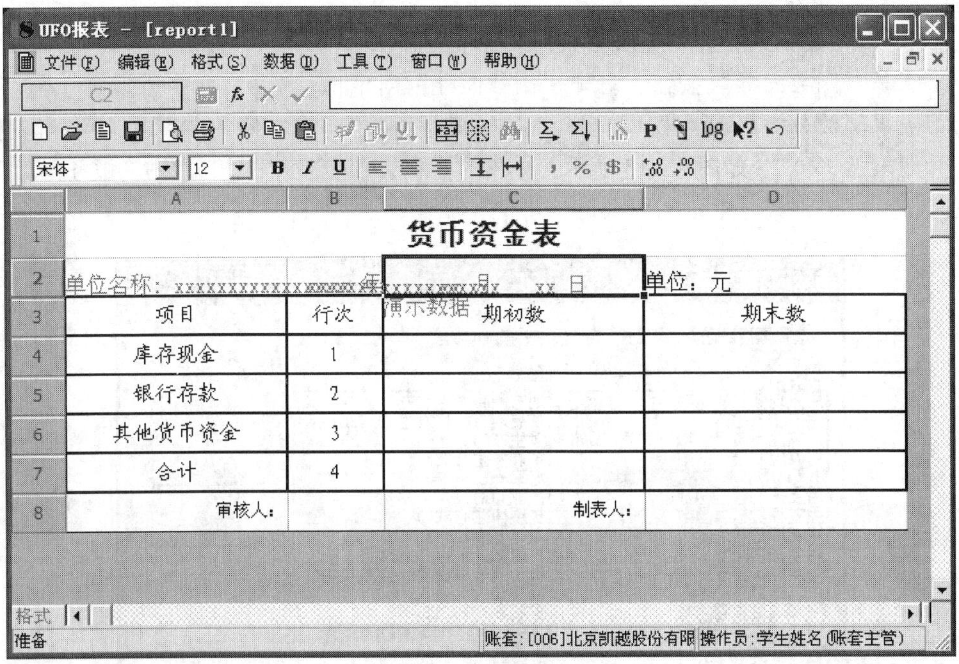

图 6－11 货币资金表格式

应用提示

关键字的位置可以用偏移量来表示，负数值表示向左移，正数值表示向右移。在调整时，可以通过输入正或负的数值来调整。

3. 报表公式定义

（1）定义单元公式——直接输入公式。

①选定需要定义公式的单元 C4，“库存现金” 的期初数。

②执行 “数据” →“编辑公式” →“单元公式” 命令，打开 “定义公式” 对话框。

③在 “定义公式” 对话框中直接输入总账期初函数公式：QC（ “1001”，月 ），单击 “确认” 按钮；如图 6－12 所示。在 “定义公式” 对话框中分别直接输入总账期初函数公式：QC（ “1002”，月 ）和 QC（ “1012”，月 ），单击 “确认” 按钮。

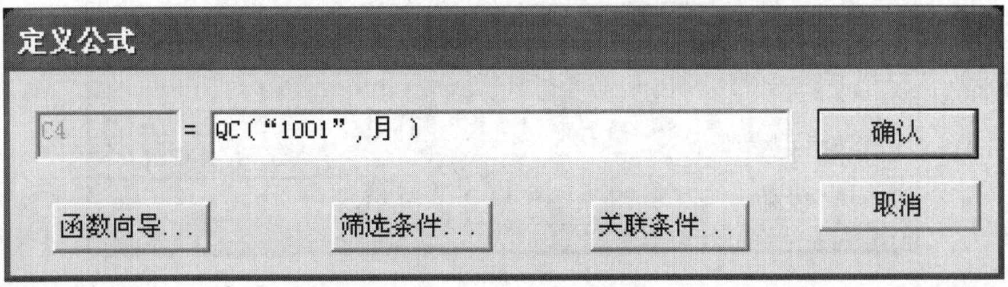

图 6－12 定义公式

（2）定义单元公式——引导输入公式。

①选中被定义单元 D4，“库存现金” 期末数。

②单击 fx 按钮，打开“定义公式”对话框。

③单击“函数向导”按钮，打开“函数向导”对话框。

④在“函数分类”列表框中选择“用友账务函数”，在右侧的“函数名”列表框中选择“期末（QM）”，如图 6－13 所示。单击“下一步”按钮，打开用友“账务函数”对话框。

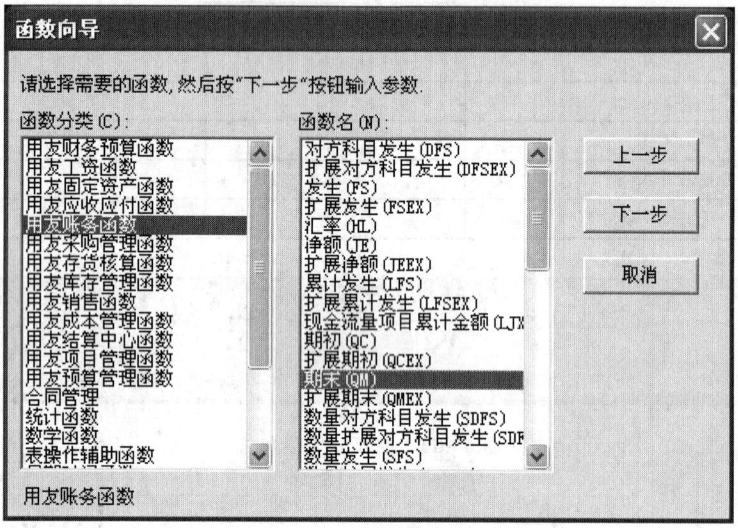

图 6－13　函数向导窗口

⑤单击“参照”按钮，选择科目“1001”，期间为“月”，方向为“借”，如图 6－14 所示。

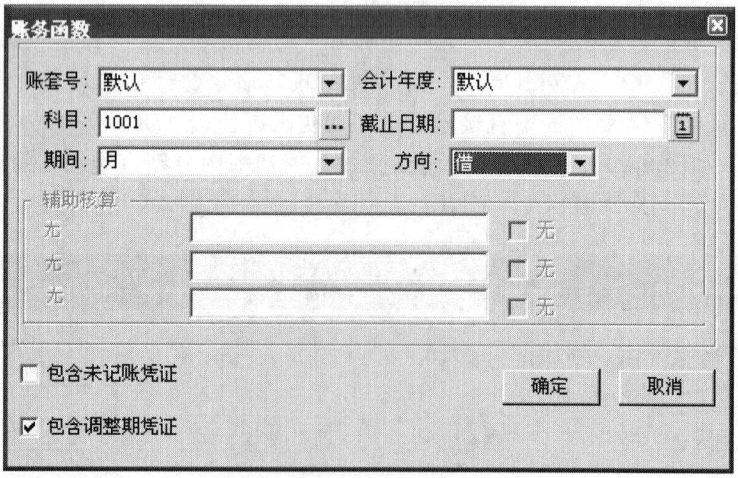

图 6－14　用友财务函数向导

⑥其余均采用系统默认值，单击“确定”按钮，返回用友“账务函数”对话框。

⑦单击“确定”按钮，返回“定义公式”对话框，单击“确认”按钮。

⑧同理，输入 D5、D6 的单元公式。最后，在“C7”定义“C7＝C4＋C5＋C6”的单

元公式，在“D7”处定义“D7 = D4 + D5 + D6”的单元公式。如图 6 – 15 所示。

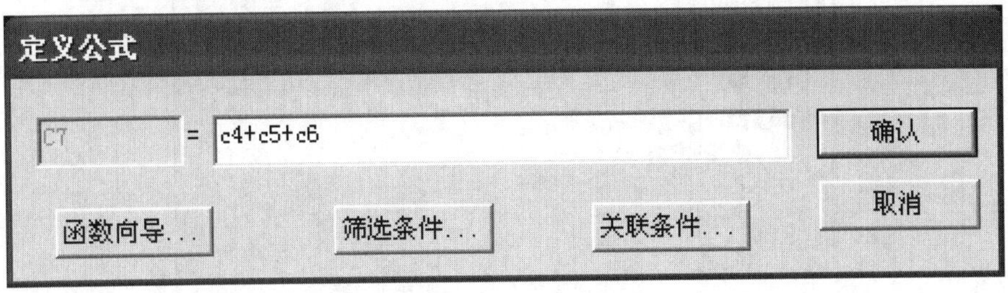

图 6 – 15　定义公式

⑨定义好的公式在单元中显示为“公式单元”，最后结果如图 6 – 16 所示。

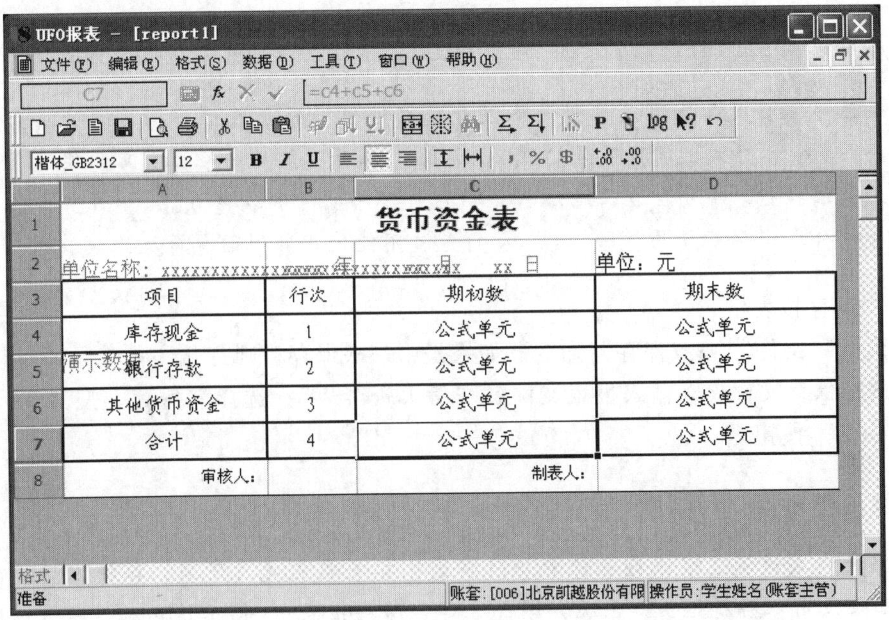

图 6 – 16　货币资金表

（3）定义审核公式。

审核公式用于审核报表内或报表之间勾稽关系是否正确。例如，“资产负债表”中的“资产合计 = 负债合计 + 所有者权益合计”。本项目的“货币资金表”中不存在这种勾稽关系。若要定义审核公式，执行“数据”→“编辑公式”→“审核公式”命令即可。

（4）定义舍位平衡公式。

①执行“数据”→“编辑公式”→“舍位公式”命令，打开“舍位平衡公式”对话框。

②确定信息：舍位表名“表 1”，舍位范围“C4：D7”，舍位位数 2，平衡公式“C7 = C4 + C5 + C6，D7 = D4 + D5 + D6”。如图 6 – 17 所示。

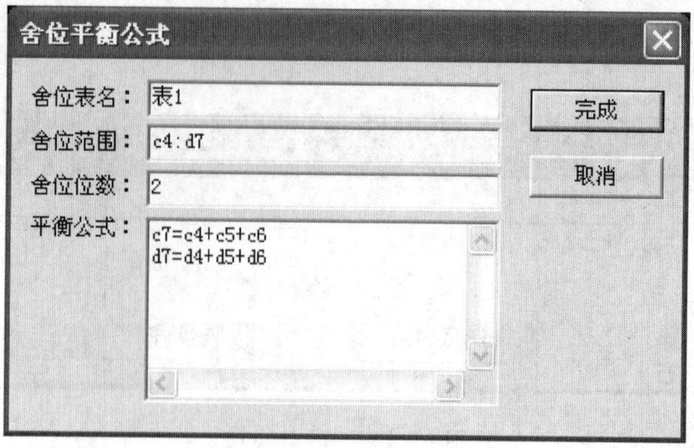

图 6－17 舍位平衡公式

③单击“完成”按钮。

应用提示

舍位平衡公式是指用来重新调整报表数据进位后的小数位平衡关系的公式。每个公式一行，各公式之间用逗号“,”（半角）隔开，最后一条公式不用写逗号，否则公式无法执行。等号左边只能为一个单元（不带页号和表名）。

舍位公式中只能使用“＋”“－”符号，不能使用其他运算符及函数。

（5）保存报表格式。

①执行“文件”→“保存”命令。如果是第一次保存，则打开“另存为”对话框。

②选择保存文件夹；输入报表文件名“货币资金表”；选择“保存类型（＊.rep）”，单击“保存”按钮。

应用提示

报表格式设置完成以后切记要及时将这张报表格式保存下来，以便以后随时调用，如果没有保存就退出，系统会弹出“是否保存报表?”提示信息对话框，以防止操作失误。

4. 报表数据处理

（1）打开报表。

①启动 UFO 系统，执行“文件”→“打开”命令。

②选择需要保存的报表文件“货币资金表”。单击“打开”按钮。

③单击空白报表底部左下角的“格式／数据”按钮，使当前状态处于“数据”状态。

应用提示

报表数据处理必须在“数据”状态下进行。

（2）追加表页。

①执行“编辑”→“追加”→“表页”命令，打开“追加表页”对话框。

②输入需要增加的表页数 2，单击“确认”按钮。

应用提示

追加表页是在最后一张表页后追加 N 张空表页，插入表页是在当前表页后面插入一张空表页；一张报表最多只能管理 99999 张表页。

（3）输入关键字值。

①执行“数据”→“关键字”→“录入”命令，打开“录入关键字”对话框。

②输入单位名称“北京凯越股份有限公司”，年为“2019”，月为“1”，日为“31”。如图 6－18 所示。

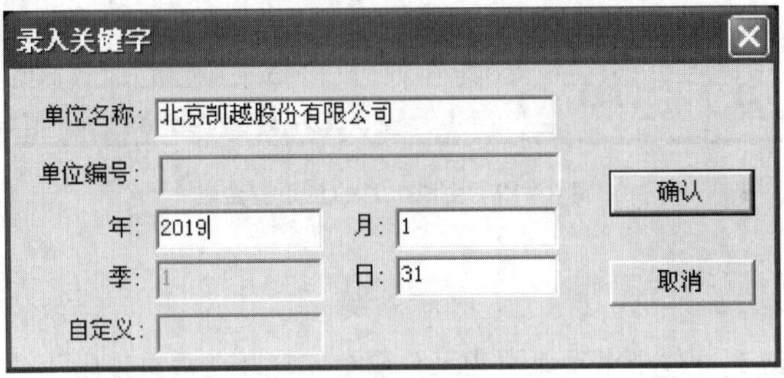

图 6－18　录入关键字

③单击“确认”按钮，系统弹出“是否重算第 1 页？”提示信息对话框。

④单击“是”按钮，系统会自动根据单元公式计算 1 月份数据；单击“否”按钮，系统不计算 1 月份数据，以后可利用“表页重算”功能生成 1 月份数据。

应用提示

每一张表页均对应不同的关键字值，输出时随同单元一起显示。日期关键字可以确认报表数据取数的时间范围，即确定数据生成的具体日期。

（4）生成报表。

①执行“数据”→“表页重算”命令，系统弹出“是否重算第 1 页？”信息提示对话框。

②单击“是”按钮，系统会自动在初始的账套和会计年度范围内根据单元公式计算生成数据。如图 6－19 所示。

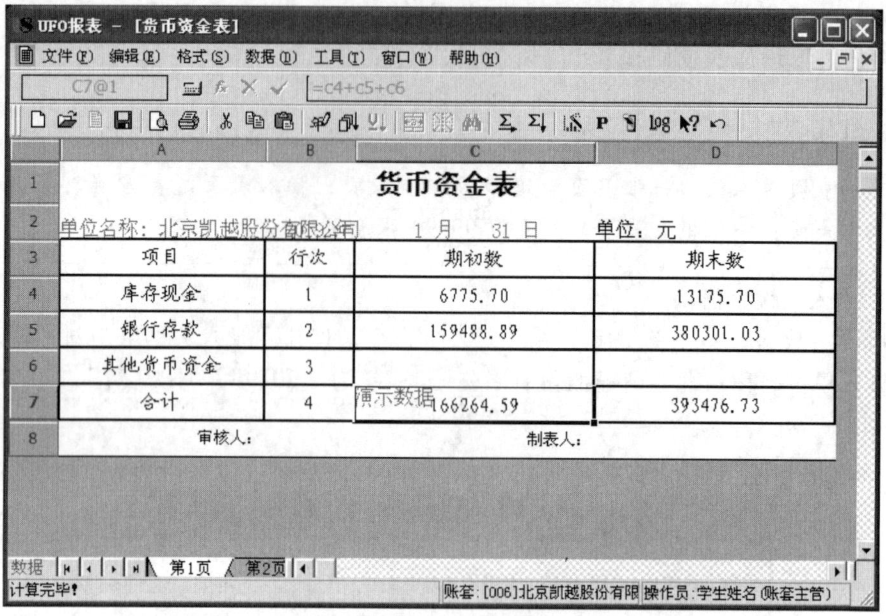

图 6－19　生成 1 月的货币资金表

5. 表页管理及报表输出

（1）表页排序。

①执行“数据”→“排序”→“表页”命令，打开“表页排序”对话框。

②确定信息：选择第一关键值“年”，排序方向“递增”；第二关键值“月”，排序方向“递增”。如图 6－20 所示。

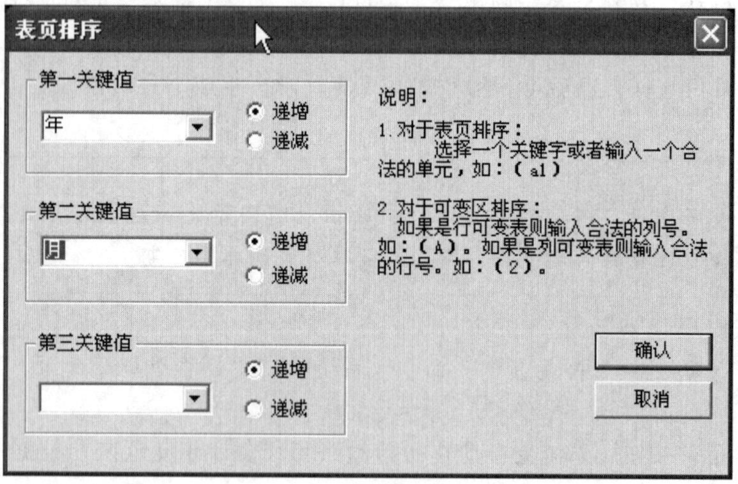

图 6－20　表页排序窗口

③单击“确认”按钮。系统将自动把表页按年份递增顺序重新排列，如果年份相同则按月份递增顺序排序。

（2）表页查找。

①执行“编辑”→“查找”命令，打开“查找”对话框。

②确定查找内容“表页”，确定查找条件“月 =1”。

③单击“查找”按钮，查找到符合条件的表页作为当前表页。

（二）利用报表模板生成资产负债表

1. 调用资产负债表模板

（1）在“格式”状态下，执行“格式”→“报表模板”命令，打开“报表模板”对话框。

（2）选择“您所在行业”中“2007 年新会计制度科目”，财务报表为“资产负债表”。如图 6－21 所示。

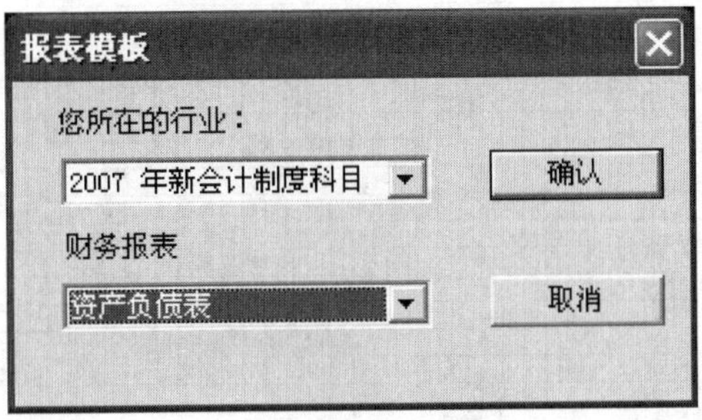

图 6－21　报表模板窗口

（3）单击“确认”按钮，系统弹出“模板格式将覆盖本表格式！是否继续?”信息提示。

（4）单击“确定”按钮，即可打开“资产负债表”模板。

2. 调整报表模板

（1）单击“数据／格式”按钮，将“资产负债表”处于“格式”状态。

（2）在“格式”状态下，执行“数据”→“关键字”→“设置”命令，设置“单位名称”。

（3）保存调整后的报表模板。

3. 生成资产负债表数据

（1）在“数据”状态下，执行“数据”→“关键字”→“录入”命令，打开“录入关键字”对话框。

（2）输入关键字“北京凯越股份有限公司”；年为“2019”，月为“1”，日为“31”。

（3）单击“确认”按钮，系统弹出“是否重算第 1 页 ?”信息提示对话框。

（4）单击“是”按钮，系统会自动根据单元公式计算 1 月份数据。如图 6－22 所示。

（5）单击工具栏上的“保存”按钮，将生成的报表数据保存。

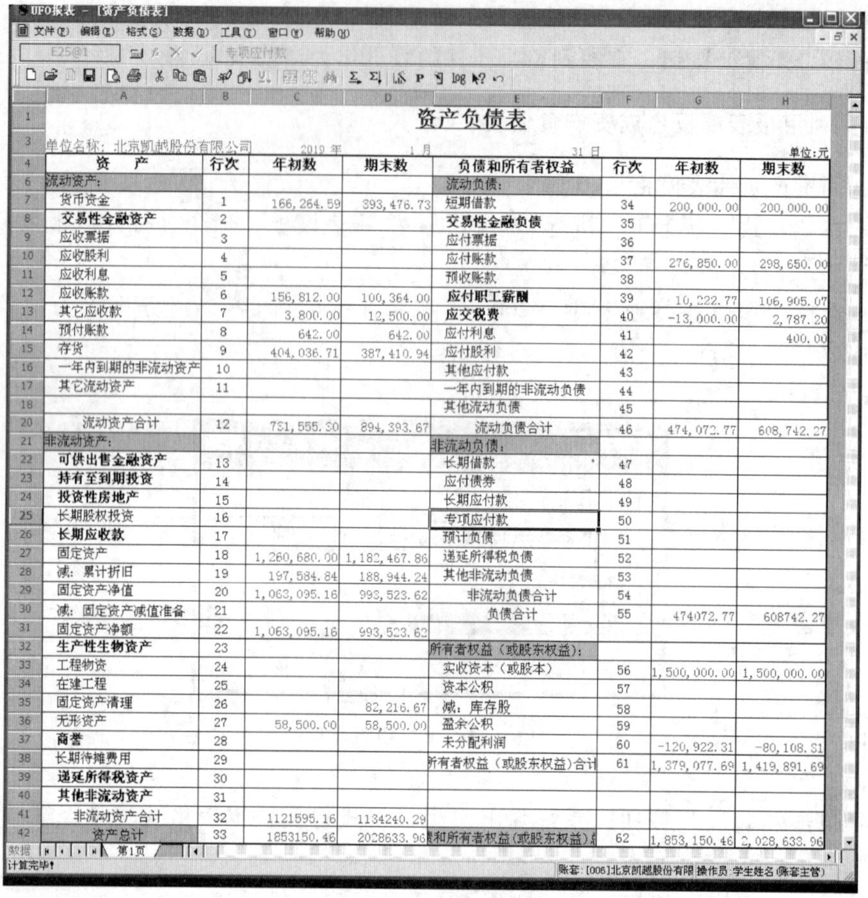

资产负债表

单位名称：北京凯越股份有限公司 2019 年 1 月 31 日 单位:元

资产	行次	年初数	期末数	负债和所有者权益	行次	年初数	期末数
流动资产:				流动负债:			
货币资金	1	166,264.59	393,476.73	短期借款	34	200,000.00	200,000.00
交易性金融资产	2			交易性金融负债	35		
应收票据	3			应付票据	36		
应收股利	4			应付账款	37	276,850.00	298,650.00
应收利息	5			预收账款	38		
应收账款	6	156,812.00	100,364.00	应付职工薪酬	39	10,222.77	106,905.07
其它应收款	7	3,800.00	12,500.00	应交税费	40	-13,000.00	2,787.20
预付账款	8	642.00	642.00	应付利息	41		400.00
存货	9	404,036.71	387,410.94	应付股利	42		
一年内到期的非流动资产	10			其他应付款	43		
其它流动资产	11			一年内到期的非流动负债	44		
				其他流动负债	45		
流动资产合计	12	781,555.30	894,393.67	流动负债合计	46	474,072.77	608,742.27
非流动资产:				非流动负债:			
可供出售金融资产	13			长期借款	47		
持有至到期投资	14			应付债券	48		
投资性房地产	15			长期应付款	49		
长期股权投资	16			专项应付款	50		
长期应收款	17			预计负债	51		
固定资产	18	1,260,680.00	1,182,467.86	递延所得税负债	52		
减：累计折旧	19	197,584.84	188,944.24	其他非流动负债	53		
固定资产净值	20	1,063,095.16	993,523.62	非流动负债合计	54		
减：固定资产减值准备	21			负债合计	55	474072.77	608742.27
固定资产净额	22	1,063,095.16	993,523.62				
生产性生物资产	23			所有者权益（或股东权益）:			
工程物资	24			实收资本（或股本）	56	1,500,000.00	1,500,000.00
在建工程	25			资本公积	57		
固定资产清理	26		82,216.67	减：库存股	58		
无形资产	27	58,500.00	58,500.00	盈余公积	59		
商誉	28			未分配利润	60	-120,922.31	-80,108.51
长期待摊费用	29			所有者权益（或股东权益）合计	61	1,379,077.69	1,419,891.69
递延所得税资产	30						
其他非流动资产	31						
非流动资产合计	32	1121595.16	1134240.29				
资产总计	33	1853150.46	2028633.96	债和所有者权益(或股东权益)总	62	1,853,150.46	2,028,633.96

图 6－22 生成资产负债表数据

（三）利用报表模板生成利润表

1. 调用利润表模板

（1）在“格式”状态下，执行“格式”→“报表模板”命令，打开“报表模板”对话框。

（2）选择“您所在行业”中“2007 年新会计制科目”财务报表为“利润表”。如图 6－23 所示。

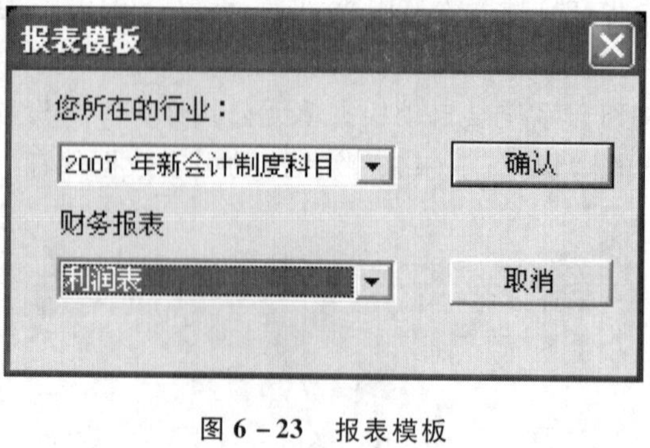

图 6－23 报表模板

（3）单击“确认”按钮，系统弹出“模板格式将覆盖本表格式！是否继续?”提示信息对话框。

（4）单击“确定”按钮，即可打开“利润表”模板。

2. 调整报表模板

（1）单击“数据／格式”按钮，将“利润表”处于“格式”状态。

（2）在“格式”状态下，执行“数据”→“关键字”→“设置”命令，设置“单位名称”。

（3）保存调整后的报表模板。

3. 生成利润表数据

（1）在“数据”状态下，执行“数据”→“关键字”→“录入”命令，打开“录入关键字”对话框。

（2）输入关键字“北京凯越股份有限公司”；年为“2019”，月为“1”，日为“31”。

（3）单击“确认”按钮，系统弹出“是否重算第 1 页 ?”提示信息对话框。

（4）单击“是”按钮，系统会自动根据单元公式计算 1 月份数据。如图 6－24 所示。

（5）单击工具栏上的“保存”按钮，将生成的报表数据保存。

利润表

会企02表

单位名称：北京凯越股份有限公司　2019 年　1 月　单位:元

项　　目	行数	本月数	本年累计数
一、营业收入	1	277,200.00	277200.00
减：营业成本	2	121,800.00	121800.00
营业税金及附加	3	1,435.20	1435.20
销售费用	4	23,853.10	23853.10
管理费用	5	88,897.70	88897.70
财务费用（收益以"－"号填列）	6	400.00	400.00
资产减值损失	7	演示数据	
加：公允价值变动净收益（净损失以"－"号填列	8		
投资收益（净损失以"－"号填列）	9		
其中对联营企业与合营企业的投资收益	10		
二、营业利润（亏损以“-”号填列）	11	40814.00	40814.00
营业外收入	12		
减：营业外支出	13		
其中：非流动资产处置净损失（净收益以"-"号填列）	14		
三、利润总额（亏损总额以“-”号填列）	15	40814.00	40814.00
减：所得税	16		
四、净利润（净亏损以“-”号填列）	17	40814.00	40814.00
五、每股收益：			

图 6－24　利润表数据

项目七
会计综合实训项目

学习目标

通过项目七的学习，使学生从整体上掌握用友 ERP－U872 软件的使用过程，系统地细化学生所学知识，使学生更为熟练地掌握软件的操作流程，整合前面分段所学的知识和技能。

一、基础资料

1. 企业概况

（1）账套号：328

（2）单位名称；北京红光机电设备有限公司

（3）系统启用日期：2019.01.01

（4）会计期间设置：01 月 01 日至 12 月 31 日

（5）地址：北京市海淀区学清路 7 号；法人代表：李思；邮政编码：010080；电话及传真：010－86735678；电子邮件：×××@163.com；纳税人登记号：100101×××××××13；开户银行：中国工商银行海淀区分理处；账号：6222537465266（人民币）

（6）本币名称：人民币（代码：RMB）

（7）行业性质：工业企业（2007 年新会计制度会计科目）

（8）进行经济业务处理时，需要对存货、客户、供应商进行分类；有外币核算

（9）客户、供应商分类编码级次：12，地区分类编码级次：223，会计科目编码级次：42222，存货分类编码级次：223

（10）存货数量、存货单价、开票单价、件数及换算率的小数位均为 2

（11）外币种类：美元；月初汇率：6.8856

（12）启用总账、薪资管理、固定资产系统，启用日期 2019.1.1

2. 财务人员及其权限

（1）会计主管：001，吴昊（口令：1），账套主管。拥有账套的全部系统管理权；负责会计软件运行环境的建立，以及各项初始设置工作；负责会计软件的日常运行管理工作，监督并保证系统的有效、安全、正常运行；负责编制会计报表。

（2）会计：002 郑玉龙（口令：2），拥有总账、薪资管理、固定资产的全部权限；负责审核业务，管理账簿及月末处理；负责对账和结账的工作。

（3）会计：003 王华宇（口令：3），拥有总账全部权限；负责制单以及期末业务处理。

（4）会计：004 陈小雨（口令：4），拥有总账全部权限；负责审核凭证、记账。

（5）出纳：005 冯玉波（口令：5），拥有总账凭证和出纳权限。负责现金、银行账管理工作；具有出纳签字权、现金和银行存款日记账的查询及打印权、资金日报查询权、支票登记权以及与银行对账有关的操作权限。

二、基础档案

1. 部门档案（见表 7－1）

表 7－1

部门编码	部门名称	部门属性
1	综合处	管理
101	经理办公室	管理
102	财务室	管理
103	运输队	后勤
104	库房	后勤
2	生产处	生产管理
201	一车间	基本生产
202	二车间	基本生产
203	三车间	基本生产
204	四车间	辅助生产
3	基建处	基建
4	销售处	销售
401	销售一部	销售
402	销售二部	销售
5	供应处	供应

2. 职员档案（见表 7－2）

表 7－2

职员编号	职员名称	性别	人员类别	所属部门	人员属性
001	李思	男	在职人员	经理办公室	管理人员
002	周伟	男	在职人员	经理办公室	管理人员
003	吴昊	男	在职人员	财务室	管理人员

续表

职员编号	职员名称	性别	人员类别	所属部门	人员属性
004	郑玉龙	男	在职人员	财务室	管理人员
005	王华宇	男	在职人员	财务室	管理人员
006	冯玉波	男	在职人员	财务室	管理人员
007	陈小雨	女	在职人员	财务室	管理人员
008	初丹	女	在职人员	一车间	生产人员
009	韦中华	男	在职人员	一车间	生产人员
010	江山	男	在职人员	一车间	生产人员
011	沈阳	男	在职人员	二车间	生产人员
012	韩信立	男	在职人员	二车间	生产人员
013	杨明学	男	在职人员	二车间	生产人员
014	杨瑞	女	在职人员	三车间	生产人员
015	何坤	男	在职人员	三车间	生产人员
016	姜占春	男	在职人员	三车间	生产人员
017	单雄心	男	在职人员	三车间	生产人员
018	楚天舒	女	在职人员	三车间	生产人员
019	岳五运	男	在职人员	三车间	生产人员
020	许宏泰	男	在职人员	四车间	生产人员
021	元朗	男	在职人员	四车间	生产人员
022	高明诚	男	在职人员	运输队	管理人员
023	刘水	女	在职人员	基建处	管理人员
024	温布丽	女	在职人员	库房	管理人员
025	秦础	男	在职人员	销售一部	销售人员
026	高达山	男	在职人员	销售二部	销售人员
027	燕闯	男	在职人员	供应处	管理人员
028	王宇敏	女	在职人员	供应处	管理人员

3. 地区分类（两类：01 本地；02 外地）

4. 客户分类（见表 7－3）

表 7－3

客户分类编码	客户分类名称
1	长期客户
2	中期客户
3	短期客户

5. 客户档案（见表 7－4）

表 7－4

客户编号	客户名称	客户简称	客户分类
001	深圳华为机械厂	华为	1
002	石家庄华泰门窗厂	华泰	2
003	天鹅建材制品厂	天鹅	2
004	广东豪杰电器经销公司	豪杰	1
005	北京通达公司	通达	1
006	天津吉利商贸公司	吉利	3

6. 供应商分类（见表 7－5）

表 7－5

分类编码	供应商分类名称
1	工业
2	商业
3	其他

7. 供应商档案（见表 7－6）

表 7－6

供应商编码	供应商名称	供应商简称	分类码
001	辽宁天天机械公司	天天	1
002	深圳华为机械厂	华为	1
003	福建石康冶金材料经销公司	石康	2
004	京华利义汽车运输公司	利义	3

8. 结算方式（见表 7－7）

表 7－7

编码	结算方式名称
1	现金结算
2	支票
201	现金支票
202	转账支票
3	商业汇票
301	商业承兑汇票
302	银行承兑汇票
4	电汇
5	委托收款
6	银行汇票
7	其他

9. 开户银行（见表 7－8）

表 7－8

编号	开户银行	企业账户规则定号长度
001	中国工商银行北京海淀区分理处	11

10. 凭证类别（见表 7－9）

表 7－9

类型	限制类型	限制科目
收款凭证	借方必有	1001，100201，100202
付款凭证	贷方必有	1001，100201，100202
转账凭证	凭证必无	1001，100201，100202

11. 会计科目及期初余额

（1）会计科目及期初科目余额（见表 7－10）。

表 7－10 单位：元

科目编码	科目名称	方向	辅助核算	期初余额
1001	库存现金	借	日记账	3488.00
1002	银行存款	借	日记账、银行账	1012715.70
100201	工行存款	借	日记账、银行账	810345.70
100202	中行存款（美元户）	借	日记账、银行账（汇率 1：6.8236） 外币核算：美元	204708.00
1012	其他货币资金	借		200000.00
1121	应收票据	借	客户往来（非应收系统受控）	292500.00
1122	应收账款	借	客户往来（非应收系统受控）	1205100.00
1123	预付账款	借		186600.00
112301	预收供应商	借	供应商往来（非应付系统受控）	180000.00
112302	其他	借		6600.00
1131	应收股利	借		
1132	应收利息	借		
1221	其他应收款	借		4400.00
122101	备用金	借	部门核算	3000.00
122102	应收个人款	借	个人往来	1400.00
1231	坏账准备	贷		6340.00
1401	材料采购	借		
1403	原材料	借		1364282.00
140301	原料及主要材料	借		1062000.00
14030101	铸铁件	借		30000.00

续表

科目编码	科目名称	方向	辅助核算	期初余额
14030102	铸铝件	借		192000.00
14030103	钢材	借		840000.00
140302	辅助材料	借		111482.00
14030201	润滑油	借		1482.00
14030202	油漆	借		110000.00
140303	外购半成品	借		190800.00
14030301	电动机	借		80000.00
14030302	轴承	借		14000.00
14030303	电器组件	借		96800.00
1405	库存商品	借		720000.00
140501	自制半成品	借		386800.00
14050101	自制半成品 A	借		267120.00
14050102	自制半成品 B	借		119680.00
140502	产成品	借		333200.00
14050201	产成品 A	借		153200.00
14050202	产成品 B	借		180000.00
1411	周转材料	借		141200.00
141101	包装物	借		141200.00
14110101	木箱	借		141200.00
141102	低值易耗品	借		
1501	持有至到期投资	借		
1503	可供出售金融资产	借		
1511	长期股权投资	借		
1601	固定资产	借		7036000.00
1602	累计折旧	贷		2239014.00
1604	在建工程	借		
1606	固定资产清理	借		
1701	无形资产	借		144876.75
1801	长期待摊费用	借		
1901	待处理财产损溢	借		
190101	待处理流动资产损溢	借		
190102	待处理固定资产损溢	借		
2001	短期借款	贷		400000.00
2201	应付票据	贷	供应商往来（非应收系统受控）	204750.00
2202	应付账款	贷	供应商往来（非应收系统受控）	701840.00
220201	应付货款	贷	供应商往来（非应收系统受控）	645840.00

续表

科目编码	科目名称	方向	辅助核算	期初余额
220202	暂估应付款	贷		56000.00
2203	预收账款	贷		
2211	应付职工薪酬	贷		50000.00
221101	应付工资	贷		
221102	应付福利费	贷		50000.00
2221	应交税费	贷		124886.70
222101	应交增值税	贷		
22210101	进项税额	贷		
22210105	销项税额	贷		
22210109	转出多交增值税	贷		
22210103	转出未交增值税	贷		
222102	未交增值税	贷		79522.00
222106	应交所得税	贷		37412.50
222107	应交个人所得税	贷		
222108	应交城建税	贷		5566.54
222109	应交教育费附加	贷		2385.66
2241	其他应付款	贷		27735.00
2231	应付利息	贷		48000.00
2232	应付股利	贷		
2501	长期借款	贷		850000.00
250101	借款本金	贷		850000.00
250102	借款利息	贷		
2502	应付债券	贷		
4001	实收资本	贷		6200000.00
4002	资本公积	贷		292701.00
4101	盈余公积	贷		300000.00
4103	本年利润	贷		
4104	利润分配	贷		851019.00
410401	提取法定盈余公积	贷		
410402	提取任意盈余公积	贷		
410403	未分配利润	贷		851019.00
5001	生产成本	借		
500101	基本生产成本	借		
5105	制造费用	借		
6001	主营业务收入	贷		
6051	其他业务收入	贷		

续表

科目编码	科目名称	方向	辅助核算	期初余额
6111	投资收益	贷		
6301	营业外收入	贷		
6401	主营业务成本	贷		
6402	其他业务成本	借		
6403	税金及附加	借		
6601	销售费用	借		
6602	管理费用	借		
660201	工资费用	借	部门核算	
660202	办公费用	借	部门核算	
660203	折旧费用	借	部门核算	
660204	其他费用	借	部门核算	
6603	财务费用	借		
6711	营业外支出	借		
6801	所得税费用	借		
6901	以前年度损益调整	借		

注：设置“1001”为“现金总账科目”，“1002”为“银行存款总账科目”。

（2）外汇设置：固定汇率，外币币符：USD，币名：美元，期初汇率：6.82360。

（3）辅助核算期初余额。

①应收票据（见表7－11）。

表7－11 单位：元

日期	凭证号	客户	业务员	摘要	方向	金额
2018.10.20	转－86	002	秦础	销售产品	借	292500.00

②应收账款1122（见表7－12）。

表7－12 单位：元

日期	凭证号	客户	业务员	摘要	方向	金额
2018.09.15	转－22	001	秦础	销售产品	借	292500.00
2018.11.08	转－18	005	秦础	销售产品	借	163800.00
2018.11.23	转－100	005	秦础	销售产品	借	292500.00
2018.12.09	转－10	006	秦础	销售产品	借	292500.00
2018.12.09	转－11	006	秦础	销售产品	借	163800.00

③预付账款（见表7－13）。

表7－13 单位：元

日期	凭证号	供应商	业务员	摘要	方向	金额
2018.11.05	转－6	001	燕闯	购买材料	借	180000.00

④其他应收款——备用金（见表 7－14）。

表 7－14 单位：元

部门编号	部门名称	方向	金额
101	经理办公室	借	3000.00

⑤其他应收款——应收个人款（见表 7－15）。

表 7－15 单位：元

日期	凭证号	部门	个人	摘要	方向	金额
2018.11.30	付－20	供应处	燕闯	出差借款	借	1400.00

⑥应付票据（见表 7－16）。

表 7－16 单位：元

日期	凭证号	供应商	业务员	摘要	方向	金额
2018.10.30	转－120	003	燕闯	购买轴承	贷	204750.00

⑦应付账款 220201（见表 7－17）。

表 7－17 单位：元

日期	凭证号	客户	业务员	摘要	方向	金额
2018.9.13	转－46	001	燕闯	购买铸造件	贷	74880.00
2018.10.18	转－50	001	燕闯	购买铸造件	贷	386100.00
2018.12.10	转－21	001	燕闯	购买铸造件	贷	184860.00

三、日常经济业务

（1）1 月 2 日，经理办公室吴昊以转账支票（支票号：z001）方式预付财产保险费 60000 元，附单据 2 张。

（2）1 月 2 日，通过中国工商银行（下称工行）缴纳上月企业所得税 37412.50 元，增值税 79522 元，城建税 5566.54 元和教育费附加 2385.66 元，代缴上月已代扣的个人所得税 735 元。收到各有关税金及附加缴款书收据联（支票号：z002），附单据 5 张。

（3）1 月 4 日，财务室收到市小型机车厂交来的专有技术转让费 50000 元。转账支票结算（支票号：z003），附单据 1 张。

（4）1 月 5 日，支付经理办公室空调维修保养费 4800 元，转账支票结算（支票号：z004），附单据 1 张。

（5）1 月 8 日，销售处支付产品展销会展费 3000 元，开出转账支票一张（支票号：z005），附单据 1 张。

（6）1 月 8 日，经理办公室以委托收款方式（票号 w001）支付电信费 6200 元。附单据1张。

（7）1月12日，供应处采购员燕闯出差归来，报销差旅费1536元，出纳员以现金补足差额。附单据3张。

（8）1月12日，二车间工人韩信立因违章操作，经厂长办公室决定，对其罚款250元。附单据1张。

（9）1月14日，出纳员从银行提取现金10000元，支票号（x001），附单据1张。

（10）1月15日，燕闯以电汇方式（票号d001）归还辽宁天天机械公司部分欠款35000元。附单据2张。

（11）1月15日，通达公司偿还期初两笔欠款，收到两张转账支票，分别为163800元和292500元（票号分别为z9081，z9082），附单据2张。

（12）1月18日，收到中意公司投资20000美元（汇率按6.8236计算），存入中国银行（美元户），结算方式为银行汇票（汇票号：h001），附单据2张。

（13）1月21日，通过电汇结算方式（票号：d007）从辽宁天天机械公司购进铸铁件10吨，单价3000元/吨，增值税税率16%，取得增值税专用发票，材料已验收入库。附单据2张。

（14）1月23日，根据供货合同，企业向客户发出A产品2台，每台售价28000元。单位成本15000元，全部货税款已办理转账支票（支票号：z082）进账手续。增值税税率16%，附单据3张。确认收入同时结转成本，附单据2张。

（15）1月27日，燕闯购入福建石康冶金材料经销公司包装用木箱410个，单价50元，增值税税率16%，取得增值税专用发票，货款尚未支付。木箱已验收入库。附单据2张。

（16）1月28日，向深圳华为公司销售B产品2台，每台售价48000元，款项尚未收到。单位成本16000元，增值税税率16%，附单据2张。确认收入同时结转成本，附单据2张。

（17）1月31日001公司交来一张不带息银行承兑汇票，归还9月15日的欠款292500元，期限3个月，附单据1张。

（18）1月31日，库房摊销当月负担的保险费5000元。

（19）1月31日，摊销供应部门使用的无形资产1200元。

（20）1月31日，提取经营用短期借款利息（月利率0.165%）和经营用长期借款利息（月利率0.42%）。

（21）1月31日，处理薪资管理系统。

（22）1月31日，处理固定资产系统。

（23）1月31日，自定义结转，处理固定资产清理。

（24）1月31日，期末汇率为6.8152，自定义结转，处理汇兑损益。

（25）1月31日，结转本年利润。

四、银行对账资料

1. 银行对账期初余额

银行对账启用日期为 2019 年 1 月 1 日，工行（100201）企业日记账调整前余额为 810345.70 元，银行对账单调整余额为 750345.70 元，未达账项一笔，系银行已付企业未付款 60000 元，转账支票结算（票号 z001）。

2. 2019.1 银行对账单（工行对账单，见表 7－18）。

表 7－18

单位：元

日期	结算方式	票号	借方金额	贷方金额	余额
2018.12.31	202	z001		60000	750345.7
2019.1.3	202	z002		125621.7	624724
2019.1.6	202	z003	50000		674724
2019.1.6	202	z004		4800	669924
2019.1.8	5	w001		6200	663724
2019.1.10	5	w005		3000	660724
2019.1.10	202	z568	50000		710724
2019.1.14	201	x001		10000	700724
2019.1.16	202	z654	100000		800724
2019.1.16	4	d001		35000	765724
2019.1.25	7	q077		35100	730624

五、工资核算

1. 单个工资类别，代扣税、不扣零

2. 工资项目和数据

（1）工资项目

增项包括：基本工资、岗位工资、绩效工资、住房补助、加班工资、工龄工资。

其他包括：假日加班、病假天数、事假天数。

减项包括：病假扣款、事假扣款、房租。

税前扣除标准：5000 元。

事假每日扣除 30 元。病假每日扣除 10 元。法定假日加班，每日补贴 100 元。

（2）工资数据（见表 7－19）

表 7－19　　　　单位：元

编号	姓名	基本工资	岗位工资	绩效工资	住房补助	工龄工资	假日加班	事假天数	病假天数	房租
001	李思	5000	876	800	400	350				
002	周伟	4200	876	800	400	342	1		1	
003	吴昊	4320	876	800	400	312		1	3	100
004	郑玉龙	4900	676	600	400	360				
005	王华宇	4400	676	800	400	342	2	1		
006	冯玉波	4320	676	800	400	326			4	
007	陈小雨	4000	676	600	400	324				100
008	初丹	3800	876	600	700	320	6	2		
009	韦中华	3980	676	600	400	342				
010	江山	4020	876	800	400	346			5	
011	沈阳	4560	676	800	400	320	4	1		
012	韩信立	4460	876	800	700	318				80
013	杨明学	4650	676	800	700	314	1			80
014	杨瑞	4480	676	600	400	336		2	5	50
015	何坤	4320	676	600	400	334			2	50
016	姜占春	4160	876	600	400	323				50
017	单雄心	4020	876	600	400	218		1		80
018	楚天舒	3880	676	600	400	214	3			50
019	岳五运	3760	676	600	400	270		1		
020	许宏泰	4200	676	600	700	112				
021	元朗	4300	876	600	700	116		2	5	50
022	高明诚	4800	876	800	700	118	1			
023	刘水	4240	676	800	400	248		5		80
024	温布丽	4120	676	600	400	242		2		
025	秦础	4150	676	600	400	240				
026	高达山	4160	676	600	400	138	1			
027	燕闯	4280	876	800	400	132				
028	王宇敏	4300	676	800	400	136		2		

3. 按应付工资 14% 计提福利费

六、固定资产

1. 根据下列内容设置账套参数

启用日期：2019－01－01

计提折旧主要折旧方法：平均年限法一

汇总分配期间：1 个月，当（月初已计提月份 = 可使用月份 - 1）时，将剩余折旧全部提足

类别编码：2－1－1－2，自动编码

序号长度：5 位

与账务系统对账，固定资产对账科目："1601 固定资产"；累计折旧对账科目："1602 累计折旧"

2. 基础设置

（1）账套选项：选择业务发生后立即制单，缺省科目：1601，1602，1603。

（2）部门对应折旧科目（见表 7－20）。

表 7－20

部门编码	部门名称	折旧科目
01	综合处	660203
02	生产处	510101
03	基建处	1604
04	销售处	6601
05	供应处	660203

（3）固定资产类别（见表 7－21）。

表 7－21

类别编码	类别名称	计提属性	折旧方法
01	土地	总不计提折旧	
02	房屋	正常计提	平均年限法一
03	专用设备	正常计提	平均年限法一
04	交通设备	正常计提	平均年限法一
05	通用设备	正常计提	平均年限法一
06	电子设备	正常计提	平均年限法一

（4）增减方式（见表 7－22）。

表 7－22

增加方式			减少方式		
编码	方式	对应科目	编码	方式	对应科目
101	直接购入	100201	201	出售	1606
102	投资者投入	4001	202	盘亏	190102
103	捐赠	6301	203	投资转出	1511
104	盘盈	190102	204	捐赠转出	6711
105	在建工程转入	1604	205	报废	1606
106	融资租入	2701	206	毁损	1606

（5）录入原始卡片（见表 7－23）。

表 7－23

名称	类别	规格	部门	使用年限	开始使用日期	原值	累计折旧	残值率
厂房	02	砖混结构	各车间分别占 25%	40 年	2007－09－30	4000000	1068750	5%
办公楼	02	砖混结构	综合处四个部门各占 10% 供应处占 20% 销售处各部门分别占 15% 基建处占 10%	40	2006－05－30	700000	207812.5	5%
冰柜	03		销售一部	10 年	2015－05－09	10000	3395	3%
机床	03	E420	一车间	10 年	2015－05－11	800000	271600	3%
切割机	05		二车间	10 年	2014－12－01	500000	190000	5%
冶炼高炉	03	ASEM	三车间	7 年	2014－04－08	330000	209000	5%
电脑	06	LG002	财务室	4 年	2017－06－11	13000	4728.75	3%
电脑	06	LG452	四车间	4 年	2017－12－23	13000	3152.5	3%
客车	04	220	销售二部	5 年	2017－08－01	120000	31040	3%
仓库	02	砖混结构	库房	40 年	1998－12－30	550000	266750	3%
合计						7036000	2256228.75	

系统默认固定资产卡片项目、卡片样式，增加方式均为直接购入，完成固定资产原始卡片的录入工作。

3. 2019 年 1 月份发生固定资产业务

（1）当月 31 日购入联想 2301 电脑一台，不含税价 10000 元，税率 16%，经理办公室使用，使用年限 5 年（计提折旧方法：平均年限法一，净残值率 3%）。

（2）当月 31 日购进机床一台，价值为 180000 元，型号 Y50，属于专用设备，一车间使用，使用年限 10 年，净残值率 3%，平均年限法一。

（3）计提折旧。

（4）当月 31 日财务室电脑报废，出售后收回 1000 元。

七、项目要求

（1）建立账套并进行基础档案的设置。

（2）进行薪资管理系统的初始化。

（3）进行固定资产系统的初始化。

（4）处理日常业务。

（5）进行期末转账定义并生成凭证。

（6）对账和结账。

（7）编制资产负债表、利润表。

八、项目指导

1. 建立账套

（1）以系统管理员 Admin 的身份登录。

（2）执行“权限”→“用户”命令，打开“用户管理”窗口，增加用户。

（3）执行“账套”→“建立”命令，打开“创建账套”窗口，建立北京红光机电设备有限公司的账套。如图 7－1 所示。

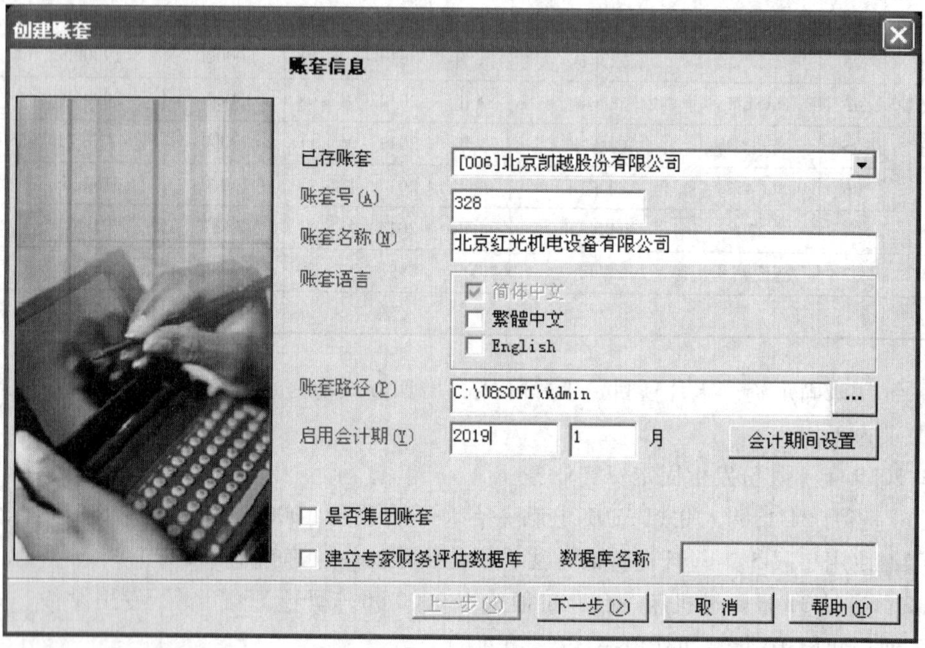

图 7－1　建立账套

（4）在“系统启用”窗口中，单击选中“GL 总账”系统，弹出“日历”对话框，选择系统启用日期后，单击“确定”按钮，系统提示“确实要启用当前系统吗？”，单击“是”按钮返回，依次启用各个模块。

（5）在“系统管理”窗口中执行“权限”→“权限”命令，进入“操作员权限”窗口，进行权限分工。

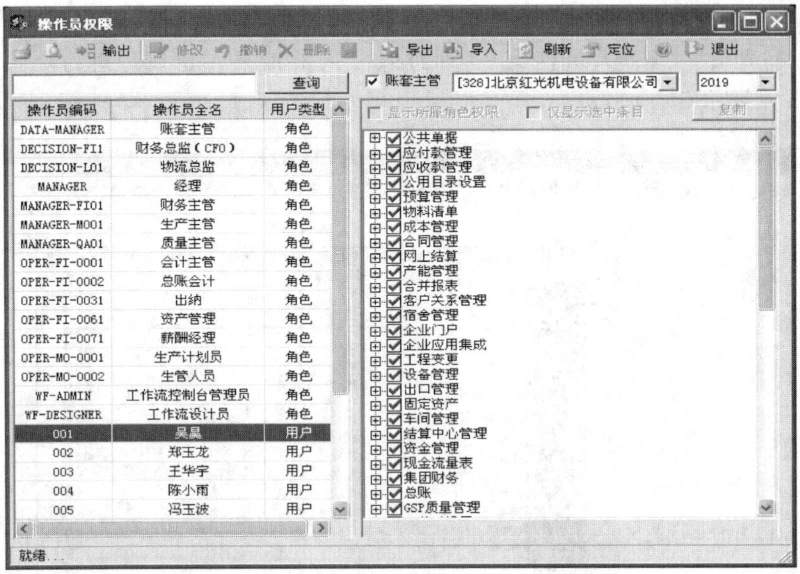

图 7－2　操作员权限

2. 进行基础档案设置

(1) 部门档案。在企业应用平台选择左下方“基础设置”，双击上方“基础档案”→“机构人员”→“部门档案”即进入“部门档案”窗口。单击“增加”，建立部门档案。如图 7－3 所示。

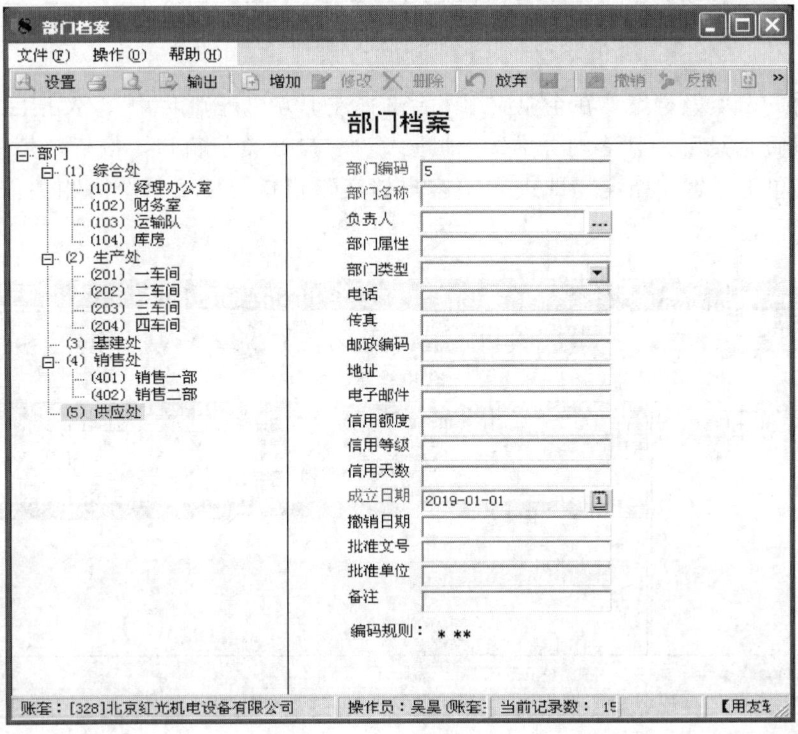

图 7－3　部门档案

（2）建立职员档案。在企业应用平台选择左下方“基础设置”，双击上方“基础档案”→“机构人员”→“人员档案”，即进入“人员档案”窗口。进行职员档案设置，结果如图 7－4 所示。

选择	人员编码	姓名	行政部门编码	人员类别	性别	出生日期	业务或费用部门编码	审核标志
	001	李思	101	在职人员	男		101	未处理
	002	周伟	101	在职人员	男		101	未处理
	003	吴昊	102	在职人员	男		102	未处理
	004	郑玉龙	102	在职人员	男		102	未处理
	005	王华宇	102	在职人员	男		102	未处理
	006	冯玉波	102	在职人员	男		102	未处理
	007	陈小雨	102	在职人员	女		102	未处理
	008	初丹	201	在职人员	女		201	未处理
	009	韦中华	201	在职人员	男		201	未处理
	010	江山	201	在职人员	男		201	未处理
	011	沈阳	202	在职人员	男		202	未处理
	012	韩信立	202	在职人员	男		202	未处理
	013	杨明学	202	在职人员	男		202	未处理
	014	杨瑞	203	在职人员	女		203	未处理
	015	何坤	203	在职人员	男		203	未处理
	016	姜占春	203	在职人员	男		203	未处理
	017	单雄心	203	在职人员	男		203	未处理
	018	楚天舒	203	在职人员	女		203	未处理
	019	岳五运	203	在职人员	男		203	未处理
	020	许宏泰	204	在职人员	男		204	未处理
	021	元朗	204	在职人员	男		204	未处理
	022	高明诚	103	在职人员	男		103	未处理
	023	刘水	3	在职人员	女		3	未处理
	024	温布丽	104	在职人员	女		104	未处理
	025	秦础	401	在职人员	男		401	未处理
	026	高达山	402	在职人员	男		402	未处理
	027	燕闯	5	在职人员	男		5	未处理
	028	王宇敏	5	在职人员	女		5	未处理

图 7－4　人员档案

（3）客户分类及档案。在企业应用平台选择左下方“基础设置”，双击上方“基础档案”→“客商信息”→“客户分类”，即进入“客户分类”窗口。按资料填写相关信息和数据。再单击“客户档案”即进入“客户档案”窗口。按资料填写相关信息和数据，如图 7－5 所示。

序号	选择	客户编码	客户名称	客户简称	地区名称	发展日期	联系人
1		001	深圳华为机械厂	华为		2019-1-1	
2		002	石家庄华泰门窗厂	华泰		2019-1-1	
3		003	天鹅建材制品厂	天鹅		2019-1-1	
4		004	广东豪杰电器经销公司	豪杰		2019-1-1	
5		005	北京通达公司	通达		2019-1-1	
6		006	天津吉利商贸公司	吉利		2019-1-1	

图 7－5　客户分类及档案

（4）供应商分类及档案。在企业应用平台选择左下方“基础设置”，双击上方“基础档案”→“客商信息”→“供应商分类”，即进入“供应商分类”窗口。按资料填写相关信息和数据。再进入“增加供应档案”窗口。按资料填写相关信息和数据，如图7－6所示。

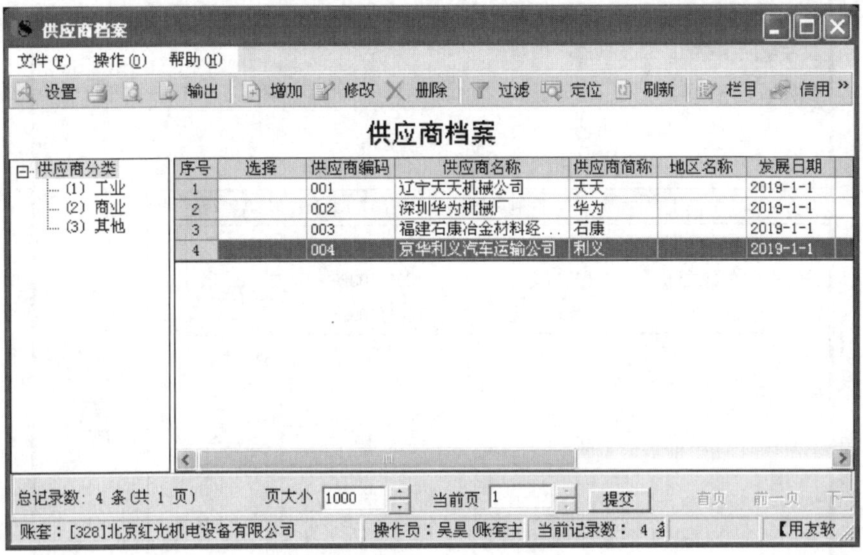

图7－6　供应商分类及档案

（5）结算方式的设置。在企业应用平台选择左下方“基础设置”，双击上方“基础档案”→“收付结算”→“结算方式”，进入“结算方式”窗口。输入结算方式编码、结算方式名称等。如图7－7所示。

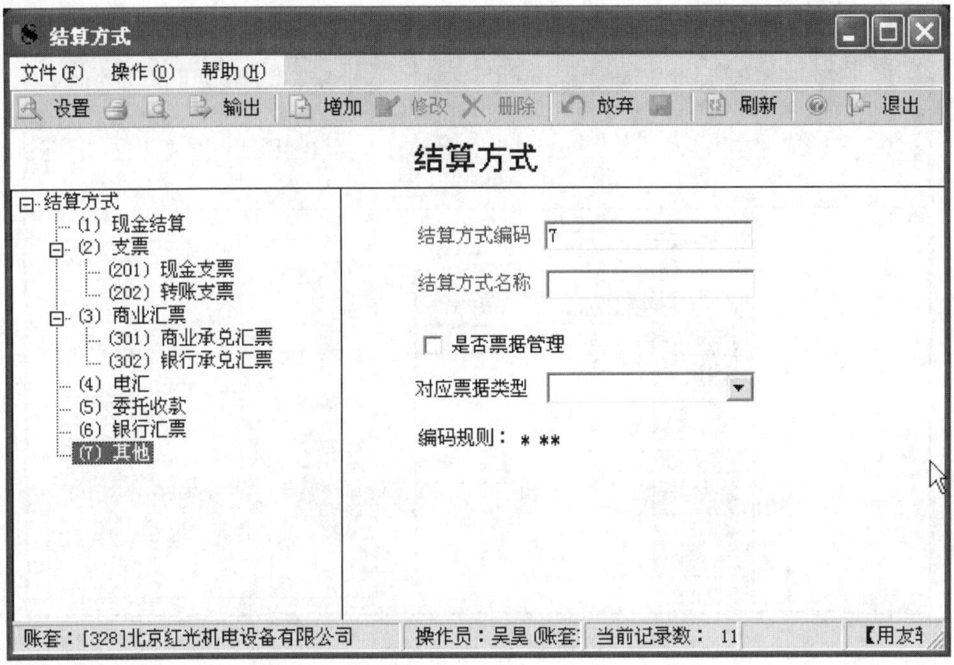

图7－7　结算方式

（6）凭证类别的设置。在“企业应用平台”中，执行“设置”→“基础档案”→“财务”→“凭证类别”命令，打开“凭证类别预置”对话框。按照要求选择凭证类别，单击“确定”按钮，设置完成后，单击“退出”按钮。如图 7－8 所示。

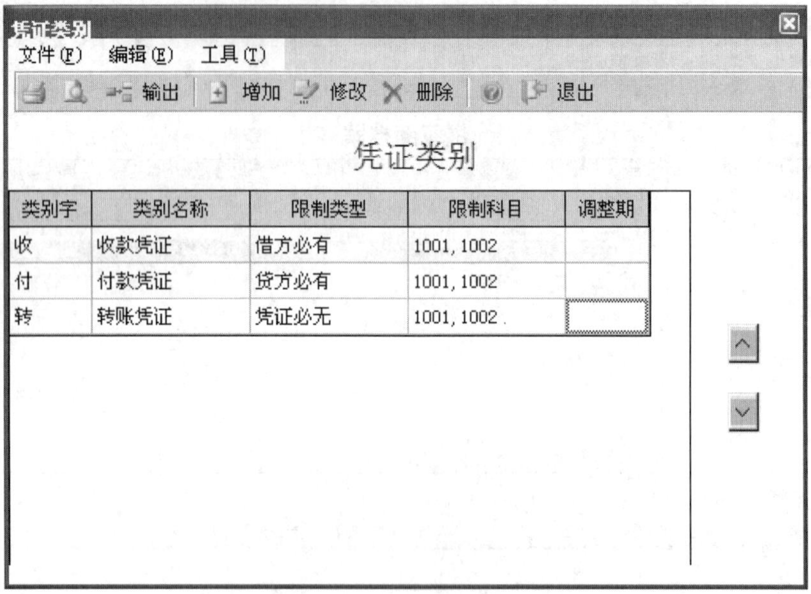

图 7－8　凭证类别

（7）外币设置。在“企业应用平台”中，执行“设置”→“基础档案”→“财务”→“外币设置”命令，打开“外币设置”对话框。按照要求输入内容后，单击“确认”按钮。如图 7－9 所示。

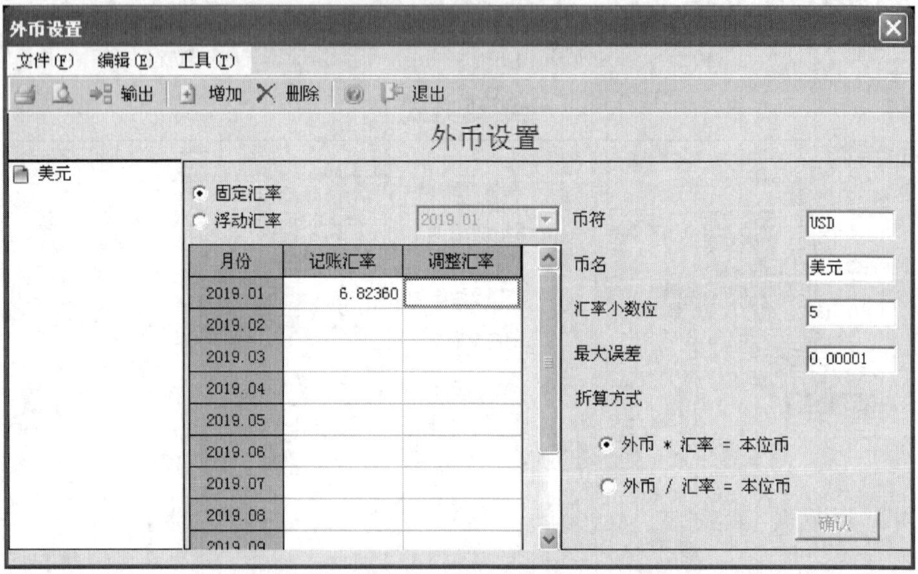

图 7－9　外币设置

（8）会计科目设置。在企业应用平台选择左下方“基础设置”，双击上方“基础档案”→“财务”→“会计科目”，进入“会计科目”窗口。单击“增加”按钮，进入“新增会计科目”窗口，输入资料中所给的明细科目。如图 7－10 所示。

图 7－10　科目设置

3. 总账系统

（1）期初余额录入。在“企业应用平台”中，执行“业务工作”→“财务会计”→“总账”→“设置”→“期初余额”命令，进入“期初余额录入”窗口，完成录入，以“应收账款”为例，如图 7－11 所示。

图 7－11　应收账款期初余额录入

（2）日常业务处理相关凭证的录入与生成。

会计分录部分：

①借：预付账款——其他　60000
　　贷：银行存款——中国工商银行　60000

②借：应交税费——应交所得税　37412.50
　　　　——城市维护建设税　5566.54
　　　　——教育费附加　2385.66
　　　　——个人所得税　735.00
　　未交增值税　79522.00
　　贷：银行存款——中国工商银行　125621.70

③借：银行存款—中国工商银行　50000
　　贷：其他业务收入　50000

④借：管理费用——其他　4800
　　贷：银行存款——中国工商银行　4800

⑤借：销售费用　3000
　　贷：银行存款——中国工商银行　3000

⑥借：管理费用——办公费　6200
　　贷：银行存款——中国工商银行　6200

⑦借：管理费用——其他　1536
　　贷：其他应收款　1400
　　　　库存现金　136

⑧借：其他应收款　250
　　贷：营业外收入　250

⑨借：库存现金　10000
　　贷：银行存款——中国工商银行　10000

⑩借：应付账款　35000
　　贷：银行存款——中国工商银行　35000

⑪借：银行存款——中国工商银行　456300
　　贷：应收账款　456300

⑫借：银行存款——中国工商银行　136472
　　贷：实收资本　136472

⑬借：原材料　30000
　　应交税费——应交增值税——进项税务　4800
　　贷：银行存款——中国工商银行　34800

⑭借：银行存款——中国工商银行　64960
　　贷：主营业务收入　56000
　　　　应交税费——应交增值税——销项税额　8960
　借：主营业务成本　30000
　　贷：库存商品　30000

⑮借：周转材料——包装物——木箱　　20500
　　应交税费——应交增值税——进项税额　　3280
　　贷：应付账款　　23780
⑯借：应收账款　　111360
　　贷：主营业务收入　　96000
　　　　应交税费——应交增值税　　15360
　借：主营业务成本　　32000
　　贷：库存商品　　32000
⑰借：应收票据　　292500
　　贷：应收账款　　292500
⑱借：管理费用——其他　　5000
　　贷：预付账款——其他　　5000
⑲借：管理费用——其他　　1200
　　贷：累计摊销　　1200

记账凭证具体操作步骤如下：

①更换操作员“王华宇”，进入总账系统，执行“凭证”→“填制凭证”命令，进入“填制凭证”窗口。

②单击“增加”按钮，增加一张空白凭证。

③输入凭证各项内容，单击“保存”。见图7－12至图7－32所示。

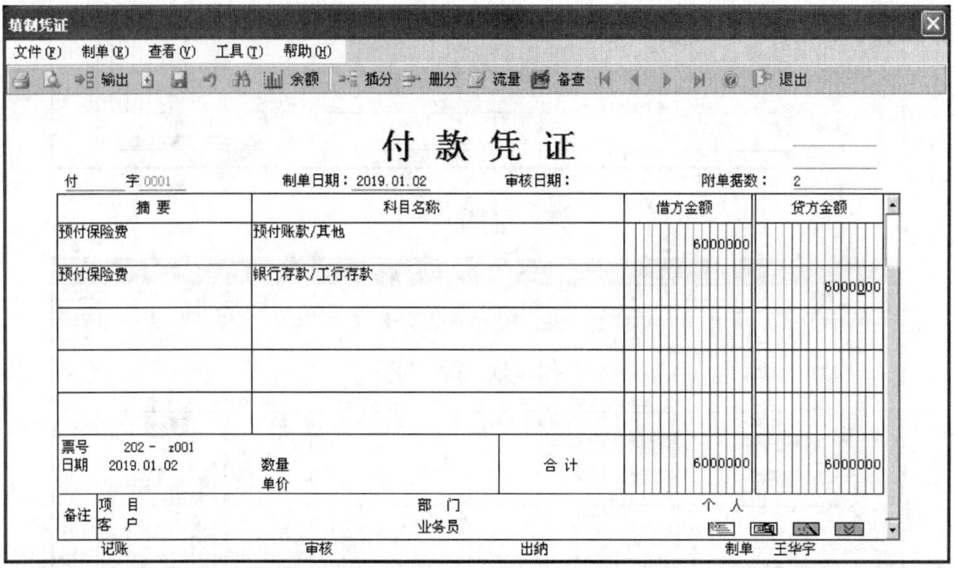

图7－12　凭证1

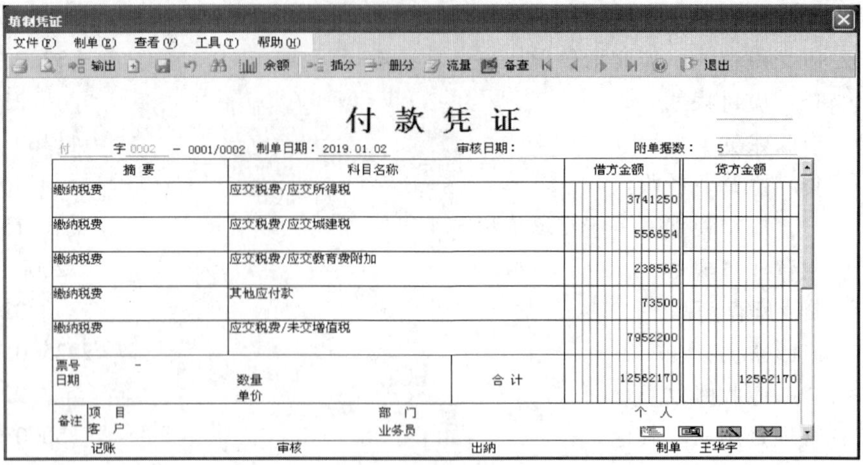

付款凭证

付 字 0002 － 0001/0002 制单日期：2019.01.02 审核日期： 附单据数：5

摘要	科目名称	借方金额	贷方金额
缴纳税费	应交税费/应交所得税	3741250	
缴纳税费	应交税费/应交城建税	556654	
缴纳税费	应交税费/应交教育费附加	238566	
缴纳税费	其他应付款	73500	
缴纳税费	应交税费/未交增值税	7952200	
票号 － 日期	数量 单价 合计	12562170	12562170

备注 项目 客户 部门 业务员 个人

记账 审核 出纳 制单 王华宇

图 7－13 凭证 2

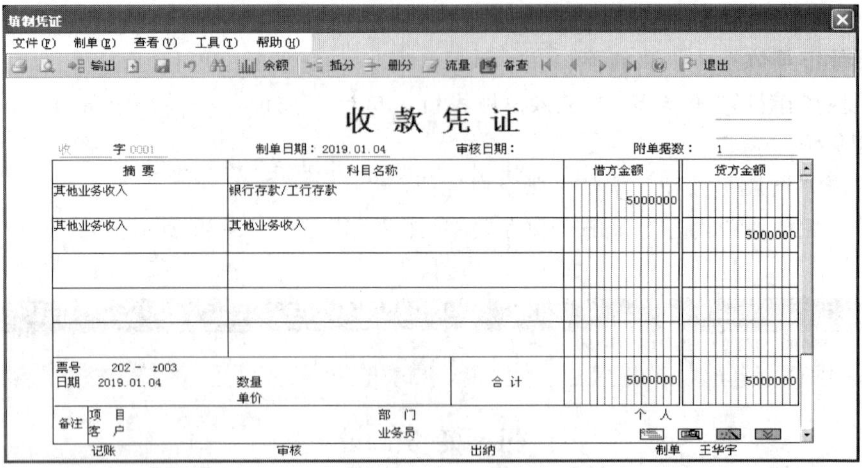

收款凭证

收 字 0001 制单日期：2019.01.04 审核日期： 附单据数：1

摘要	科目名称	借方金额	贷方金额
其他业务收入	银行存款/工行存款	5000000	
其他业务收入	其他业务收入		5000000
票号 202－r003 日期 2019.01.04	数量 单价 合计	5000000	5000000

备注 项目 客户 部门 业务员 个人

记账 审核 出纳 制单 王华宇

图 7－14 凭证 3

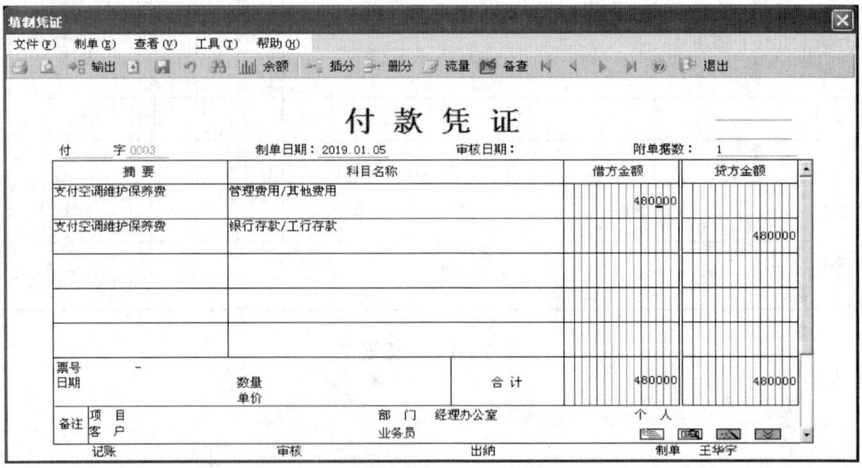

付款凭证

付 字 0003 制单日期：2019.01.05 审核日期： 附单据数：1

摘要	科目名称	借方金额	贷方金额
支付空调维护保养费	管理费用/其他费用	480000	
支付空调维护保养费	银行存款/工行存款		480000
票号 － 日期	数量 单价 合计	480000	480000

备注 项目 客户 部门 经理办公室 业务员 个人

记账 审核 出纳 制单 王华宇

图 7－15 凭证 4

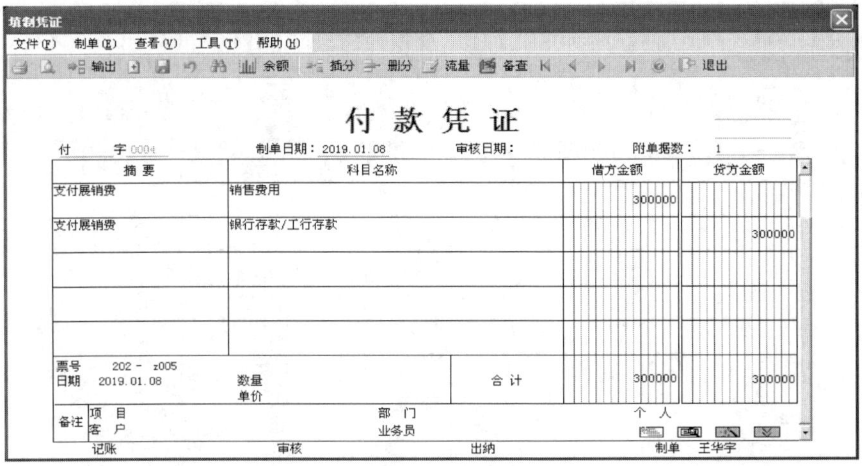

填制凭证

文件(F)　制单(E)　查看(V)　工具(T)　帮助(H)

输出　余额　插分　删分　流量　备查　退出

付 款 凭 证

付　字 0004　制单日期：2019.01.08　审核日期：　附单据数：1

摘要	科目名称	借方金额	贷方金额
支付展销费	销售费用	300000	
支付展销费	银行存款/工行存款		300000
票号 202 - z005 日期 2019.01.08	数量 单价　合计	300000	300000

备注　项目　部门　个人
客户　业务员

记账　审核　出纳　制单 王华宇

图 7－16　凭证 5

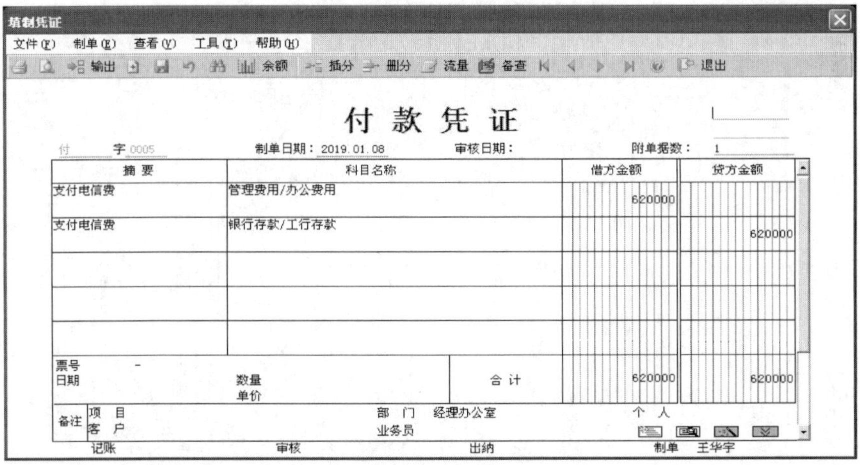

填制凭证

文件(F)　制单(E)　查看(V)　工具(T)　帮助(H)

输出　余额　插分　删分　流量　备查　退出

付 款 凭 证

付　字 0005　制单日期：2019.01.08　审核日期：　附单据数：1

摘要	科目名称	借方金额	贷方金额
支付电信费	管理费用/办公费用	620000	
支付电信费	银行存款/工行存款		620000
票号 - 日期	数量 单价　合计	620000	620000

备注　项目　部门 经理办公室　个人
客户　业务员

记账　审核　出纳　制单 王华宇

图 7－17　凭证 6

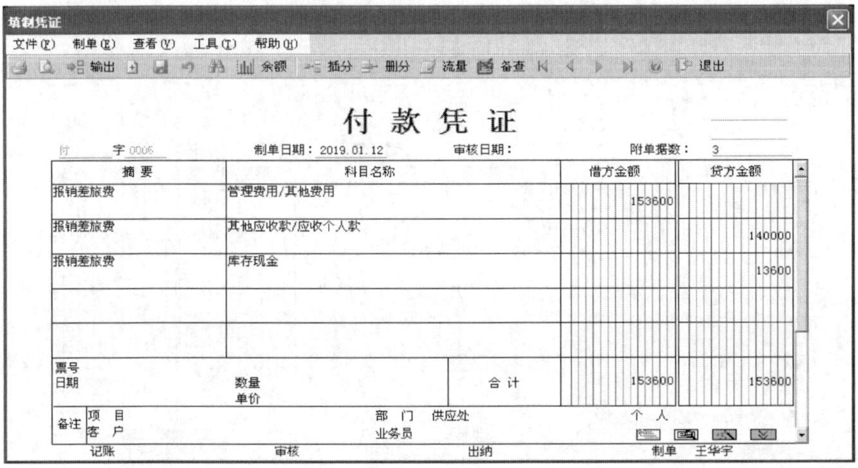

填制凭证

文件(F)　制单(E)　查看(V)　工具(T)　帮助(H)

输出　余额　插分　删分　流量　备查　退出

付 款 凭 证

付　字 0006　制单日期：2019.01.12　审核日期：　附单据数：3

摘要	科目名称	借方金额	贷方金额
报销差旅费	管理费用/其他费用	153600	
报销差旅费	其他应收款/应收个人款		140000
报销差旅费	库存现金		13600
票号 日期	数量 单价　合计	153600	153600

备注　项目　部门 供应处　个人
客户　业务员

记账　审核　出纳　制单 王华宇

图 7－18　凭证 7

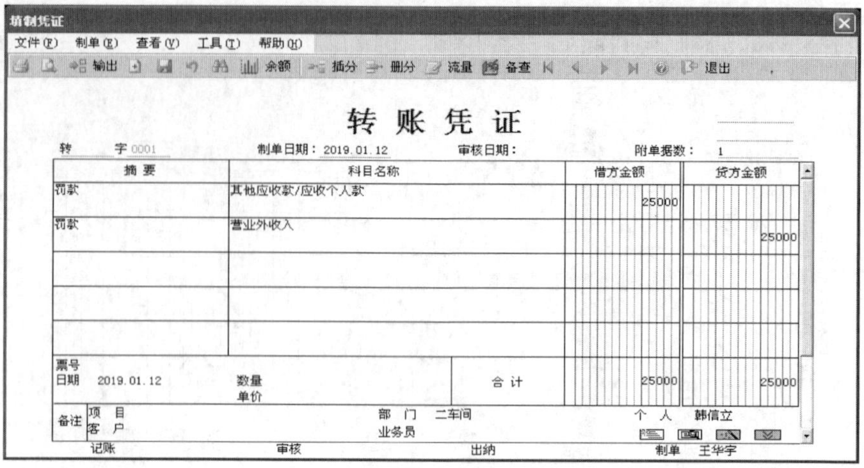

图 7－19 凭证 8

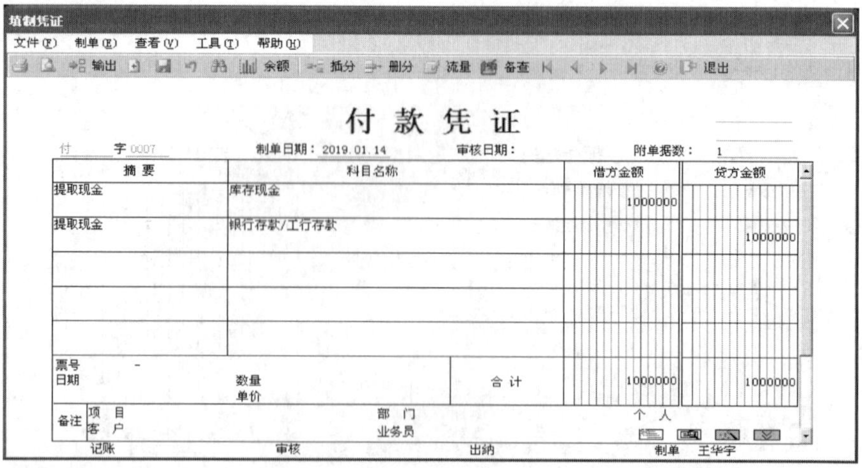

图 7－20 凭证 9

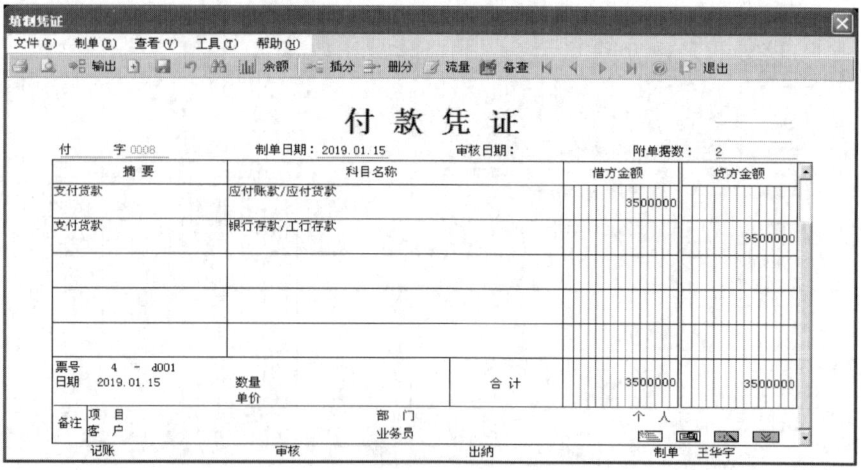

图 7－21 凭证 10

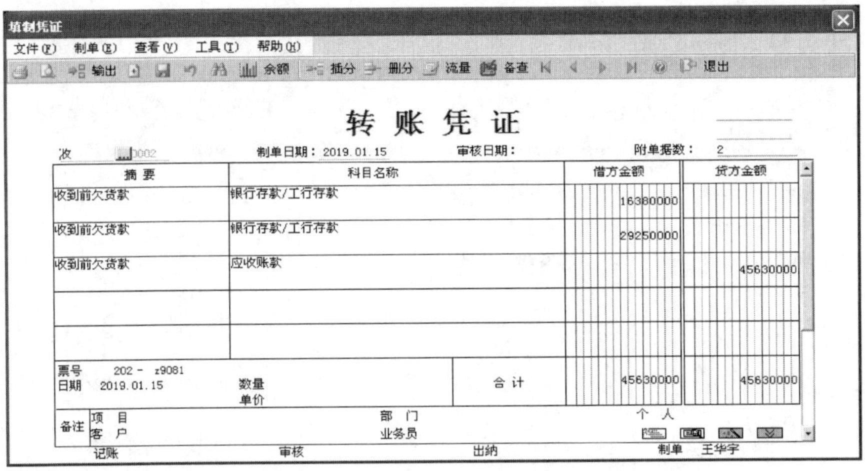

填制凭证

文件(F)　制单(E)　查看(V)　工具(T)　帮助(H)

输出　余额　插分　删分　流量　备查　退出

转 账 凭 证

收　0002　　制单日期：2019.01.15　　审核日期：　　附单据数：2

摘要	科目名称	借方金额	贷方金额
收到前欠货款	银行存款/工行存款	16380000	
收到前欠货款	银行存款/工行存款	29250000	
收到前欠货款	应收账款		45630000
票号 202 - r9081　日期 2019.01.15　数量　单价	合计	45630000	45630000

备注　项目　部门　个人　客户　业务员

记账　审核　出纳　制单 王华宇

图 7－22　凭证 11

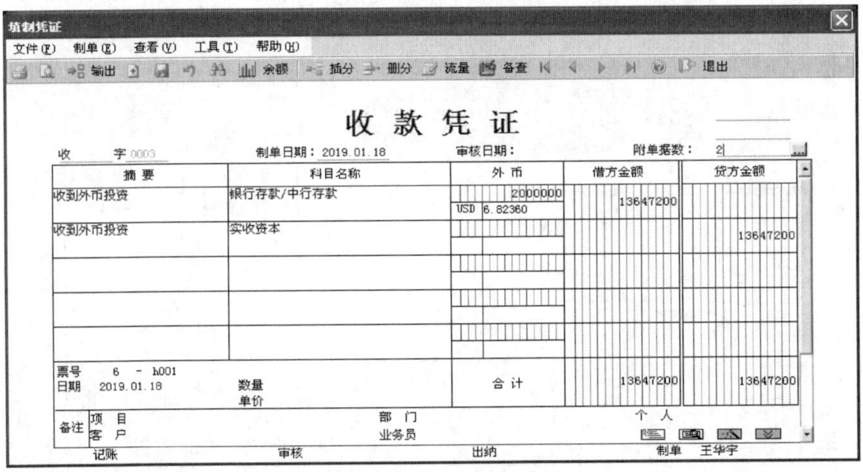

填制凭证

文件(F)　制单(E)　查看(V)　工具(T)　帮助(H)

输出　余额　插分　删分　流量　备查　退出

收 款 凭 证

收　字 0003　　制单日期：2019.01.18　　审核日期：　　附单据数：2

摘要	科目名称	外币	借方金额	贷方金额
收到外币投资	银行存款/中行存款	2000000 USD 6.82360	13647200	
收到外币投资	实收资本			13647200
票号 6 - h001　日期 2019.01.18　数量　单价		合计	13647200	13647200

备注　项目　部门　个人　客户　业务员

记账　审核　出纳　制单 王华宇

图 7－23　凭证 12

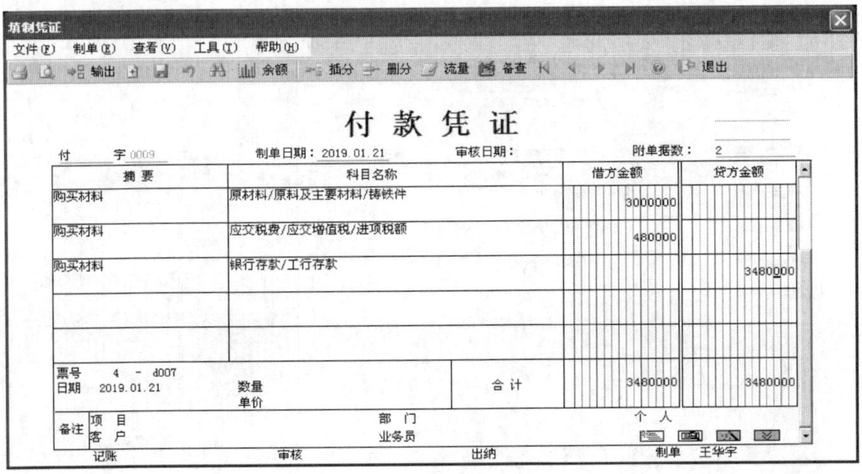

填制凭证

文件(F)　制单(E)　查看(V)　工具(T)　帮助(H)

输出　余额　插分　删分　流量　备查　退出

付 款 凭 证

付　字 0009　　制单日期：2019.01.21　　审核日期：　　附单据数：2

摘要	科目名称	借方金额	贷方金额
购买材料	原材料/原料及主要材料/铸铁件	3000000	
购买材料	应交税费/应交增值税/进项税额	480000	
购买材料	银行存款/工行存款		3480000
票号 4 - d007　日期 2019.01.21　数量　单价	合计	3480000	3480000

备注　项目　部门　个人　客户　业务员

记账　审核　出纳　制单 王华宇

图 7－24　凭证 13

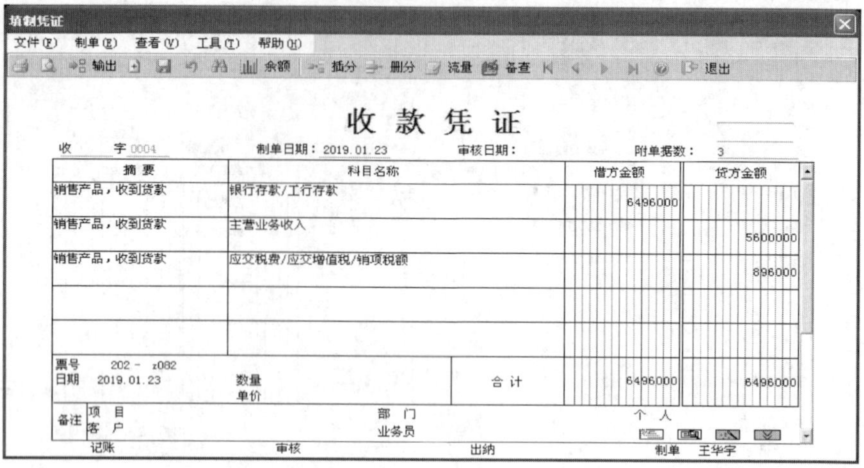

填制凭证

文件(F) 制单(E) 查看(V) 工具(T) 帮助(H)

输出 余额 插分 删分 流量 备查 退出

收 款 凭 证

收 字 0004 制单日期：2019.01.23 审核日期： 附单据数：3

摘要	科目名称	借方金额	贷方金额
销售产品，收到货款	银行存款/工行存款	6496000	
销售产品，收到货款	主营业务收入		5600000
销售产品，收到货款	应交税费/应交增值税/销项税额		896000
票号 202 - z082 日期 2019.01.23	数量 单价 合计	6496000	6496000

备注 项目 部门 个人
客户 业务员

记账 审核 出纳 制单 王华宇

图 7－25 凭证 14

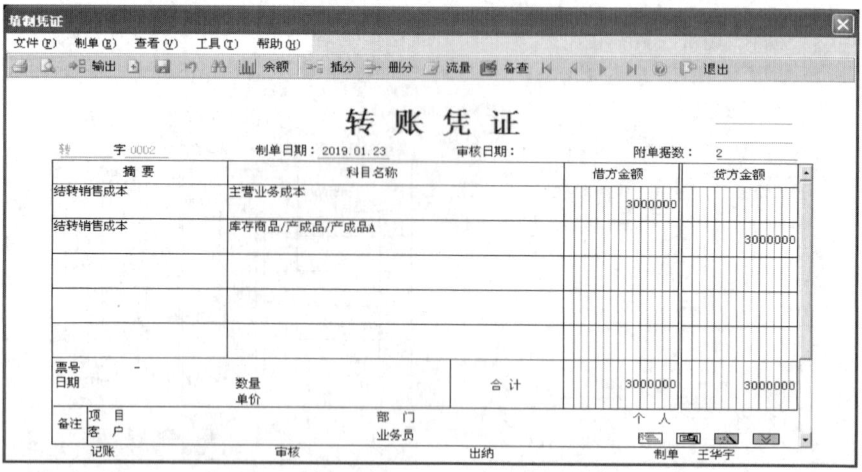

填制凭证

文件(F) 制单(E) 查看(V) 工具(T) 帮助(H)

输出 余额 插分 删分 流量 备查 退出

转 账 凭 证

转 字 0002 制单日期：2019.01.23 审核日期： 附单据数：2

摘要	科目名称	借方金额	贷方金额
结转销售成本	主营业务成本	3000000	
结转销售成本	库存商品/产成品/产成品A		3000000
票号 - 日期	数量 单价 合计	3000000	3000000

备注 项目 部门 个人
客户 业务员

记账 审核 出纳 制单 王华宇

图 7－26 凭证 15

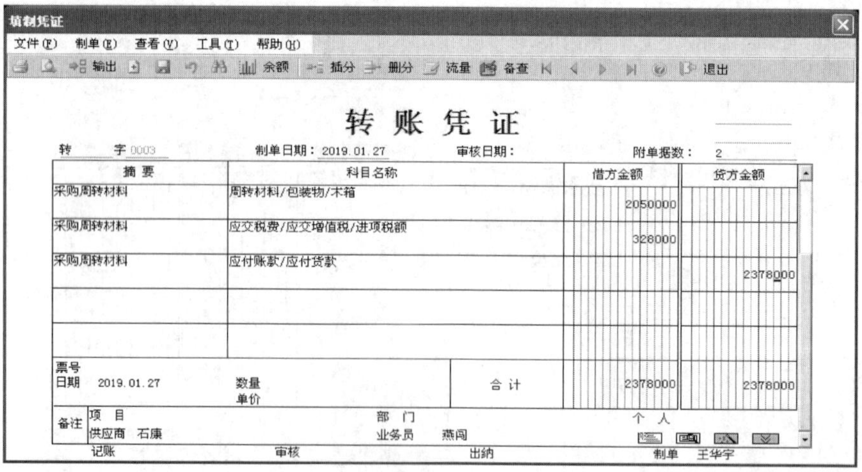

填制凭证

文件(F) 制单(E) 查看(V) 工具(T) 帮助(H)

输出 余额 插分 删分 流量 备查 退出

转 账 凭 证

转 字 0003 制单日期：2019.01.27 审核日期： 附单据数：2

摘要	科目名称	借方金额	贷方金额
采购周转材料	周转材料/包装物/木箱	2050000	
采购周转材料	应交税费/应交增值税/进项税额	328000	
采购周转材料	应付账款/应付货款		2378000
票号 日期 2019.01.27	数量 单价 合计	2378000	2378000

备注 项目 部门 个人
供应商 石康 业务员 燕阎

记账 审核 出纳 制单 王华宇

图 7－27 凭证 16

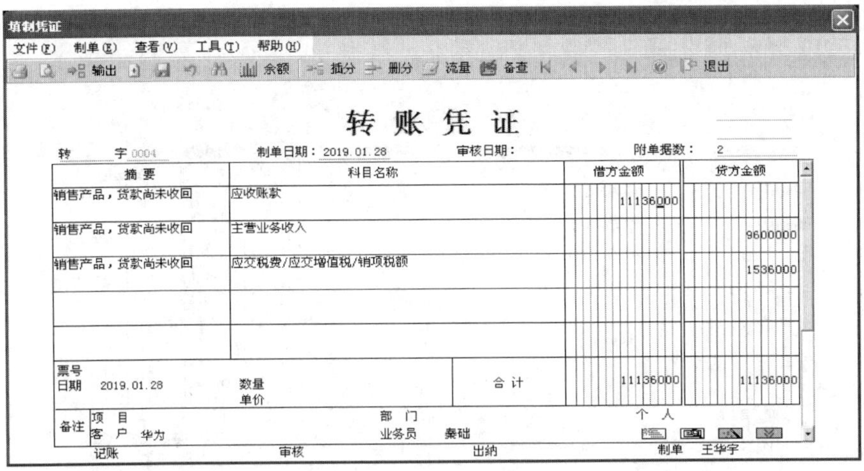

填制凭证

文件(F)　制单(E)　查看(V)　工具(T)　帮助(H)

输出　余额　插分　删分　流量　备查　退出

转 账 凭 证

转　字 0004　　制单日期：2019.01.28　　审核日期：　　附单据数：2

摘要	科目名称	借方金额	贷方金额
销售产品，货款尚未收回	应收账款	11136000	
销售产品，货款尚未收回	主营业务收入		9600000
销售产品，货款尚未收回	应交税费/应交增值税/销项税额		1536000
票号 日期　2019.01.28	数量 单价　　合计	11136000	11136000

备注　项　目　　部　门　　个　人

客　户　华为　　业务员　秦础

记账　审核　出纳　制单　王华宇

图 7-28　凭证 17

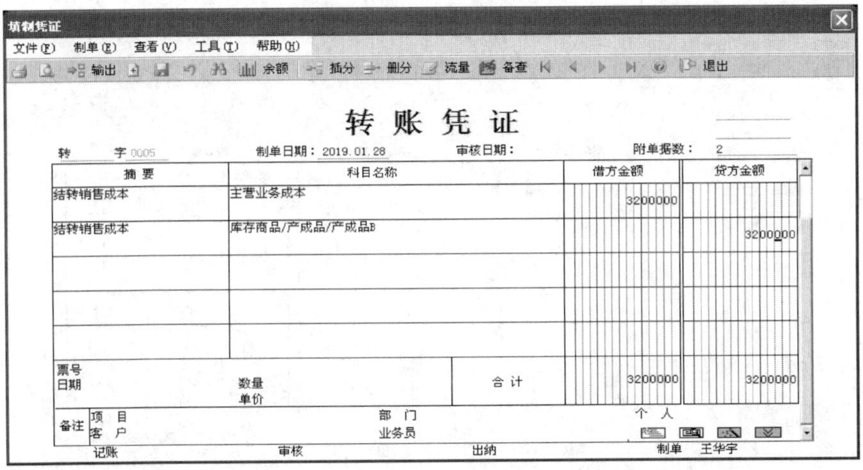

填制凭证

文件(F)　制单(E)　查看(V)　工具(T)　帮助(H)

输出　余额　插分　删分　流量　备查　退出

转 账 凭 证

转　字 0005　　制单日期：2019.01.28　　审核日期：　　附单据数：2

摘要	科目名称	借方金额	贷方金额
结转销售成本	主营业务成本	3200000	
结转销售成本	库存商品/产成品/产成品B		3200000
票号 日期	数量 单价　　合计	3200000	3200000

备注　项　目　　部　门　　个　人

客　户　　业务员

记账　审核　出纳　制单　王华宇

图 7-29　凭证 18

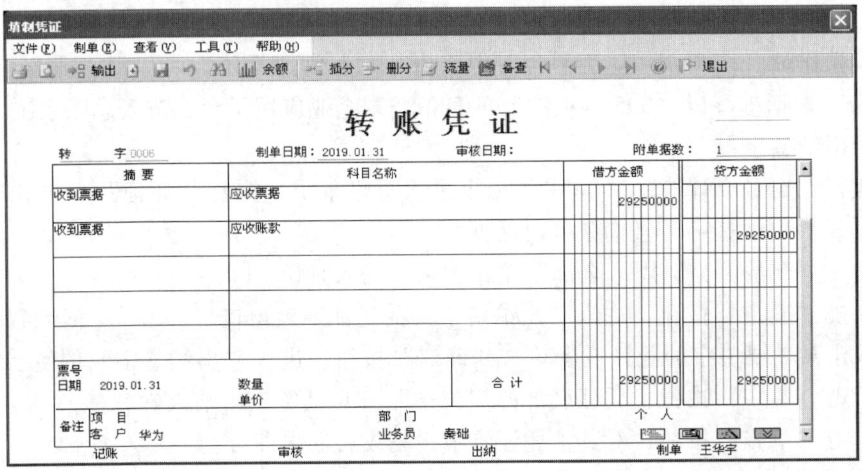

填制凭证

文件(F)　制单(E)　查看(V)　工具(T)　帮助(H)

输出　余额　插分　删分　流量　备查　退出

转 账 凭 证

转　字 0006　　制单日期：2019.01.31　　审核日期：　　附单据数：1

摘要	科目名称	借方金额	贷方金额
收到票据	应收票据	29250000	
收到票据	应收账款		29250000
票号 日期　2019.01.31	数量 单价　　合计	29250000	29250000

备注　项　目　　部　门　　个　人

客　户　华为　　业务员　秦础

记账　审核　出纳　制单　王华宇

图 7-30　凭证 19

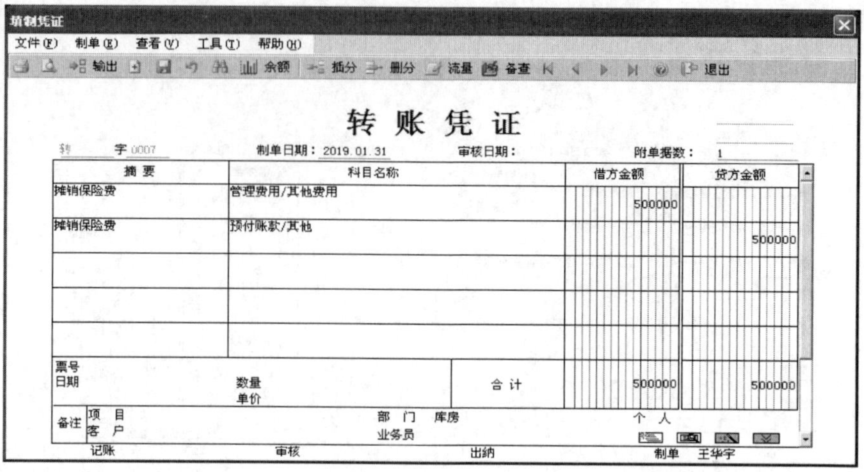

图 7－31　凭证 20

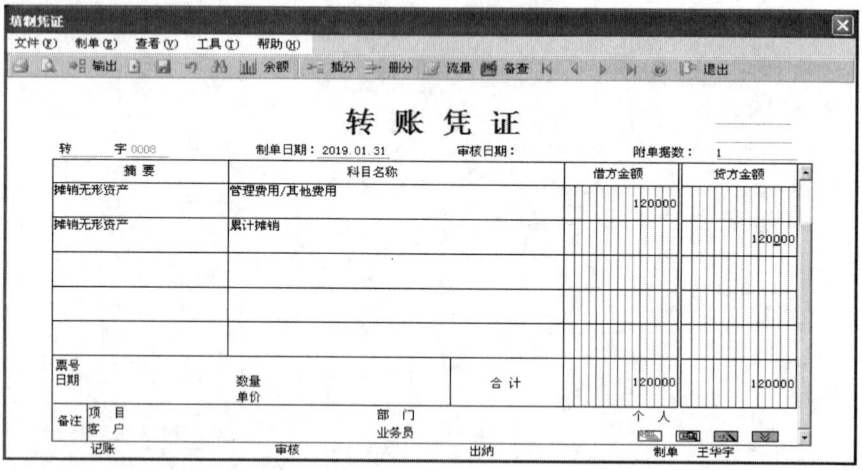

图 7－32　凭证 21

（3）请用“005 冯玉波”身份进行出纳签字。

更换操作员。在“企业应用平台”中，执行左上角“系统”→“重注册”命令，打开“登录”对话框。以“005 冯玉波”的身份登录企业应用平台，进入总账系统。

进行出纳签字：

①执行“财务会计”→“总账”命令进入总账系统，执行“凭证”→“出纳签字”命令，打开“出纳签字”查询条件对话框。

②输入查询条件：选择“全部”单选按钮，输入月份。

③单击“确定”按钮，进入“出纳签字”的凭证列表窗口。

④双击某一要签字的凭证或者单击“确定”按钮，进入“出纳签字”的签字窗口。

⑤单击“签字”按钮，凭证底部的“出纳”处自动签上出纳人姓名。

⑥单击“下张”按钮，对其他凭证签字，完成后退出即可。

（4）请用“001 吴昊”的身份对所有凭证进行主管签字。

①以“001 吴昊”的身份重新登录总账管理系统。执行“财务会计”→“总账”命

令进入总账系统，执行“凭证”→“主管签字”命令，打开“主管签字”查询条件对话框。

②输入查询条件，单击“确定”按钮，进入“主管签字”的凭证列表窗口。

③双击某一要签字的凭证或者单击“确定”按钮，进入“主管签字”的签字窗口。

④单击“签字”按钮，凭证右上方自动签上主管人姓名。

⑤单击“下张”按钮，对其他凭证签字，完成后退出即可。

（5）请用“004 陈小雨”的身份对所有凭证进行审核，并记账。

①以“004 陈小雨”的身份重新登录总账管理系统。

②执行“凭证”→“审核凭证”命令，打开“凭证审核”查询条件对话框。

③单击“确定”按钮，进入“凭证审核”的凭证列表窗口。

④双击要审核的凭证或单击“确定”按钮，进入“凭证审核”的审核凭证窗口。

⑤检查要审核的凭证，无误后，单击“审核”按钮，凭证底部的“审核”处自动签上审核人姓名。

⑥单击“下张”按钮，对其他凭证签字，完成后退出。

⑦执行“凭证”→“记账”命令，进入“记账”窗口。单击“全选”按钮，选择所有凭证，再单击“记账”按钮。显示期初试算平衡表，单击“确定”按钮。记账后，提示“记账完毕”。

（6）进行期末处理

自定义转账设置

①执行“财务会计”→“总账”→“期末”→“转账定义”→“自定义转账”命令，进入“自定义转账设置”窗口。

②单击“增加”，输入转账序号、转账说明、凭证类别等内容，单击“确定”。

③单击“增行”，输入“科目编码 6603”，在“金额公式”栏单击参照按钮，在“公式向导”中选择“期初余额”单击“下一步”。

④在公式向导中选择科目“2001”，期间“月”，方向为“贷”，选择“继续输入公式”，选择“*（乘）”，单击“下一步”。

⑤在公式向导中选择“常数”，单击“下一步”，输入“0.00165”，单击“完成”。

⑥增加一行，输入科目编码“2231”，方向选择“贷”，金额公式中单击参照，选择“JG（）”，单击下一步，单击“完成”，如图 7－33 所示。

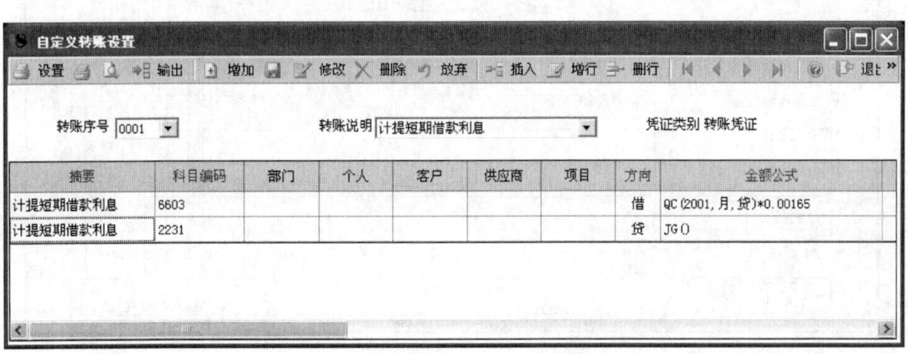

图 7－33　自定义计提短期借款利息设置

⑦执行“财务会计”→“总账”→“期末”→“转账生成”命令，进入“转账生成”窗口。

⑧选择“自定义转账”，单击“全选”按钮，单击“确定”。自动生成记账凭证。同理生成其他凭证。如图 7－34 至图 7－36 所示。

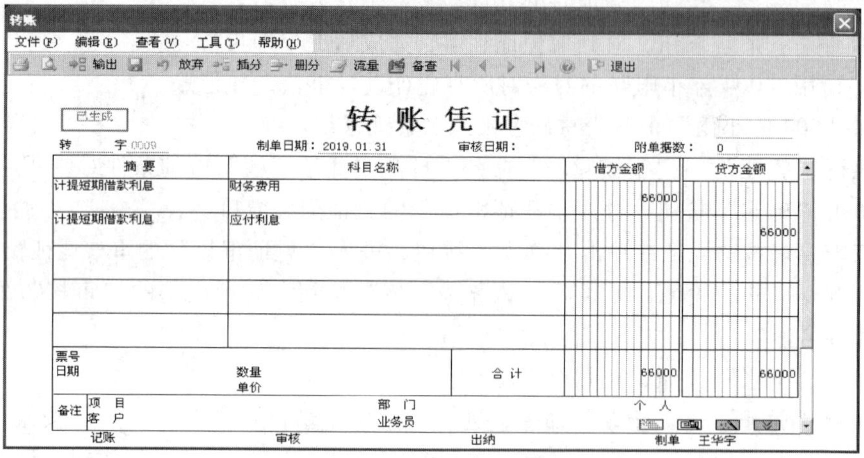

图 7－34　凭证 22

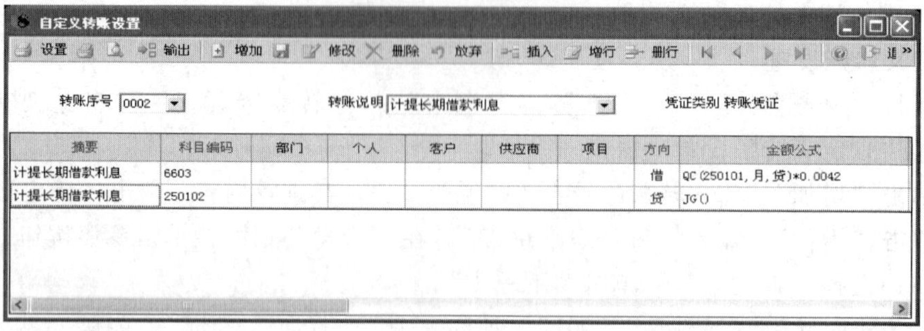

图 7－35　自定义计提长期借款利息设置

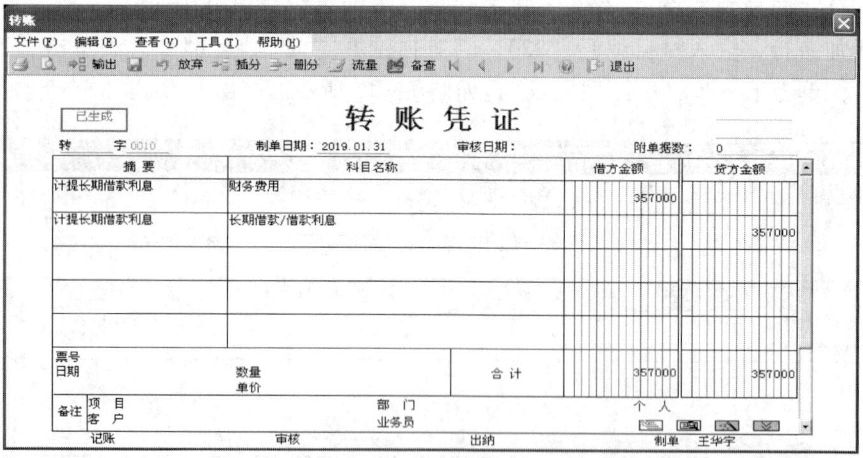

图 7－36　凭证 23

汇兑损益结转设置

①在“企业应用平台”中，执行“设置”→“基础档案”→“财务”→“外币设置”命令，打开“外币设置”对话框。输入“调整汇率”，单击“确认”。如图7-37所示。

图7-37　期末调整汇率输入

②执行“财务会计”→“总账”→“期末”→“转账定义”→“汇兑损益结转设置”命令，进入“汇兑损益结转设置”窗口。选择入账科目后，单击“确定”。如图7-38所示。

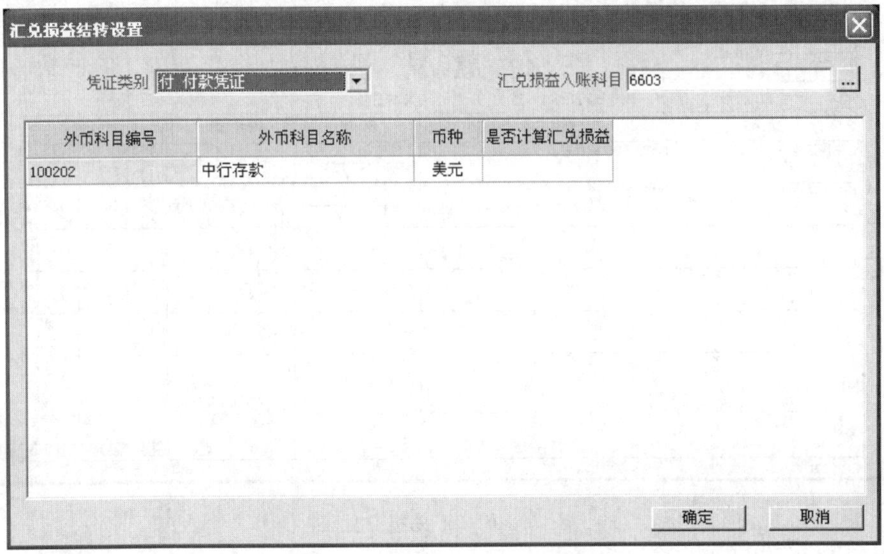

图7-38　汇兑损益结转设置

③执行“财务会计”→“总账”→“期末”→“转账生成”命令，进入“转账生

成”窗口。如图 7－39 所示。

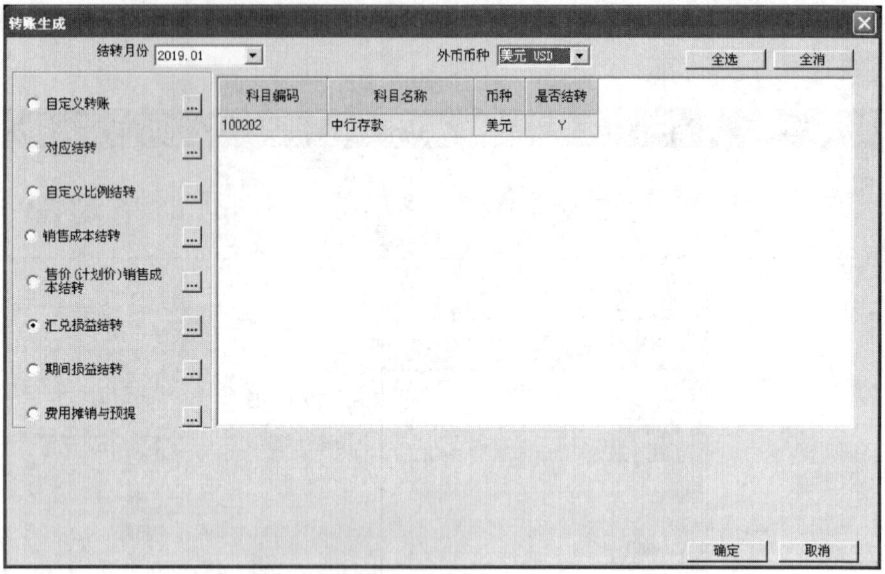

图 7－39　转账生成

④选择外币，单击“全选”按钮，单击“确定”。自动生成记账凭证。如图 7－40 所示。

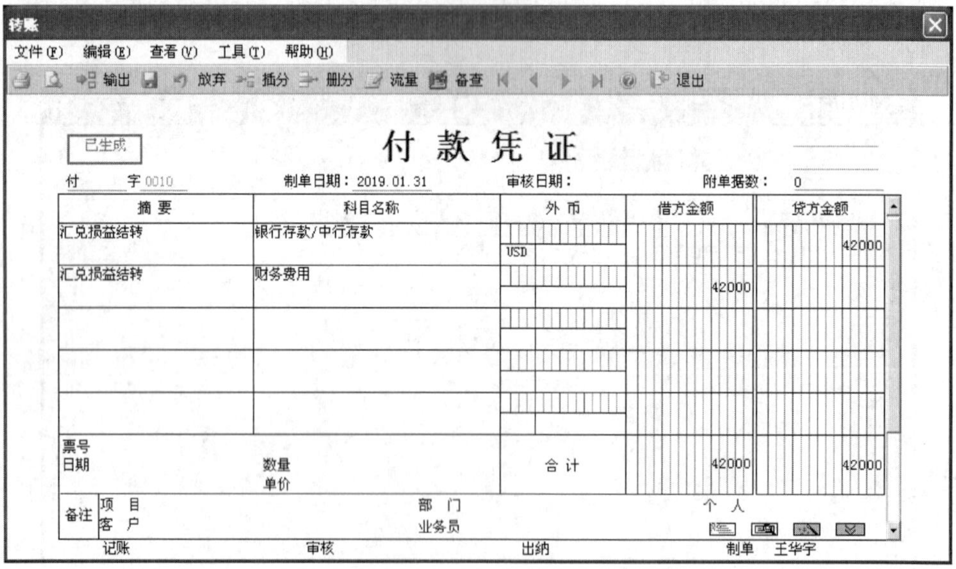

图 7－40　汇兑损益凭证

（7）请用“005 冯玉波”进行出纳签字。

执行“财务会计”→“总账”命令进入总账系统，执行“凭证”→“出纳签字”命令，打开“出纳签字”进行“出纳签字”。

（8）请用001吴昊对所有凭证进行主管签字。

①登录总账管理系统。执行“财务会计”→“总账”命令进入总账系统，执行“凭证”→“主管签字”命令，打开“主管签字”查询条件对话框。

②输入查询条件，单击“确定”按钮，进入“主管签字”的凭证列表窗口。

③双击某一要签字的凭证或者单击“确定”按钮，进入“主管签字”的签字窗口。

④单击“签字”按钮，凭证右上方自动签上主管人姓名。

⑤单击“下张”按钮，对其他凭证签字，完成后退出即可。

（9）请用004陈小雨对所有凭证进行审核，并记账。

①登录总账管理系统。执行“凭证”→“审核凭证”命令，打开“凭证审核”查询条件对话框。

②单击“确定”按钮，进入“凭证审核”的凭证列表窗口。

③双击要审核的凭证或单击“确定”按钮，进入“凭证审核”的审核凭证窗口。

④检查要审核的凭证，无误后，单击“审核”按钮，凭证底部的“审核”处自动签上审核人姓名。单击“下张”按钮，对其他凭证签字，完成后退出。

⑤执行“凭证”→“记账”命令，进入“记账”窗口。单击“全选”按钮，选择所有凭证，再单击“记账”按钮。显示期初试算平衡表，单击“确定”按钮。记账后，提示“记账完毕”。

（10）进行期末损益结转。如图7－41、图7－42所示。

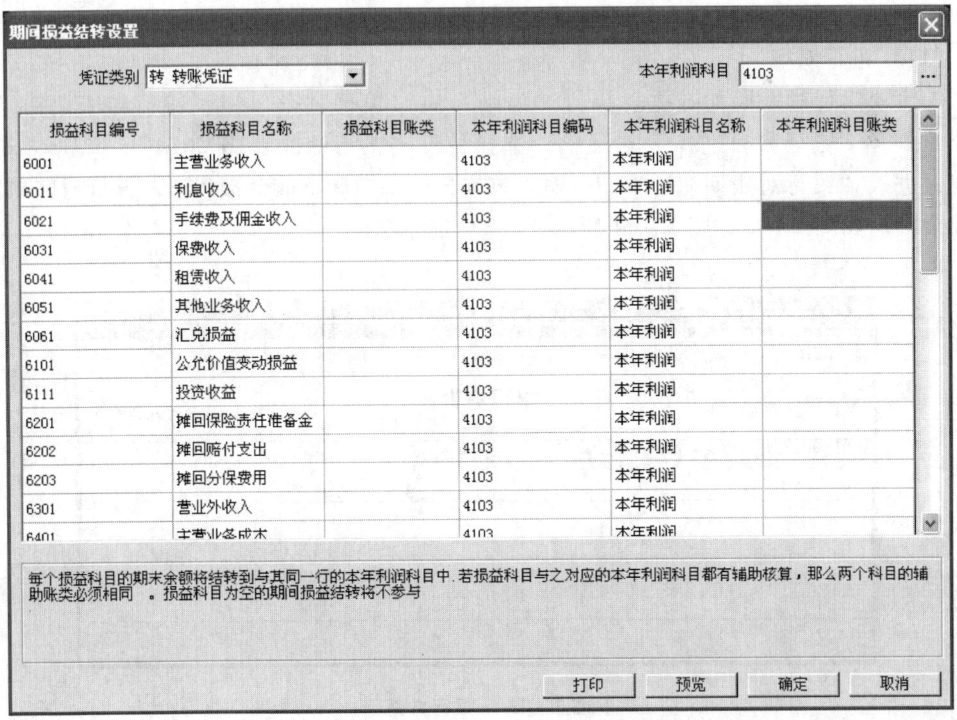

图7－41 期间损益结转设置

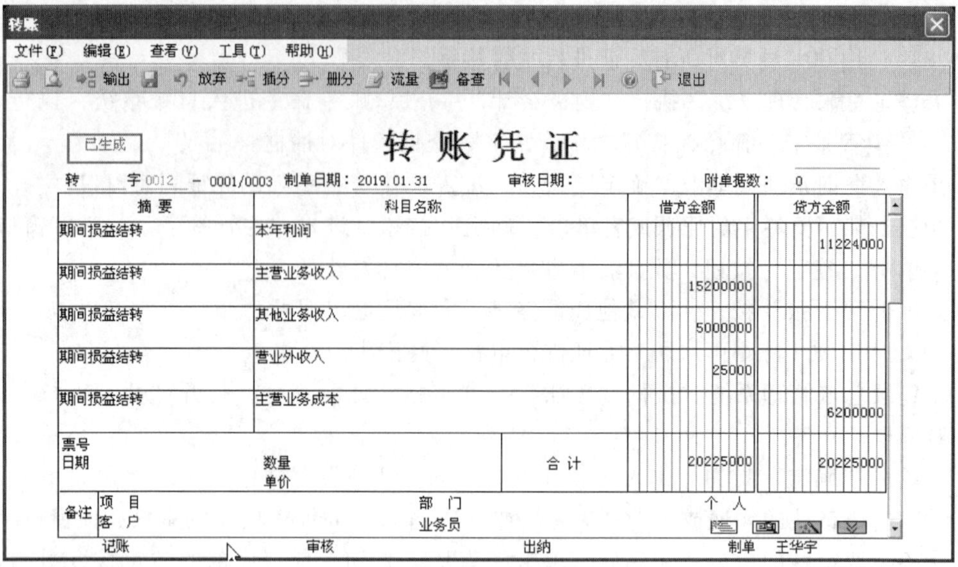

图 7－42 期间损益结转凭证

①登录总账管理系统，选择“期间损益结转”，单击“全选”后，单击“确定”，系统自动生成一张转账凭证，单击“保存”，凭证显示“已生成”。

②执行“财务会计”→“总账”→“凭证”，对未审核凭证进行审核。

③执行“财务会计”→“总账”→“凭证”，对未签字凭证进行主管签字。

④执行“财务会计”→“总账”→“凭证”，完成记账工作。

（11）银行对账。

①输入银行对账期初数据。执行“出纳”→“银行对账”→“银行对账期初录入”命令，打开“银行科目选择”对话框。选择科目“工行存款（100201）”，单击“确定”按钮，进入“银行对账期初”窗口。输入单位日记账的调整前余额，输入银行对账单的调整前余额。如图 7－43、图 7－44 所示。

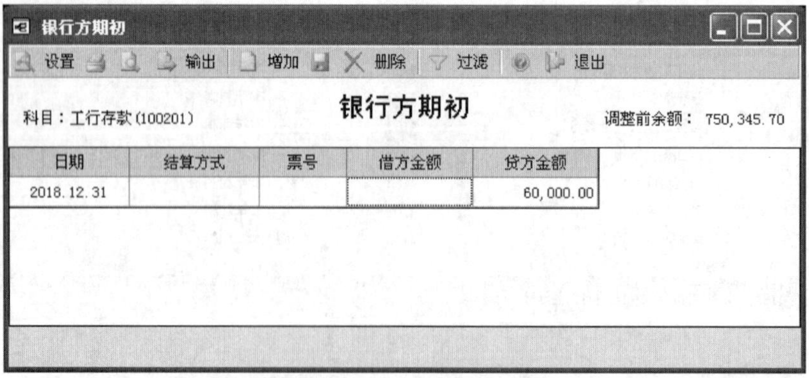

图 7－43 银行方期初

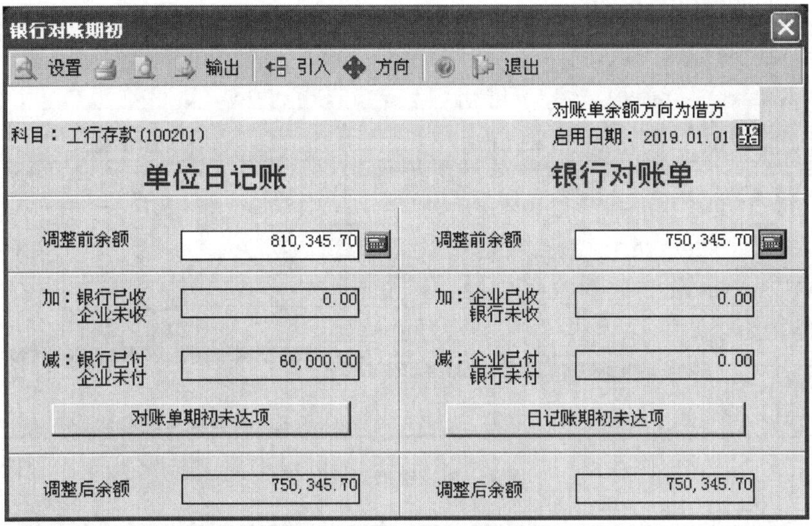

图 7－44　银行对账期初

②录入银行对账单。执行“出纳”→“银行对账”→“银行对账单”命令，打开“银行科目选择”对话框。选择科目“工行存款（100201）”，月份“2019.01－2019.01”，单击“确定”按钮，进入“银行对账单”窗口。单击“增加”按钮，输入银行对账单数据。如图 7－45 所示。

银行对账单

科目：工行存款(100201)　　对账单账面余额:730,624.00

日期	结算方式	票号	借方金额	贷方金额	余额
2018.12.31	202	z001		60,000.00	750,345.70
2019.01.03	202	z002		125,621.70	624,724.00
2019.01.06	202	z003	50,000.00		674,724.00
2019.01.06	202	z004		4,800.00	669,924.00
2019.01.08	5	w001		6,200.00	663,724.00
2019.01.10	202	z005		3,000.00	660,724.00
2019.01.10	202	z568	50,000.00		710,724.00
2019.01.14	201	x001		10,000.00	700,724.00
2019.01.16	202	z654	100,000.00		800,724.00
2019.01.16	4	d001		35,000.00	765,724.00

图 7－45　银行对账单

③银行对账。执行“出纳”→“银行对账”→“银行对账”命令，打开“银行科目选择”对话框。选择科目“工行存款（100201）”，月份“2019.01－2019.01”，单击“确定”按钮，进入“银行对账”窗口。单击“对账”按钮，打开“自动对账”条件对话框。输入截止日期“2019－01－31”，默认系统提供的其他对账条件。单击“确定”按钮，显示自动对账结果。如图 7－46、图 7－47 所示。

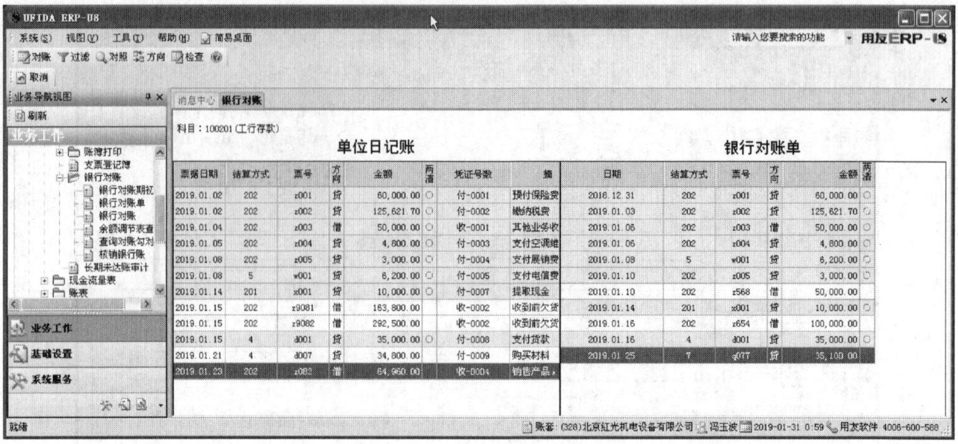

图 7－46　银行对账结果

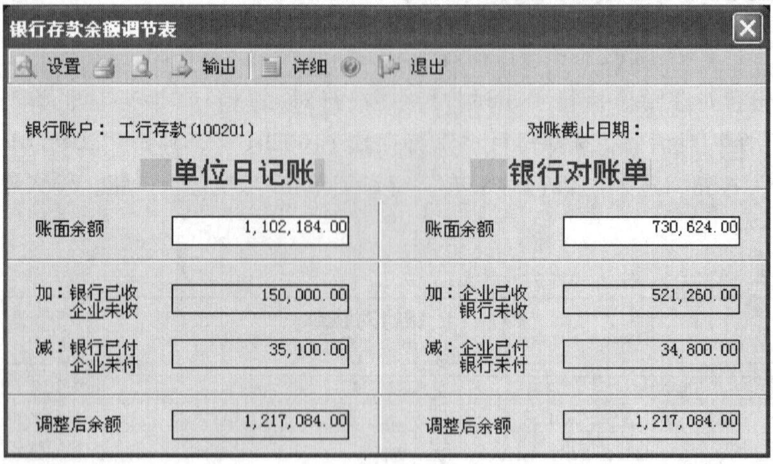

图 7－47　银行存款余额调节表

4. 工资处理

（1）建立工资账套。

①在“企业应用平台”中，单击“人力资源”中的“薪资管理”选项，系统弹出“请先设置工资类别”窗口，单击“确定”。

②在建立工资套窗口选择工资类别个数“单个”，默认货币名称为“人民币”，单击“下一步”按钮。

③单击“扣税设置”，选中“是否从工资中代扣个人所得税”复选框，单击“下一步”按钮。

④在“扣零设置”中，不选择“扣零”，单击“下一步”按钮。

⑤单击“完成”，完成工资账套建立。

（2）数据权限设置。

①执行“系统服务”→“权限”命令，双击“数据权限分配”。

②业务对象选择“工资权限”，选择“工资类别主管”，选择所有部门。

③单击“保存”，完成记录权限设置。如图 7－48 所示。

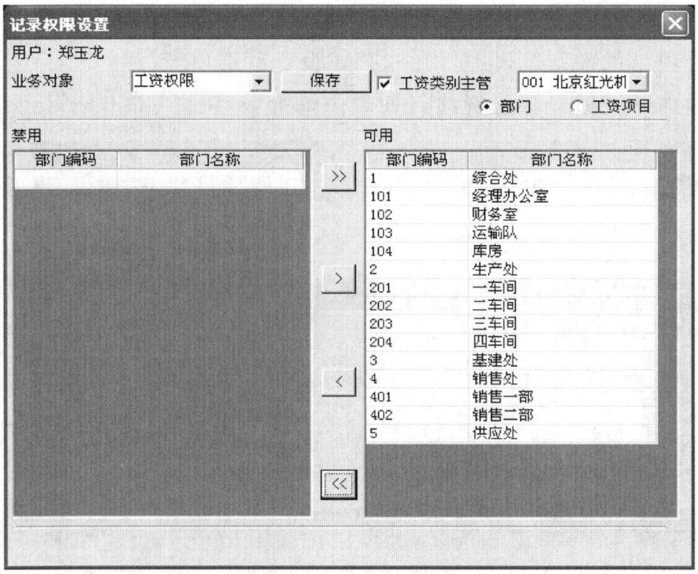

图 7－48　记录权限设置

（3）工资项目设置。

①执行“设置”→“工资项目设置”命令，打开“工资项目设置”窗口。

②单击“增加”按钮，工资项目列表中增加一空行。

③单击“名称参照”下拉列表框，从下拉列表中选择并双击“基本工资”选项。

④双击“类型”栏，单击下拉列表框，从下拉列表中选择“数字”选项。

⑤输入“长度”“小数”栏数据。

⑥双击“增减项”栏，单击下拉列表框，从下拉列表中选择“增项”选项。

⑦同理，增加其他项目。名称参照中没有的项目可以直接输入进行增加，然后用“上移”或“下移”调整工资项目顺序，设置结果如图 7－49 所示。单击“确定”按钮。

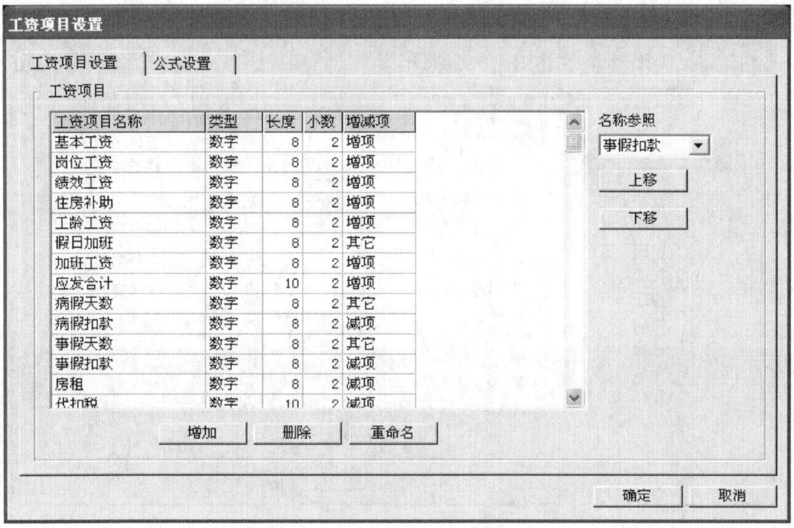

图 7－49　工资项目设置

（4）公式设置。

①在“工资项目设置”窗口中打开“公式设置”选项卡。

②单击“增加”按钮，在工资项目列表中增加一空行，单击该行，在下拉列表中选择“事假扣款”选项。

③单击“事假扣款公式定义”文本框，单击工资项目列表中的“事假天数”项目。

④单击运算符“*”，输入“30”，单击“公式确认”按钮。结果如图 7－50 所示。

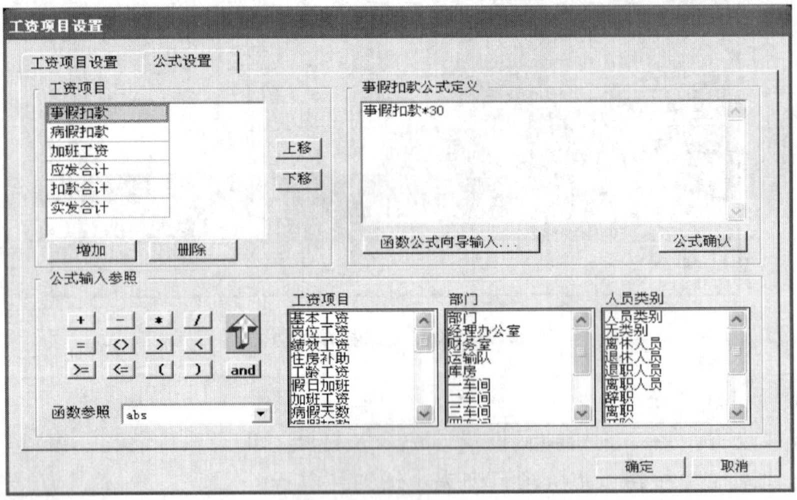

图 7－50　公式设置

（5）人员批量增加。

①执行“设置”→“人员档案”命令，进入“人员档案”窗口。

②单击工具栏上的“批增”按钮，单击“人员类别”前“选择栏”后，单击“确定”。

③完善所有人员档案后退出。如图 7－51 所示。

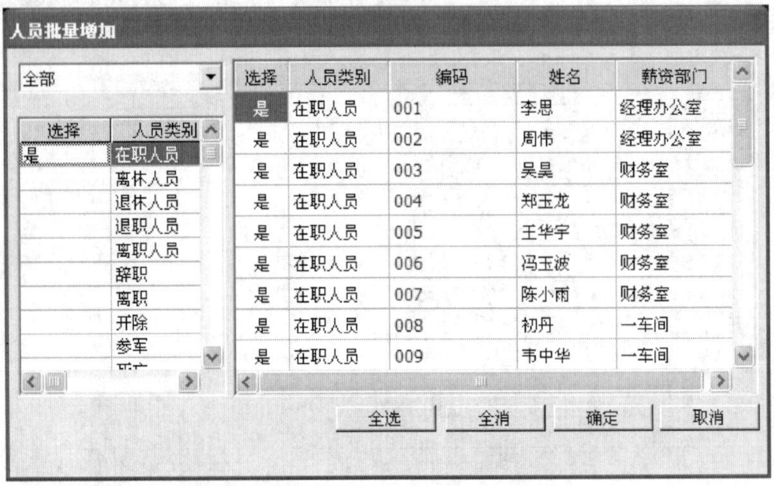

图 7－51　人员批量增加

（6）输入基本工资数据。

①单击“业务处理”→“工资变动”命令，进入“工资变动”窗口，输入本月工资数据。

②按项目资料输入职工的工资数据。结果如图7－52所示。

工资变动

过滤器　所有项目　　定位器

选择	员编	姓名	部门	人员类别	基本工资	岗位工资	绩效工资	住房补贴	工龄工资	假日加班	加班工资	应发合计	病假天数	病假扣款	事假天数	事假扣款	房租	代扣税	扣款合计	实发合计
	001	李思	经理办	在职人员	5,000.00	876.00	300.00	400.00	350.00											
	002	周伟	经理办	在职人员	4,200.00	876.00	300.00	400.00	342.00	1.00			1.00							
	003	吴昊	财务室	在职人员	4,320.00	876.00	300.00	400.00	312.00				3.00		1.00		100.00			
	004	郑玉龙	财务室	在职人员	4,900.00	676.00	500.00	400.00	360.00											
	005	王华宇	财务室	在职人员	4,400.00	676.00	300.00	400.00	342.00	2.00					1.00					
	006	冯玉波	财务室	在职人员	4,320.00	676.00	300.00	400.00	326.00				4.00							
	007	陈小雨	财务室	在职人员	4,000.00	676.00	500.00	400.00	324.00								100.00			
	022	高明诚	运输队	在职人员	4,800.00	876.00	300.00	700.00	118.00	1.00										
	024	温布丽	库房	在职人员	4,120.00	676.00	500.00	400.00	242.00						2.00					
	008	初丹	一车间	在职人员	3,800.00	876.00	500.00	700.00	320.00	6.00					2.00					
	009	韦中华	一车间	在职人员	3,980.00	676.00	500.00	400.00	342.00											
	010	江山	一车间	在职人员	4,020.00	876.00	300.00	400.00	346.00				5.00							
	011	沈阳	二车间	在职人员	4,560.00	676.00	300.00	400.00	320.00	4.00					1.00					
	012	韩信立	二车间	在职人员	4,460.00	876.00	300.00	700.00	318.00								80.00			
	013	杨明学	二车间	在职人员	4,650.00	676.00	300.00	700.00	314.00	1.00							80.00			
	014	杨瑞	三车间	在职人员	4,480.00	676.00	500.00	400.00	336.00				5.00		2.00		50.00			
	015	何坤	三车间	在职人员	4,320.00	676.00	500.00	400.00	334.00				2.00				50.00			
	016	姜占春	三车间	在职人员	4,160.00	876.00	500.00	400.00	323.00								50.00			
	017	单雄心	三车间	在职人员	4,020.00	876.00	500.00	400.00	218.00						1.00		80.00			
	018	楚天舒	三车间	在职人员	3,880.00	676.00	500.00	400.00	214.00	3.00							50.00			
	019	岳五运	三车间	在职人员	3,760.00	676.00	500.00	400.00	270.00						1.00					
	020	许宏泰	四车间	在职人员	4,200.00	676.00	500.00	700.00	112.00											
	021	元朗	四车间	在职人员	4,300.00	876.00	500.00	700.00	116.00				5.00		2.00		50.00			
	023	刘水	基建处	在职人员	4,240.00	676.00	300.00	400.00	248.00						5.00		80.00			
	025	秦础	销售一	在职人员	4,150.00	676.00	500.00	400.00	240.00											
	026	高达山	销售二	在职人员	4,160.00	676.00	500.00	400.00	138.00	1.00										
	027	燕闯	供应处	在职人员	4,280.00	876.00	300.00	400.00	132.00											
Y	028	王宇敏	供应处	在职人员	4,300.00	676.00	300.00	400.00	136.00						2.00					
合计					9,780.00	,128.00	400.00	000.00	.493.00	19.00	0.00	0.00	25.00	0.00	20.00	0.00	770.00	0.00	0.00	0.0(

图7－52　工资变动

（7）设置个人所得税纳税基数。

①执行“设置”→“选项”命令，选择“扣税设置”选项卡。单击“编辑”，单击“税率设置”按钮。

②进入“个人所得税申报表——税率表”窗口。基数调整为5000后，单击“确定”。

个人所得税申报表——税率表

基数　5000.0(　　附加费用　1300.0(　　您如果修改了纳税的设置，请到工资变动中重新进行工资计算。

计算公式

代扣税　代付税

级次	应纳税所得额下限	应纳税所得额上限	税率(%)	速算扣除数
1	0.00	3000.00	3.00	0.00
2	3000.00	12000.00	10.00	210.00
3	12000.00	25000.00	20.00	1410.00
4	25000.00	35000.00	25.00	2660.00
5	35000.00	55000.00	30.00	4410.00
6	55000.00	80000.00	35.00	7160.00
7	80000.00		45.00	15160.00

增加　删除

打印　确定　取消

图7－53　个人所得税税率设置

（8）工资分摊类型设置。

①执行“业务处理”→“工资分摊”命令，打开“工资分摊”对话框。

②单击“工资分摊设置”按钮，打开“分摊类型设置”对话框。

③单击“增加”按钮，打开“分摊计提比例设置”对话框。

④输入计提类型名称为“应付工资”，单击“下一步”按钮，打开“分摊构成设置”窗口。

⑤按项目资料内容进行设置。设置完后单击“完成”按钮，如图 7－54、图 7－55 所示。继续设置应付福利费分摊计提项目，计提比例为 14%，如图 7－56、图 7－57 所示。

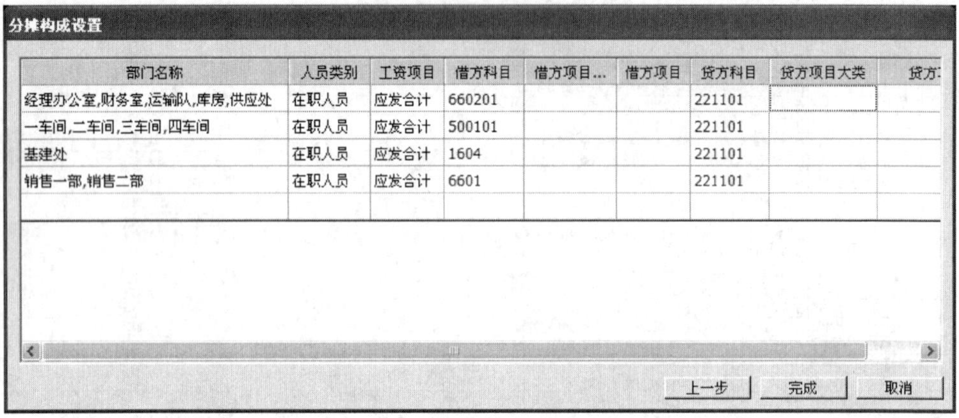

部门名称	人员类别	工资项目	借方科目	借方项目...	借方项目	贷方科目	贷方项目大类	贷方
经理办公室,财务室,运输队,库房,供应处	在职人员	应发合计	660201			221101		
一车间,二车间,三车间,四车间	在职人员	应发合计	500101			221101		
基建处	在职人员	应发合计	1604			221101		
销售一部,销售二部	在职人员	应发合计	6601			221101		

图 7－54　应付工资分摊

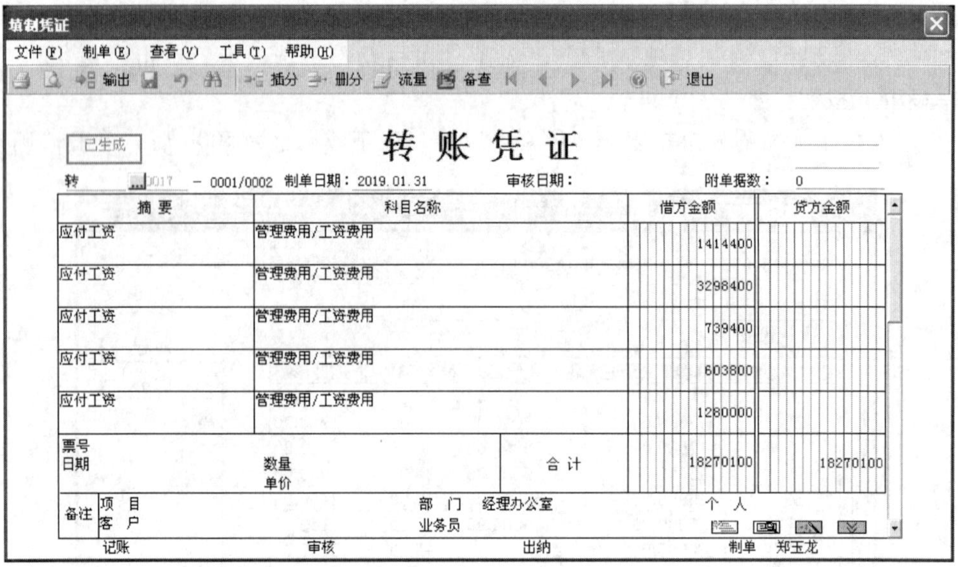

图 7－55　工资总额生成凭证

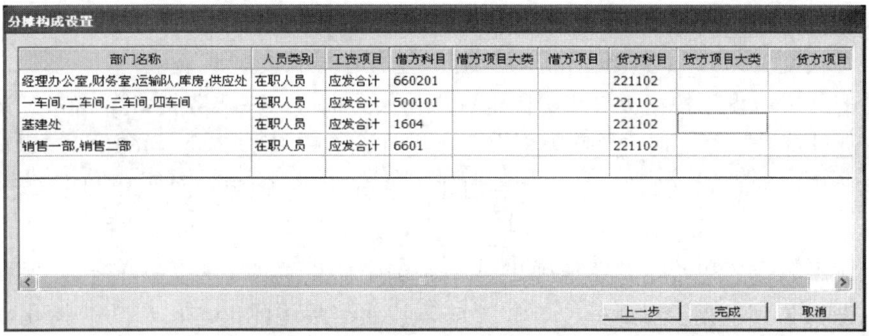

图 7－56　应付福利费分摊设置

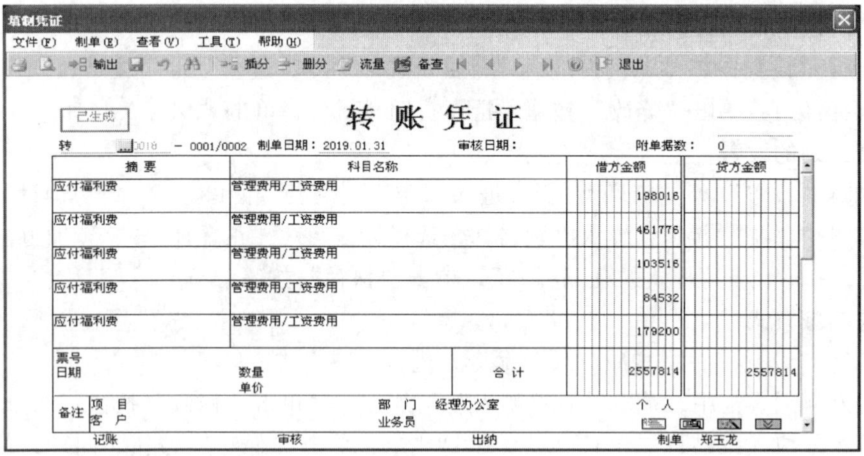

图 7－57　生成凭证

5. 固定资产系统

（1）固定资产管理系统的启用。

①执行“开始”→“程序”→“用友 ERP－U872”→“企业应用平台”命令，打开“企业应用平台”对话框。

②输入操作员“101 学生姓名”，在“账套”下拉列表框中选择账套，“操作日期”为“2019－01－01”，单击“确定”按钮，进入企业应用平台。

（2）固定资产管理系统初始化。

①执行“财务会计”→“固定资产”命令，打开“固定资产”对话框。

②系统弹出“这是第一次打开此账套，还未进行过初始化，是否进行初始化?”提示信息对话框。

③单击“是”按钮，打开“固定资产初始化向导——约定及说明”窗口。

④单击“下一步”按钮，打开“固定资产初始化向导——启用月份”窗口，选择启用月份“2019.1”。

⑤单击“下一步”按钮，打开“固定资产初始化向导——折旧信息”窗口，选中“本账套计提折旧”复选框；选择折旧方法“平均年限法（一）”，折旧分配周期“1 个月”；选中“当（月初已计提月份＝可使用月份－1）时，将剩余折旧全部提足”复选框。

⑥单击“下一步”按钮，打开“固定资产初始化向导——编码方式”窗口。确定资产类别编码长度“2112”；选择“自动编码”，选择序号长度“5”。

⑦单击“下一步”按钮，打开“固定资产初始化向导——账务接口”窗口。选中“与账务系统进行对账”复选框；选择固定资产的对账科目“固定资产（1601）”，累计折旧的对账科目“累计折旧（1602）”。选择“在对账不平衡下允许固定资产月末结账”复选框。

⑧单击“下一步”按钮，打开“固定资产初始化向导——完成”窗口。

⑨完成本账套的初始化，系统弹出“是否确定所设置的信息完全正确并保存对新账套的所有设置”信息提示对话框。单击“是”按钮，系统弹出“已成功初始化本固定资产账套”信息提示对话框，单击“确定”按钮。

（3）固定资产管理系统相关设置。

部门对应折旧科目的设置

①执行“设置”→“部门对应折旧科目设置”命令，进入“部门编码表”窗口。

②选择部门，单击“修改”按钮。选择折旧科目后，单击“保存”按钮。

资产类别的设置

①执行“设置”→“资产类别”，进入“类别编码表”窗口。

②单击“增加”按钮，输入类别名称，选择计提属性“正常计提”，折旧方法“平均年限法（一）”，卡片样式“通用样式”，单击“保存”按钮。

设置增减方式

①执行“设置”→“增减方式”命令，进入增减方式窗口。

②在左侧列表框中，单击“直接购入”增加方式，单击“修改”按钮。

③输入对应入账科目“工行存款（100201）”，单击“保存”按钮。同理，依据项目资料设置“增减方式”结果。

（4）录入原始卡片。

①执行“卡片”→“录入原始卡片”命令，进入“资产类别参照”窗口。

②选择固定资产类别“01 房屋”。单击“确定”按钮，进入“固定资产卡片录入”窗口。

③“固定资产名称”处输入“厂房”，输入其他信息后，单击“保存”。结果如图 7－58 至图 7－67 所示。同理设置其他原始卡片信息。

固定资产卡片

卡片编号	00001			日期	2019-01-01
固定资产编号	0200001	固定资产名称			厂房
类别编号	02	类别名称	房屋	资产组名称	
规格型号	砖混结构	使用部门			一车间/二车间/三车间/四车间
增加方式	直接购入	存放地点			
使用状况	在用	使用年限(月)	480	折旧方法	平均年限法(一)
开始使用日期	2007-09-30	已计提月份	135	币种	人民币
原值	4000000.00	净残值率	5%	净残值	200000.00
累计折旧	1068750.00	月折旧率	0.002	本月计提折旧额	8000.00
净值	2931250.00	对应折旧科目	(1,基本生产成本)	项目	
录入人	郑玉龙			录入日期	2019-01-01

图 7－58 卡片 1

固定资产卡片

卡片编号	00002			日期	2019-01-01
固定资产编号	0200002	固定资产名称			办公楼
类别编号	02	类别名称	房屋	资产组名称	
规格型号	砖混结构	使用部门	室/运输队/库房/供应处/基建处/销售一部/销售二部		
增加方式	直接购入	存放地点			
使用状况	在用	使用年限(月)	480	折旧方法	平均年限法(一)
开始使用日期	2006-05-30	已计提月份	151	币种	人民币
原值	700000.00	净残值率	5%	净残值	35000.00
累计折旧	207812.50	月折旧率	0.002	本月计提折旧额	1400.00
净值	492187.50	对应折旧科目	,销售费用)/(...	项目	
录入人	郑玉龙			录入日期	2019-01-01

图 7－59　卡片 2

固定资产卡片

卡片编号	00003			日期	2019-01-01
固定资产编号	0300001	固定资产名称			冰柜
类别编号	03	类别名称	专用设备	资产组名称	
规格型号		使用部门			销售一部
增加方式	直接购入	存放地点			销售一部
使用状况	在用	使用年限(月)	120	折旧方法	平均年限法(一)
开始使用日期	2015-05-09	已计提月份	43	币种	人民币
原值	10000.00	净残值率	3%	净残值	300.00
累计折旧	3395.00	月折旧率	0.0081	本月计提折旧额	81.00
净值	6605.00	对应折旧科目	6601,销售费用	项目	
录入人	郑玉龙			录入日期	2019-01-01

图 7－60　卡片 3

固定资产卡片

卡片编号	00004			日期	2019-01-01
固定资产编号	0300002	固定资产名称			机床
类别编号	03	类别名称	专用设备	资产组名称	
规格型号	E420	使用部门			一车间
增加方式	直接购入	存放地点			一车间
使用状况	在用	使用年限(月)	120	折旧方法	平均年限法(一)
开始使用日期	2015-05-11	已计提月份	43	币种	人民币
原值	800000.00	净残值率	3%	净残值	24000.00
累计折旧	271600.00	月折旧率	0.0081	本月计提折旧额	6480.00
净值	528400.00	对应折旧科目	01,基本生产成本	项目	
录入人	郑玉龙			录入日期	2019-01-01

图 7－61　卡片 4

固定资产卡片

卡片编号	00005			日期	2019-01-01
固定资产编号	0500001	固定资产名称			切割机
类别编号	05	类别名称	通用设备	资产组名称	
规格型号		使用部门			二车间
增加方式	直接购入	存放地点			二车间
使用状况	在用	使用年限(月)	120	折旧方法	平均年限法(一)
开始使用日期	2014-12-01	已计提月份	48	币种	人民币
原值	500000.00	净残值率	5%	净残值	25000.00
累计折旧	190000.00	月折旧率	0.0079	本月计提折旧额	3950.00
净值	310000.00	对应折旧科目	01,基本生产成本	项目	
录入人	郑玉龙			录入日期	2019-01-01

图 7－62　卡片 5

固定资产卡片

卡片编号	00006			日期	2019-01-01
固定资产编号	0300003	固定资产名称			冶炼高炉
类别编号	03	类别名称	专用设备	资产组名称	
规格型号	ASEM	使用部门			三车间
增加方式	直接购入	存放地点			三车间
使用状况	在用	使用年限(月)	84	折旧方法	平均年限法(一)
开始使用日期	2014-04-08	已计提月份	56	币种	人民币
原值	330000.00	净残值率	5%	净残值	16500.00
累计折旧	209000.00	月折旧率	0.0113	本月计提折旧额	3729.00
净值	121000.00	对应折旧科目	01,基本生产成本	项目	
录入人	郑玉龙			录入日期	2019-01-01

图 7－63　卡片 6

固定资产卡片

卡片编号	00007			日期	2019-01-01
固定资产编号	0600001	固定资产名称			电脑
类别编号	06	类别名称	电子设备	资产组名称	
规格型号	LG002	使用部门			财务室
增加方式	直接购入	存放地点			
使用状况	在用	使用年限(月)	48	折旧方法	平均年限法(一)
开始使用日期	2017-06-11	已计提月份	18	币种	人民币
原值	13000.00	净残值率	3%	净残值	390.00
累计折旧	4728.75	月折旧率	0.0202	本月计提折旧额	262.60
净值	8271.25	对应折旧科目	660203,折旧费用	项目	
录入人	郑玉龙			录入日期	2019-01-01

图 7－64　卡片 7

固定资产卡片

卡片编号	00008			日期	2019-01-01
固定资产编号	0600002	固定资产名称	电脑		
类别编号	06	类别名称	电子设备	资产组名称	
规格型号	LG452	使用部门	四车间		
增加方式	直接购入	存放地点			
使用状况	在用	使用年限(月)	48	折旧方法	平均年限法(一)
开始使用日期	2017-12-23	已计提月份	12	币种	人民币
原值	13000.00	净残值率	3%	净残值	390.00
累计折旧	3152.50	月折旧率	0.0202	本月计提折旧额	262.60
净值	9847.50	对应折旧科目	01,基本生产成本	项目	
录入人	郑玉龙			录入日期	2019-01-01

图 7-65 卡片 8

固定资产卡片

卡片编号	00009			日期	2019-01-01
固定资产编号	0400001	固定资产名称	客车		
类别编号	04	类别名称	交通设备	资产组名称	
规格型号	220	使用部门	销售二部		
增加方式	直接购入	存放地点			
使用状况	在用	使用年限(月)	60	折旧方法	平均年限法(一)
开始使用日期	2017-08-01	已计提月份	16	币种	人民币
原值	120000.00	净残值率	3%	净残值	3600.00
累计折旧	31040.00	月折旧率	0.0162	本月计提折旧额	1944.00
净值	88960.00	对应折旧科目	6601,销售费用	项目	
录入人	郑玉龙			录入日期	2019-01-01

图 7-66 卡片 9

固定资产卡片

卡片编号	00010			日期	2019-01-01
固定资产编号	0200003	固定资产名称	仓库		
类别编号	02	类别名称	房屋	资产组名称	
规格型号	砖混结构	使用部门	库房		
增加方式	直接购入	存放地点			
使用状况	在用	使用年限(月)	480	折旧方法	平均年限法(一)
开始使用日期	1998-12-30	已计提月份	240	币种	人民币
原值	550000.00	净残值率	3%	净残值	16500.00
累计折旧	266750.00	月折旧率	0.002	本月计提折旧额	1100.00
净值	283250.00	对应折旧科目	660203,折旧费用	项目	
录入人	郑玉龙			录入日期	2019-01-01

图 7-67 卡片 10

(5) 资产增加。

①执行“卡片”→“资产增加”命令，进入“资产类别参照”窗口。

②进入“固定资产卡片”增加窗口，输入卡片内容。

③单击“保存”按钮，进入“填制凭证”窗口。

④选择凭证类型为“付款凭证”，修改制单日期输入 2019－01－31，单击“保存”，凭证显示“已生成”。如图 7－68、图 7－69 所示。

固定资产卡片

卡片编号	00011			日期	2019-01-31
固定资产编号	0600003	固定资产名称			电脑
类别编号	06	类别名称	电子设备	资产组名称	
规格型号	联想2301	使用部门			经理办公室
增加方式	直接购入	存放地点			经理办公室
使用状况	在用	使用年限(月)	60	折旧方法	平均年限法(一)
开始使用日期	2019-01-31	已计提月份	0	币种	人民币
原值	10000.00	净残值率	3%	净残值	300.00
累计折旧	0.00	月折旧率	0	本月计提折旧额	0.00
净值	10000.00	对应折旧科目	660203，折旧费用	项目	
录入人	郑玉龙			录入日期	2019-01-01

图 7－68　业务 1 资产增加卡片

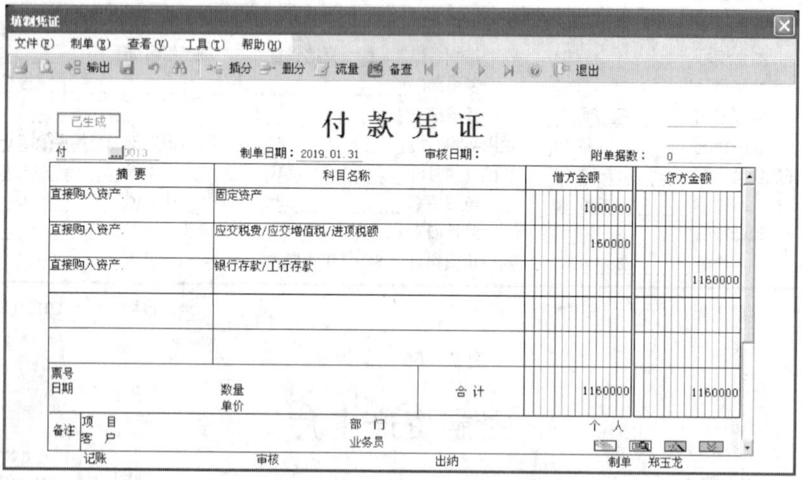

已生成

付款凭证

付 0013　制单日期：2019.01.31　审核日期：　附单据数：0

摘要	科目名称	借方金额	贷方金额
直接购入资产.	固定资产	1000000	
直接购入资产.	应交税费/应交增值税/进项税额	160000	
直接购入资产.	银行存款/工行存款		1160000
票号 日期	数量 单价 合计	1160000	1160000

备注　项目　部门　个人

客户　业务员

记账　审核　出纳　制单　郑玉龙

图 7－69　资产增加记账凭证

⑤同理，增加第二张卡片，如图 7－70、图 7－71 所示。

固定资产卡片

卡片编号	00012			日期	2019-01-31
固定资产编号	0300004	固定资产名称			机床
类别编号	03	类别名称	专用设备	资产组名称	
规格型号	Y50	使用部门			一车间
增加方式	直接购入	存放地点			一车间
使用状况	在用	使用年限(月)	120	折旧方法	平均年限法(一)
开始使用日期	2019-01-31	已计提月份	0	币种	人民币
原值	180000.00	净残值率	3%	净残值	5400.00
累计折旧	0.00	月折旧率	0	本月计提折旧额	0.00
净值	180000.00	对应折旧科目	01，基本生产成本	项目	
录入人	郑玉龙			录入日期	2019-01-31

图 7－70　业务 2 资产增加卡片

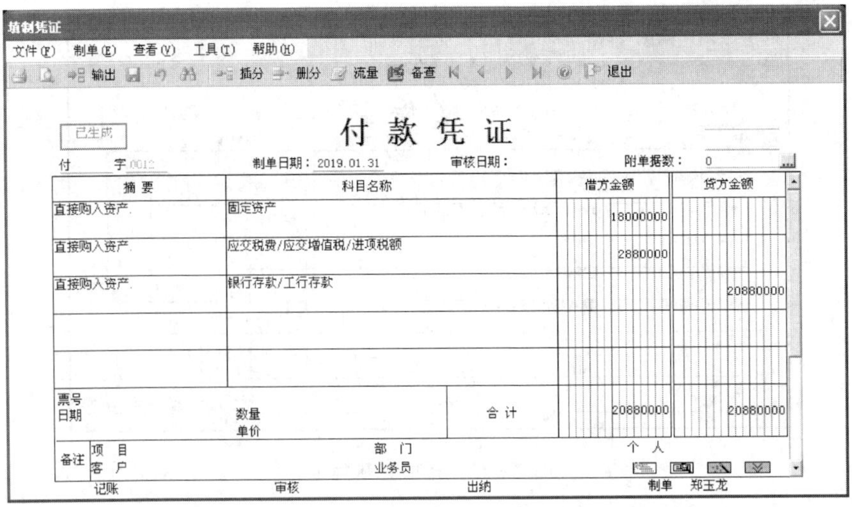

图7－71　业务2资产增加凭证

（6）计提本月折旧。

①执行“处理”→“计提本月折旧”命令，系统弹出“是否查看折旧清单?”信息提示对话框，单击“否”按钮。

②系统继续弹出“本操作将计提本月折旧，并花费一定时间，是否要继续?”提示信息对话框，单击“是”按钮。

③执行“处理”→“折旧清单”命令，系统会进入“折旧清单”窗口，查看折旧计提情况。如图7－72所示。

卡片编号	资产编号	资产名称	原值	计提原值	本月计提折旧额	累计折旧
00001	0200001	厂房	4,000,000.00	000,000.00	8,000.00	1,076,750.00
00002	0200002	办公楼	700,000.00	700,000.00	1,400.00	209,212.50
00003	0300001	冰柜	10,000.00	10,000.00	81.00	3,476.00
00004	0300002	机床	800,000.00	800,000.00	6,480.00	278,080.00
00005	0500001	切割机	500,000.00	500,000.00	3,950.00	193,950.00
00006	0300003	冶炼高炉	330,000.00	330,000.00	3,729.00	212,729.00
00007	0600001	电脑	13,000.00	13,000.00	262.60	4,991.35
00008	0600002	电脑	13,000.00	13,000.00	262.60	3,415.10
00009	0400001	客车	120,000.00	120,000.00	1,944.00	32,984.00
00010	0200003	仓库	550,000.00	550,000.00	1,100.00	267,850.00
合计			7,036,000.00	036,000.00	27,209.20	2,283,437.95

图7－72　折旧清单

④执行“处理”→“折旧分配表”命令，进入“折旧分配表”窗口，单击“凭证”按钮，进入“填制凭证”窗口，选择“转账凭证”，单击“保存”按钮。如图7－73所示。

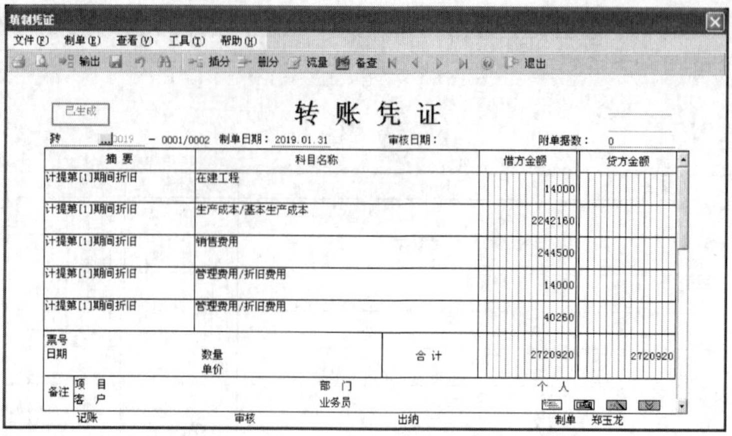

图 7－73 折旧记账凭证

（7）资产减少。

①执行“卡片”→“资产减少”命令，进入“资产减少”窗口。如图 7－74 所示。

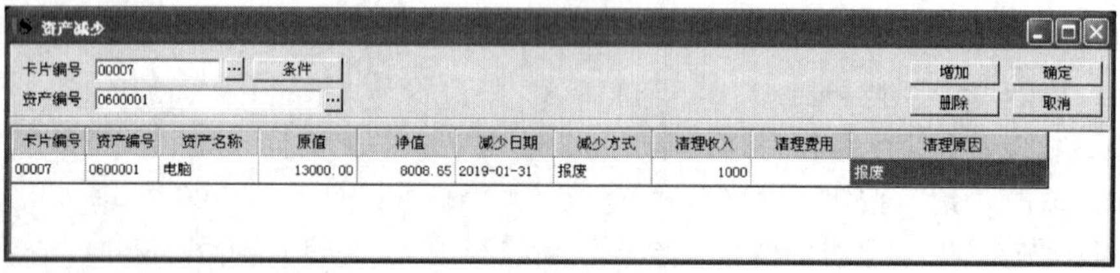

图 7－74 资产减少处理

②选择卡片编号 00007，单击“增加”按钮。

③选择减少方式为“报废”，单击“确定”按钮。

④进入“处理”，选择“批量制单”，双击选择，出现“Y”。

⑤选择“制单设置”选项卡，单击“制单”，选择凭证类型为“转账凭证”，单击“保存”，出现“已生成”。如图 7－75 所示。

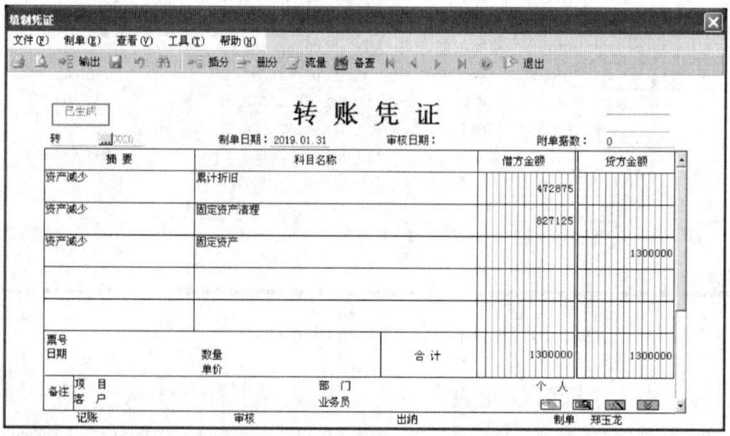

图 7－75 资产减少记账凭证

6. 期末处理（对其他凭证先审核、记账）

（1）固定资产清理的结转。

①执行“财务会计”→“总账”→“期末”→“转账定义”→“自定义转账”命令，进入“自定义转账设置”窗口。如图 7－76 所示。

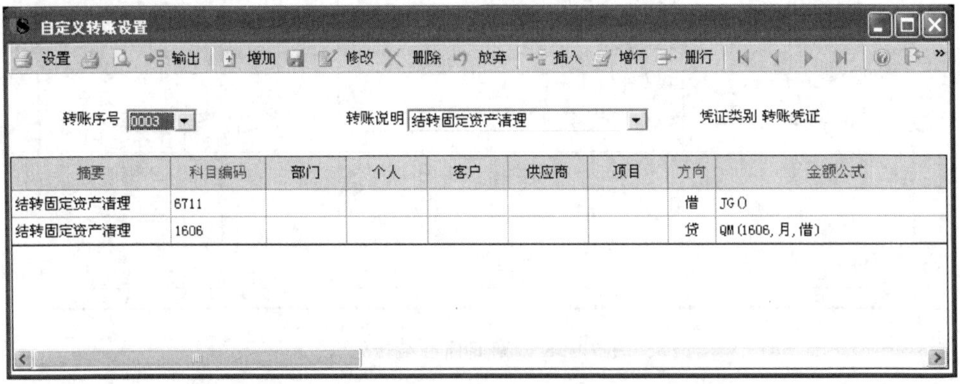

图 7－76　固定资产清理的自定义转账设置

②单击“增加”，输入转账序号、转账说明、凭证类别等内容，单击“确定”。

③单击“增行”，输入“科目编码 6711”，完成其他设置。

④执行“财务会计”→“总账”→“期末”→“转账生成”命令，进入“转账生成”窗口。

⑤选择“自定义转账”，单击“全选”按钮，单击“确定”。自动生成记账凭证。如图 7－77 所示。

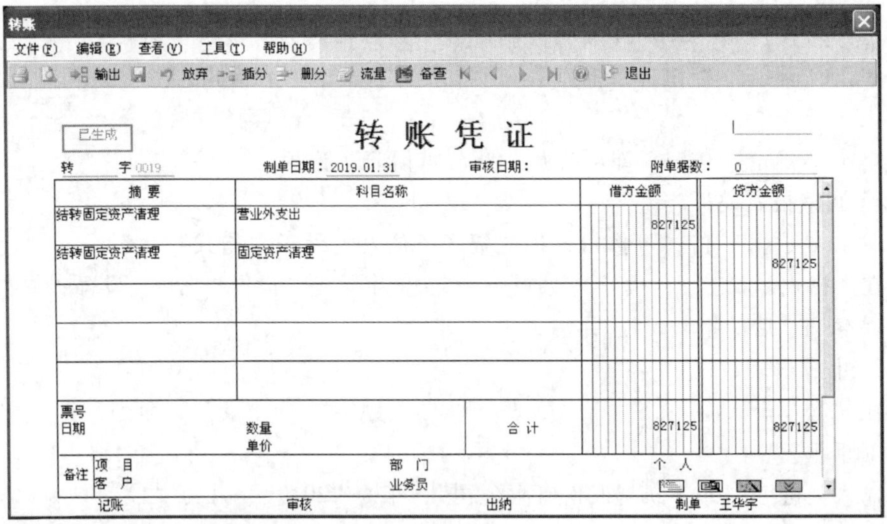

图 7－77　固定资产清理记账凭证

（2）期间损益的定义与结转生成凭证。如图 7－78 所示。

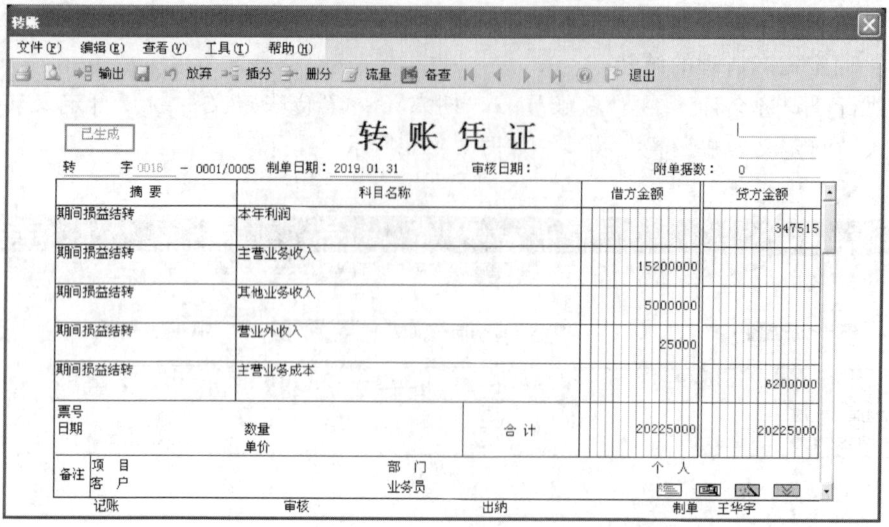

图 7－78　期间损益结转凭证

①登录总账管理系统，选择“期间损益结转”，单击“全选”后，单击“确定”，系统自动生成一张转账凭证，单击“保存”，凭证显示“已生成”。

②执行“财务会计”→“总账”→“凭证”，对未审核凭证进行审核。

③执行“财务会计”→“总账”→“凭证”，对未签字凭证进行主管签字。

④执行“财务会计”→“总账”→“凭证”，完成记账工作。

7. 生成报表

（1）调用报表模板。

①在“格式”状态下，执行“格式”→“报表模板”命令，打开“报表模板”对话框。

②选择所在行业“2007 年新会计制科目”财务报表为“资产负债表”。

③单击“确认”按钮，系统弹出“模板格式将覆盖本表格式！是否继续?”提示信息对话框。

④单击“确定”按钮，即可打开“资产负债表”模板。

（2）调整报表模板。

①单击“数据／格式”按钮，将“资产负债表”处于“格式”状态。

②在“格式”状态下，执行“数据”→“关键字”→“设置”命令，设置“单位名称”。

③保存调整后的报表模板。

（3）生成报表数据。

①在“数据”状态下，执行“数据”→“关键字”→“录入”命令，打开“录入关键字”对话框。

②输入关键字“北京凯越股份有限公司”；年为“2019”，月为“1”，日为“31”。

③单击“确认”按钮，系统弹出“是否重算第 1 页？”提示信息对话框。

④单击“是”按钮，系统会自动根据单元公式计算 1 月份数据。如图 7－79 所示。

⑤单击工具栏上的“保存”按钮，将生成的报表数据保存。

资产负债表

编制单位:　　2019 年　1 月　31 日　　单位:元

资产	行次	年初数	期末数	负债和所有者权益（或股东权益）	行次	年初数	期末数
流动资产:				流动负债:			
货币资金	1	1,218,541.70	1,435,896.00	短期借款	34	400,000.00	400,000.00
交易性金融资产	2			**交易性金融负债**	35		
应收票据	3	292,500.00	585,000.00	应付票据	36	204,750.00	204,750.00
应收股利	4			应付账款	37	701,840.00	690,620.00
应收利息	5			预收账款	38		
应收账款	6	1,198,760.00	561,320.00	**应付职工薪酬**	39	50,000.00	258,279.14
其它应收款	7	4,400.00	3,250.00	**应交税费**	40	124,886.70	-14,160.00
预付账款	8	186,600.00	241,600.00	应付利息	41	48,000.00	48,660.00
存货	9	2,225,482.00	2,339,957.78	应付股利	42		
一年内到期的非流动资产	10			其他应付款	43	27,735.00	27,000.00
其它流动资产	11			一年内到期的非流动负债	44		
				其他流动负债	45		
流动资产合计	12	5,126,283.70	5,167,023.78	流动负债合计	46	1,557,211.70	1,615,149.14
非流动资产:				非流动负债:			
可供出售金融资产	13			长期借款	47	850000.00	853570.00
持有至到期投资	14			应付债券	48		
投资性房地产	15			长期应付款	49		
长期股权投资	16			专项应付款	50		
长期应收款	17			预计负债	51		
固定资产	18	7,036,000.00	7,213,000.00	递延所得税负债	52		
减：累计折旧	19	2,256,228.75	2,278,709.20	其他非流动负债	53		
固定资产净值	20	4,779,771.25	4,934,290.80	非流动负债合计	54	850000.00	853570.00
减：固定资产减值准备	21			负债合计	55	2407211.70	2468719.14
固定资产净额	22	4,779,771.25	4,934,290.80				
生产性生物资产	23			所有者权益（或股东权益）:			
工程物资	24			实收资本（或股本）	56	6,200,000.00	6,336,472.00
在建工程	25		7,394.96	资本公积	57	292,701.00	292,701.00
固定资产清理	26			减：库存股	58		
无形资产	27	144,876.75	143,676.75	盈余公积	59	300,000.00	300,000.00
商誉	28			未分配利润	60	851,019.00	854,494.15
长期待摊费用	29			所有者权益（或股东权益）合计	61	7,643,720.00	7,783,667.15
其他非流动资产	31						
非流动资产合计	32	4924648.00	5085362.51				
资产总计	33	10050931.70	10252386.29	负债和所有者权益（或股东权益）总计	62	10,050,931.70	10,252,386.29

账套:[328]北京红光机电设备 操作员:吴昊(账套主管)

图 7-79　资产负债表

⑥同理，生成利润表。如图 7-80 所示。

利润表

会企02表

编制单位:　　2019 年　1 月　　单位:元

项目	行数	本月数	本年累计数
一、营业收入	1	202,000.00	202000.00
减：营业成本	2	62,000.00	62000.00
营业税金及附加	3		
销售费用	4	19,284.60	19284.60
管理费用	5	104,569.00	104569.00
财务费用（收益以"-"号填列）	6	4,650.00	4650.00
资产减值损失	7		
加：公允价值变动净收益（净损失以"-"号填列	8		
投资收益（净损失以"-"号填列）	9		
其中对联营企业与合营企业的投资收益	10		
二、营业利润（亏损以"-"号填列）	11	11496.40	11496.40
营业外收入	12	250.00	250.00
减：营业外支出	13	8,271.25	8271.25
其中：非流动资产处置净损失（净收益以"-"号填列）	14		
三、利润总额（亏损总额以"-"号填列）	15	3475.15	3475.15
减：所得税	16		
四、净利润（净亏损以"-"号填列）	17	3475.15	3475.15
五、每股收益:			

计算完毕!　账套:[328]北京红光机电设备 操作员:吴昊(账套主管)

图 7-80　利润表

参考文献

[1] 新编会计电算化（实训篇），王忠孝　陆国斌，大连理工大学出版社，2006.2.1

[2] 新编会计电算化（理论篇），陆国斌　王忠孝，大连理工大学出版社，2003.7.1

[3] 用友财务软件实务操作，洑建红，人民邮电出版社，2004.7.1

[4] 财务软件项目技术，孙万军，清华大学出版社，2005.1.1

[5] ERP供应链管理系统项目专家培训教程（上、下），用友软件股份有限公司，中国物资出版社，2003.7.1

[6] 财务（上、下），刘全宝，孙万军，陈伟清，中国物资出版社，2002.2.1

[7] 企业会计准则讲解2006，财政部会计司编写组，人民出版社，2007.4